KOMMUNALES GEFAHRENABWEHRRECHT IN NIEDERSACHSEN

Herausgegeben vom

N|S|I| | | | | | |

Kommunale Hochschule
für Verwaltung in Niedersachsen
Wielandstraße 8
30169 Hannover
www.nsi-hsvn.de

Maximilian Verlag
Hamburg

SCHRIFTENREIHE
KOMMUNALE HOCHSCHULE FÜR VERWALTUNG IN NIEDERSACHSEN

Helmut Globisch
Tanja Kellner
Marco Trips
Holger Weidemann

KOMMUNALES GEFAHRENABWEHRRECHT IN NIEDERSACHSEN

2. Auflage

Vorliegende Ausgabe erscheint als Band 42 in der Schriftenreihe der Kommunalen Hochschule für Verwaltung in Niedersachsen, herausgegeben von Prof. Dr. Michael Koop und Prof. Holger Weidemann.

Redaktionsstand: Juli 2024

ISBN 978-3-7869-1516-4

Stadthausbrücke 4, 20355 Hamburg
Ein Unternehmen der TAMMMEDIA

Umschlaggestaltung: Marisa Tippe, Hamburg
Produktion: Reemers Publishing Services GmbH, Krefeld
Druck und Bindung: Plump Druck & Medien GmbH
Rolandsecker Weg 33, 53619 Rheinbreitbach
Printed in Germany

FSC www.fsc.org MIX Papier | Fördert gute Waldnutzung FSC® C104521

VORWORT

In Niedersachsen nehmen Polizei und Verwaltungsbehörden gemeinsam die Aufgabe der Gefahrenabwehr war (§ 1 Abs. 1 **Niedersächsisches Polizei- und Ordnungsbehördengesetz [NPOG]**). Dieses Buch beschränkt sich nun darauf, die **Rolle der Kommunalverwaltungen** ins Zentrum der Betrachtung zu rücken. Bewusst ist diese Begrenzung vorgenommen worden, um so die Arbeit mit diesem Themenfeld zu erleichtern.

Auch wenn in einer hoch spezialisierten Welt der Gesetzgeber durch Erlass spezieller Gesetze (z. B. Gewerberecht, Bauordnungsrecht, Bundesimmissionsschutzrecht und Umweltrecht) weite Bereiche geregelt hat, darf die Bedeutung des allgemeinen Gefahrenabwehrrechts für die kommunale Verwaltungspraxis nicht unterschätzt werden. Vielfach wird zu Recht von einer **Renaissance des Allgemeinen Gefahrenabwehrrechts** gesprochen. Zudem hat das Gefahrenabwehrrecht in Niedersachsen in den vergangenen Jahrzehnten tiefgreifende Änderungen erfahren. Diese Änderungen sind, neben der Entwicklung der Rechtsprechung, auch auf veränderte Gefährdungslagen zurückzuführen. Der Gesetzgeber hat sich, mit der Verabschiedung des NPOG, daher für eine grundlegende Reform des Gefahrenabwehrrechts entschieden (vgl. LT-Drs. 18/850, S. 33 ff.; siehe auch *Mehde*, NordÖR 2019, S. 272 ff.). In diesem Buch werden nun die aktuellen Rechtsentwicklungen nachgezeichnet.

Dieses Buch wendet sich zunächst an **Studierende** der Hochschulen und **Teilnehmer/-innen** an Lehrgängen der Studieninstitute. Zentrale Themen des Gefahrenabwehrrechts werden vorgestellt. Die Gliederung des Buches sowie die inhaltliche Dichte der einzelnen Kapitel beruhen auf den Erfahrungen, die die Autoren durch ihre langjährige Lehrtätigkeit gesammelt haben. Gerade die Anregungen aus dem Kreis der Kursteilnehmer haben einen prägenden Einfluss auf die Gestaltung dieses Buches genommen. Jedes Kapitel wird mit einem Überblick wichtiger Entscheidungen der Gerichte und aktueller Aufsätze abgeschlossen. Besonders wichtig war es uns, durch umfangreiche Hinweise auf veröffentlichte Fallbearbeitungen den Studierenden Anschauungsmaterial anzubieten, das hilft, sich auf mögliche Leistungsnachweise gezielt vorbereiten zu können. Dieses besondere Informationsangebot wird ergänzt um die **Hinweise zur Fallbearbeitung** (Kapitel 12).

Die Lektüre des Buches ermöglicht einen raschen und **systematischen Überblick** über das Niedersächsische Gefahrenabwehrrecht. Gerade die **Vertiefungshinweise** dienen dazu, einzelne Aspekte einer eingehenden Betrachtung zu unterziehen. Damit kann dieses Buch auch mit Gewinn von **Praktikern** gelesen werden.

Anregungen sind jederzeit willkommen und an folgende Mail-Adresse zu richten:
tanja.kellner@nsi-hsvn.de

Hannover, im Juli 2024

Helmut Globisch, Tanja Kellner, Marco Trips, Holger Weidemann

INHALT

LITERATURVERZEICHNIS

Barthel/Weidemann, Der Suspensiveffekt von Widerspruch und Anfechtungsklage, DVP 2022, S. 313 ff.

Barthel/Weidemann, Der gesetzliche Ausschluss der aufschiebenden Wirkung von Widerspruch und Anfechtungsklage, DVP 2022, S. 489 ff.

Barthel/Weidemann, Die behördliche Anordnung der sofortigen Vollziehung zum Ausschluss der aufschiebenden Wirkung von Widerspruch und Anfechtungsklage, DVP 2023, S. 301 ff.

Beauscamp, Guy, Das ordnungsrechtliche Verbot von Laserdomen, JuS 2005, S. 1174 ff.

Globisch/Moldenhauer/Alexander/Weidemann, Bescheidtechnik, 3. Aufl., 2023

Böhrenz/Siefken, Niedersächsisches Gesetz über öffentliche Sicherheit und Ordnung, 9. Aufl. 2014

Brühl, Raimond, Verwaltungsrecht für die Fallbearbeitung, 9. Aufl. 2018

Drape, Sabine/Globisch, Helmut/Weidemann, Holger, Der abgestellte Werbeanhänger, DVP 2006, S. 427 ff.

Götz/Geis, Allgemeines Polizei- und Ordnungsrecht, 17. Aufl. 2022

Gusy/Eichenhofer, Polizei- und Ordnungsrecht, 11. Aufl. 2023

Hartmann/Mann/Mehde, Landesrecht Niedersachsen – Studienbuch, 4. Aufl. 2023

Hennecke, Hans G., Verwaltungszwang mittels Zwangsgeld (I), Jura 1989, S. 7 ff.

Hoffmann/Hildebrandt/Guina/Zeisler, Allgemeines Verwaltungsrecht, 12. Aufl. 2022

Ipsen, Jörg, Niedersächsisches Polizei- und Ordnungsrecht, 4. Aufl. 2010

Koop/Schenke, VwGO-Kommentar, 28. Aufl. 2022

Lisken/Denniger, Handbuch des Polizeirechts, 7. Aufl. 2021

Maurer, Hartmut/Waldhoff, Christian Allgemeines Verwaltungsrecht, 20. Aufl. 2020

Mehde, Niedersachsens neues Polizei- und Ordnungsbehördengesetz, NordÖR 2019, S. 272 ff.

Möller, Manfred/Warg, Gunter, Allgemeines Polizei- und Ordnungsrecht, 6. Aufl.

Möstl, Markus/Weiner, Bernhard (Hrsg.), Polizei- und Ordnungsrecht Niedersachsen – Kommentar, 2020

Mühl/Leggereit/Hausmann, Polizei- und Ordnungsrecht Hessen, 4. Aufl. 2013

Kingreen, Torsten/Poscher, Ralf, Polizei -und Ordnungsrecht mit Versammlungsrecht, 12. Aufl. 2022

Pietzner, Rainer/Ronellenfitsch, Michel, Das Assessorexamen im Öffentlichen Recht, 14. Aufl. 2019

Rheindorf/Weidemann, Die Aussetzung der sofortigen Vollziehung durch die Behörde, DVP 2016, S. 4129 ff.

Rosenköttter/Louis, Das Recht der Ordnungswidrigkeiten

Rühle, Dietrich G., Polizei- und Ordnungsrecht in Rheinland-Pfalz, 5. Aufl. 2013

Saipa, Axel, Niedersächsisches Polizei- und Ordnungsbehördengesetz (NPOG)-Kommentar, Losebl. Stand 27. Nachlieferung September 2020

Schenke, Wolf-Rüdiger/Baumeister, Peter, Probleme des Rechtschutzes bei der Vollstreckung von Verwaltungsakten, NVwZ 1993, S. 1 ff.

Schmidt, Rolf, Polizei- und Ordnungsrecht, 22. Aufl. 2022

Schwerdtfeger/Alheid, Der Ausschluss eines Rechtswidrigkeitszusammenhang durch § 64 Abs. 5 NPOG, NdsVBl. 2021, S. 153 ff.

Selmer, Peter/Gersdorf, Hubertus, Verwaltungsvollstreckungsverfahren, 1996

Stelkens,Bonk/Sachs, Verwaltungsverfahrensgesetz, 10. Aufl. 2023

Suckow, Horst/Hoge, Andreas, Niedersächsisches Gefahrenabwehrrecht, 12. Aufl. 1999

Suckow, Horst/Weidemann, Holger/Barthel, Torsten F., Allgemeines Verwaltungsrecht, 17. Aufl. 2021

Tegtmeyer, Henning/Vahle, Jürgen, Polizeigesetz Nordrhein-Westfalen – Kommentar, 13. Aufl. 2022

Vahle, Jürgen, Der Verwaltungszwang, DVP 2012, S. 266 ff.

Weidemann, Holger, VwZG-Kommentar, 2015

Weidemann, Holger, Die Allgemeinverfügung, VR 2005, S. 218 ff.

Weidemann, Holger/Barthel, Torsten, Rechtschutz gegen Verkehrszeichen – Ausgewählte Fragen der Zulässigkeit eines Rechtsbehelfs, JA 2014, S. 165 ff.

Weidemann, Holger/Rheindorf, Beate, Die gesetzliche Verweisung – Eine Regelungstechnik des Gesetzgebers, apf 2010, S. 332 ff.

ABKÜRZUNGSVERZEICHNIS

A. A.	andere Auffassung
AB NGefAG	Ausführungsbestimmungen zum Niedersächsischen Gefahrenabwehrgesetz
AllGO	(Nds.) Verordnung über Gebühren und Auslagen für Amtshandlungen und Leistungen
APF	Ausbildung, Prüfung, Fortbildung (Zeitschrift)
AsylVerfG	Asylverfahrensgesetz
AufenthaltsG	Aufenthaltsgesetz
BauR	Baurecht (Zeitschrift)
BGBl. I	Bundesgesetzblatt Teil I
BrandSchG	(Nds.) Gesetz über den Brandschutz und die Hilfeleistung der Feuerwehr
BVerfG	Bundesverfassungsgericht
BVerfGE	Amtliche Entscheidungssammlung des Bundesverfassungsgerichts
BVerwG	Bundesverwaltungsgericht
BVerwGE	Amtliche Entscheidungssammlung des Bundesverwaltungsgerichts
DÖV	Die Öffentliche Verwaltung (Zeitschrift)
DVBl.	Deutsches Verwaltungsblatt (Zeitschrift)
DVP	Deutsche Verwaltungspraxis (Zeitschrift)
EGL	Ermächtigungsgrundlage
EuGH	Europäischer Gerichtshof
GewO	Gewerbeordnung
GG	Grundgesetz
Hrsg.	Herausgeber
JA	Juristische Arbeitsblätter (Zeitschrift)
JR	Juristische Rundschau (Zeitschrift)
Jura	Juristische Ausbildung (Zeitschrift)
JuS	Juristische Schulung (Zeitschrift)
NBauO	Niedersächsische Bauordnung
NDSG	Niedersächsisches Datenschutzgesetz
NGastG	Niedersächsisches Gaststättengesetz
NGefAG	Niedersächsisches Gefahrenabwehrgesetz
Nds. GVBl.	Niedersächsisches Gesetz- und Verordnungsblatt
Nds. SOG	Niedersächsisches Gesetz über die öffentliche Sicherheit und Ordnung
Nds.VBl.	Niedersächsische Verwaltungsblätter (Zeitschrift)
NJG	Niedersächsisches Justizgesetz
NJW	Neue Juristische Wochenzeitschrift (Zeitung)
NKatSG	Niedersächsisches Katastrophenschutzgesetz
NKomVG	Niedersächsisches Kommunalverfassungsgesetz

NPsychKG	Niedersächsisches Gesetz über Hilfen und Schutzmaßnahmen für psychisch Kranke
NVwkostG	Niedersächsisches Verwaltungskostengesetz
NVwVG	Niedersächsisches Verwaltungsvollstreckungsgesetz
NVwZG	Niedersächsisches Verwaltungszustellungsgesetz
NVwZ	Neue Zeitschrift für Verwaltungsrecht (Zeitschrift)
NVwZ-RR	NVwZ-Rechtsprechungsreport Verwaltungsrecht (Zeitschrift)
NVZ	Neue Zeitschrift für Verkehrsrecht (Zeitschrift)
OVG	Oberverwaltungsgericht
OVG M-V	Oberverwaltungsgericht Mecklenburg-Vorpommern
OVGE	Entscheidungen des Oberverwaltungsgerichts Lüneburg
OwiG	Gesetz über Ordnungswidrigkeiten
Rn./Rdnr.	Randnummer(n)
SpezialG	Spezialgesetz
stopp	Strafprozessordnung
StVO	Straßenverkehrsordnung
TBM	Tatbestandsmerkmal(e)
VerwArch	Verwaltungsarchiv
vgl.	vergleiche
VollzBeaVO	Verordnung über Vollzugsbeamtinnen und Vollzugsbeamte
VG	Verwaltungsgericht
VGH	Verwaltungsgerichtshof
VollzBeaVO	Verordnung über Vollzugsbeamtinnen und Vollzugsbeamte
VR	Verwaltungsrundschau (Zeitschrift)
VwGO	Verwaltungsgerichtsordnung
VwVfG	Verwaltungsverfahrensgesetz
VwVG	Verwaltungsvollstreckungsgesetz (Bund)
VwZG	Verwaltungszustellungsgesetz (Bund)
WRV	Weimarer Reichsverfassung
Zust-VO-SOG	Verordnung über die Zuständigkeiten auf verschiedenen Gebieten der Gefahrenabwehr

1 DAS GEFAHRENABWEHRRECHT

1.1 Einordnung ins Rechtssystem

Das Gefahrenabwehrrecht ist Teil des öffentlichen Rechts, und zwar des besonderen Verwaltungsrechts. Es gliedert sich in das allgemeine Gefahrenabwehrrecht, welches vor allem im NPOG niedergelegt ist, und in das besondere Gefahrenabwehrrecht, welches sich in zahlreichen Spezialgesetzen des Landes und des Bundes (z. B. NBauO, NGastG, StVO) befindet.[1]

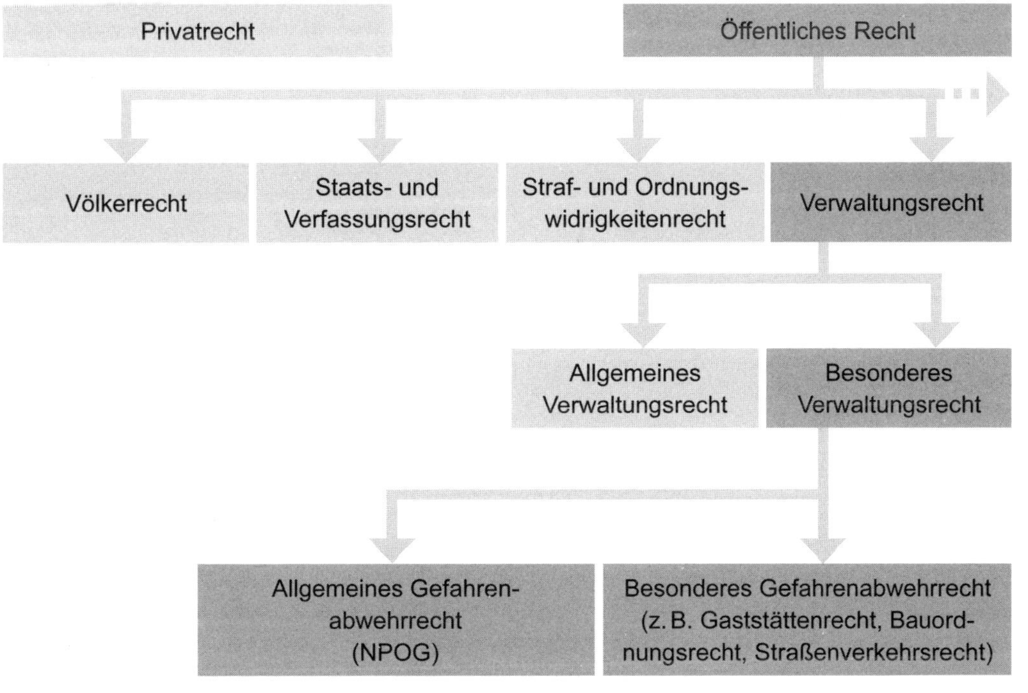

Im besonderen Gefahrenabwehrrecht finden sich vor allem zusätzliche Eingriffsnormen. Diese werden hier gelegentlich als Beispiele herangezogen, um allgemeine Strukturen des NPOG zu verdeutlichen und aufzuzeigen, dass man mit dem Rüstzeug des allgemeinen Gefahrenabwehrrechts auch mit Spezialnormen aus anderen Gesetzen leicht umgehen kann.

---

1 Eine Übersicht zu Gesetzen des besonderen Gefahrenabwehrrechts bietet *Saipa*, Nds. SOG, Praxis der Kommunalverwaltung, § 3, Rn. 3, Stand Sept. 2020.

1.2 Geschichtliches

Das Gefahrenabwehrrecht wird oft auch unter dem Begriff »Ordnungsrecht« oder »Polizeirecht« geführt. Über den griechischen Begriff »*politeia*« (Verfassung des antiken städtischen Gemeinwesens) ist der Begriff der »guten Policey« im Sinne einer guten Ordnung des Gemeinwesens zum ersten Mal im 15. Jahrhundert in Deutschland nachgewiesen. Damalige Polizeiordnungen regelten eine Vielfalt von Verhaltensnormen zur guten Erhaltung des Gemeinwesens, darunter auch Maße und Gewichte, Religionsausübung und erbrechtliche Vorschriften. Seit dem Beginn des 18. Jahrhunderts diente der Begriff »Polizei« erstmals der Benennung von bestimmten Behörden. Auch der materielle Polizeibegriff (also die Aufgaben und Inhalte der Polizeibehörden) wurde enger: Im Zuge der Aufklärung wurde begonnen, die Wohlfahrtsfürsorge herauszunehmen, sodass sich die Gefahrenabwehr immer mehr als Hauptaufgabe herausbildete.

So fand sich auch im § 10 Teil II Titel 17 des Allgemeinen Preußischen Landrechts (ALR) vom 1.6.1794 folgender Polizeibegriff, dort hieß es: »Die nöthigen Anstalten zur Erhaltung der öffentlichen Ruhe, Sicherheit und Ordnung, und zur Abwendung der dem Publiko, oder einzelnen Mitgliedern desselben bevorstehenden Gefahr zu treffen, ist das Amt der Polizei.«

Die immer noch vorhandene Wahrnehmung der Wohlfahrtspflege durch die Polizei beendete das Preußische OVG im Jahre 1882 mit dem sogenannten Kreuzberg-Urteil[2]. Dort erklärte das Gericht eine polizeiliche Bauverordnung für ungültig, die die Bauhöhe begrenzte, um die Sicht auf das Kreuzbergdenkmal freizuhalten, und zwar mit der Begründung, dass dies eine Aufgabe der Wohlfahrtspflege sei, die nicht in die Kompetenz der Polizei falle. In der weiteren Entwicklung fiel auch die öffentliche Ruhe aus dem Aufgabenbereich der Polizei weg.

In der Weimarer Reichsverfassung von 1919 wurde durch teilweise »polizeifeste« Grundrechte eine Beschränkung der landesrechtlichen Polizeigewalt erreicht, da diese Grundrechte nur durch die Weimarer Reichsverfassung (WRV) oder die Reichsgesetzgebung eingeschränkt werden konnten. Mit der Machtergreifung durch die Nationalsozialisten 1933 existierte der rechtsstaatliche Polizeibegriff dann nicht mehr. Die Polizeigewalt ging auf das Reich über. Der materielle Polizeibegriff wurde im Sinne der nationalsozialistischen Ideologie aufgeweicht. Die formell weiterhin bestehende Generalklausel wurde so ausgelegt, dass nicht mehr nur eine Gefahr für die öffentliche Sicherheit oder Ordnung zu Maßnahmen ermächtigte, sondern jedes Verhalten oder jeder Zustand, der schädlich für die »Volksgemeinschaft« war. Die Polizei konnte also mit einer Ermächtigungsgrundlage arbeiten, die faktisch keine bestimmten Tatbestandsvoraussetzungen hatte. Es wurde eine Geheime Staatspolizei (Gestapo) errichtet, die für die Ausforschung »staatsgefährdender Bestrebungen« und die Verwaltung der Konzentrationslager zuständig war. Ihre Verfügungen und Angelegenheiten waren verwaltungsgerichtlich nicht überprüfbar.

Nach 1945 wurde durch die Besatzungsmächte eine sogenannte »Entpolizeilichung« der Verwaltung eingeleitet. Die Aufgaben von Polizei und Verwaltungsbehörden wurden getrennt. Nunmehr waren die kommunalen Verwaltungsbehörden (z. B. Ordnungsämter) für die Aufgaben der Gefahrenabwehr zuständig, wogegen die Polizei die Aufgaben des Vollzuges übernahm. In Niedersachsen gilt seit 1951 das Nds. Gesetz über die öffentliche

[2] PrOVG 9, 353–384.

Sicherheit und Ordnung (Nds. SOG) in wechselnder Benennung als Nds. Gefahrenabwehrgesetz (NGefAG), nunmehr seit 2019 als Niedersächsisches Polizei- und Ordnungsbehördengesetz (NPOG).

In der Vergangenheit hat es hinsichtlich des allgemeinen Gefahrenabwehrrechts unterschiedliche Rechtsentwicklungen in den einzelnen Bundesländern gegeben. Dies entspricht zwar dem föderalen Gedanken, kann aber Probleme für den Verwaltungsvollzug hervorrufen. Dies ist insbesondere zu befürchten, wenn es bei bestimmten Großereignissen (z. B. Castor-Transporten) zu Ländergrenzen überschreitenden Polizeieinsätzen kommt. Aber auch für den Bürger können Irritationen eintreten, wenn seine Aktivitäten sich nicht allein auf den Bereich eines Bundeslandes erstrecken. Die ständige Konferenz der Innenminister hat daher zweimal Anregungen für eine Vereinheitlichung der Gesetzgebung gegeben. Zu nennen sind hier der Musterentwurf eines einheitlichen Polizeigesetzes (ME 1976) sowie der Vorentwurf zur Änderung des Musterentwurfes (1986). Diese Vorgaben haben dann dafür gesorgt, dass es über einen längeren Zeitraum hinweg weitgehend vergleichbare Regelungen und insbesondere Befugnisse der Behörden zur Gefahrenabwehr gab. In den letzten Jahren ist nun aber eine Entwicklung zu beobachten, die einen Trend zur weiteren Differenzierung des Gefahrenabwehrrechts zu begründen scheint. Es bleibt daher abzuwarten, ob die Innenminister erneut die Initiative ergreifen, um durch Weiterentwicklung des Musterentwurfes einen Beitrag zur Vereinheitlichung des Polizei- und Ordnungsrechts zu leisten.

1.3 Verteilung der Gesetzgebungskompetenz

Gefahrenabwehr ist eine staatliche Aufgabe. Es obliegt dem Gesetzgeber, durch rechtliche Vorgaben diesen Aufgabenbereich zu gestalten. Dem Grundgesetz ist zu entnehmen, wie die Kompetenz, Gesetze zu erlassen, zwischen den Ländern und dem Bund verteilt ist (vgl. Art. 70 ff. GG).

So haben nach Art. 70 Abs. 1 GG die Länder das Recht der Gesetzgebung, soweit das Grundgesetz nicht dem Bund Gesetzgebungsbefugnisse verleiht. Das Recht der Gefahrenabwehr ist nicht als eigenständiges Themenfeld in den Kompetenzkatalogen des Grundgesetzes aufgenommen worden. Gleichwohl sind dem Bund in weitem Umfange Gesetzgebungskompetenzen zugewiesen worden, von denen er ausreichend Gebrauch gemacht hat. Diese Kompetenzzuweisungen finden sich entweder in den Katalogen über die ausschließliche Gesetzgebung (Art. 73 Abs. 1 Nr. 1, 3, 5, 6, 9a, 10 GG) oder die konkurrierende Gesetzgebung (z. B. Art. 74 Abs. 1 Nr. 11 [Gewerberecht], Nr. 19 [Gesundheitsrecht], Nr. 22 [Straßenverkehrsrecht], Nr. 24 [Abfall- und Immissionsrecht] GG).

Im Bereich der ausschließlichen Gesetzgebung verbleibt den Ländern nur dann noch eine Befugnis zur eigenen Gesetzgebung, wenn und soweit sie hierzu ausdrücklich in einem Bundesgesetz ermächtigt worden sind (Art. 71 GG). Im Bereich der konkurrierenden Gesetzgebung können die Länder nur dann eigene rechtliche Regelungen setzen, solange und soweit der Bund von seiner Gesetzgebungskompetenz noch keinen Gebrauch gemacht hat (Art. 72 Abs. 1 GG). So weist beispielsweise Art. 74 Abs. 1 Nr. 22 GG dem Bund die Regelungskompetenz für den Straßenverkehr, das Kraftfahrwesen sowie die Erhebung und Verteilung von Gebühren oder Entgelten für die Benutzung öffentlicher Straßen mit Fahr-

zeugen zu. Mit dem Straßenverkehrsgesetz und den dazu ergangenen Rechtsverordnungen (u. a. StVO, FeV, StVZO) hat der Bund umfassend diesen Sachbereich geregelt. Für die Länder verbleibt damit kein eigener Gestaltungsspielraum mehr. So wäre es beispielsweise dem Land verwehrt, durch Rechtsverordnung eine Geschwindigkeitsbegrenzung (Tempo 120) auf Autobahnen im Land festzulegen.
Neben den ausdrücklich im Grundgesetz genannten Gesetzgebungskompetenzen des Bundes gibt es für den Bund darüber hinaus auch ungeschriebene Gesetzgebungskompetenzen. Bereits frühzeitig hat das Bundesverfassungsgericht[3] anerkannt, dass dem Bund, unter dem Gesichtspunkt des Sachzusammenhangs, Regelungsbefugnisse für den Bereich der Gefahrenabwehr zuzuerkennen sind. In diesem Zusammenhang wird von der sog. Annexkompetenz gesprochen. »Normen, die der Aufrechterhaltung der öffentlichen Sicherheit und Ordnung dienen, sind (...) jeweils dem Sachbereich zuzurechnen, zu dem sie in einem notwendigen Zusammenhang stehen.«[4] Besondere Bedeutung kommt dieser ungeschriebenen Kompetenz insbesondere für das Recht der Wirtschaft (Art. 74 Abs. 1 Nr. 11 GG), das Gesundheitswesen (Art. 74 Abs. 1 Nr. 19 GG), das Verkehrswesen (Art. 74 Abs. 1 Nr. 22 GG) und das Umweltrecht (Art. 74 Abs. 1 Nr. 24, 29 GG) zu. Die Grenze dieser (ungeschriebenen) Kompetenz ist dort zu sehen, wo die Aufrechterhaltung der öffentlichen Sicherheit und Ordnung der alleinige und unmittelbare Gesetzeszweck ist.
Trotz weitreichender spezieller bundesrechtlicher Vorgaben im Ordnungsrecht obliegt es den Ländern, ein eigenes **allgemeines** Gesetz zur Gefahrenabwehr zu erlassen. Zudem können dort die Materien geregelt werden, die nicht von den Kompetenztiteln des Bundes erfasst werden. Auch der Landesgesetzgeber Niedersachsen hat bisher umfassend von seiner Regelungskompetenz Gebrauch gemacht (siehe Übersicht).

Besonderes Gefahrenabwehrrecht[5]	**Allgemeines** Gefahrenabwehrecht
Nds. Abfallgesetz (NAbfG) Nds. Gaststättengesetz (NGastG) Nds. Bauordnung (NBauO) Nds. Gesetz über das Halten von Hunden (NHundG) Nds. Brandschutzgesetz (NBrandSchG) Nds. Gesetz über Hilfen und Schutzmaßnahmen für psychisch Kranke (Nds. PsychKG) Nds. Rettungsdienstgesetz Nds. Versammlungsgesetz (NVersG)	Niedersächsisches Polizei- und Ordnungsbehörden-Gesetz (NPOG)

Abb.: Gefahrenabwehrrechtliche Gesetze des Landes

[3] BVerfGE 3, 433; 8, 150.
[4] BVerfGE 8, 143 [150].
[5] Ausgewählte Beispiele.

1.4 Die Funktion des Gefahrenabwehrrechts, Eingriff in Grundrechte

Das Gefahrenabwehrrecht regelt, unter welchen Voraussetzungen die Kommunen Gefahren von Personen und Sachen abwehren können. Dabei geht es regelmäßig um den Schutz bestimmter Rechte und Rechtsgüter. Dies sind rechtlich geschützte Interessen einzelner Menschen oder Rechtspersonen (Individualrechte wie Eigentum, allg. Handlungsfreiheit; Individualrechtsgüter wie Leben, Gesundheit) und der Gesellschaft als solcher (Universalrechtsgüter wie Bestand des Staates, Sicherheit des Geldverkehrs).
Wenn nun ein Rechtsgut bedroht ist, spricht man von einer Gefahr (§ 2 Nr. 1 NPOG). Es ist Aufgabe der zuständigen Behörde, diese durch geeignete Maßnahmen (§§ 11 ff. NPOG) abzuwehren. Dies tut sie, indem sie gegenüber einem oder mehreren Verantwortlichen (veraltet: Störer) (§§ 6 ff. NPOG) ein Tun oder Unterlassen vorschreibt. Damit greift sie selbst wiederum in Freiheitsgrundrechte des Verantwortlichen ein. Dabei muss sie im Ermessen (§§ 4 f. NPOG, § 40 VwVfG) zwischen den von der Gefahr bedrohten Rechtsgütern und den einzuschränkenden Freiheitsgrundrechten des Verantwortlichen abwagen.

> Beispiel:
> Herr Harms besitzt in Varel ein baufälliges Haus. Dessen marode Giebelwand droht auf den viel besuchten Gehweg zu stürzen. Sie bedroht Leben und körperliche Unversehrtheit der Fußgänger. Da eine bauliche Sicherung nicht mehr möglich ist, gibt die Behörde gem. § 79 Abs. 1, Ziffer 4 NBauO Herrn Harms auf, die Wand einzureißen. Damit greift sie selbst in das Eigentumsrecht von Herrn Harms ein. Sie muss also zwischen Leben und Unversehrtheit der Fußgänger einerseits und der Belastung des Eigentums von Herrn Harms andererseits abwägen.

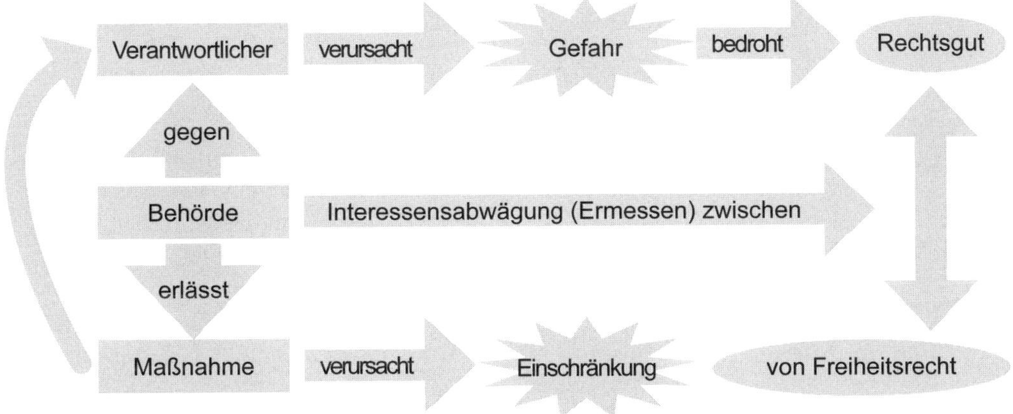

Grundsätzlich ist bei jedem Eingriff in ein Grundrecht der übliche Aufbau einer Grundrechtsprüfung abzuprüfen. Diese Grundrechtsprüfung wird regelmäßig in der Ermessensausübung bzw. -überprüfung der Ermächtigungsgrundlage vorgenommen, dort im Rahmen der Angemessenheit innerhalb des Grundsatzes der Verhältnismäßigkeit. Im obigen Falle müsste zunächst festgestellt werden, dass der Schutzbereich des Art. 14 Abs. 1 GG durch den Eingriff der Abrissverfügung betroffen ist. Dieser Eingriff ist verfassungsrechtlich gerechtfertigt, wenn er den Anforderungen des Grundgesetzes an solche Eingriffe genügt. Hier handelt es sich um eine Inhalts- und Schrankenbestimmung eines mit der NBauO formell und materiell verfassungsmäßigen Gesetzes. Der Eingriff müsste verhältnismäßig sein, § 4 NPOG. Der Abriss ist geeignet, die Gefahr abzuwenden, er ist erforderlich, da eine mildere Maßnahme (Sicherung) nicht möglich ist, und er ist angemessen, da der Schutz des Lebens der Fußgänger (Art. 2 Abs. 2 Satz 1 GG) schwerer wiegt als der Verlust des Eigentums am ohnehin baufälligen Haus (Art. 14 Abs. 1 GG). Beachtenswert ist in diesem Zusammenhang, dass § 10 NPOG lediglich diejenigen Grundrechte als einschränkbar benennt, für die das Zitiergebot des Art. 19 Abs. 1 Satz 2 GG dies fordert; darüber hinaus können aber auch Art. 2 Abs.1 GG (all. Handlungsfreiheit) und Art. 14 GG (Eigentum) eingeschränkt werden.

1.5 Verhältnis zur Polizei, doppelte Subsidiarität

1.5.1 VERHÄLTNIS ZUR POLIZEI

Gem. § 1 Abs. 1 Satz 1 NPOG haben die Verwaltungsbehörden und die Polizei gemeinsam die Aufgabe der Gefahrenabwehr. Nach § 1 Abs. 2 Satz 1 NPOG wird die Polizei jedoch nur in den Fällen tätig, in denen die Gefahrenabwehr durch die Verwaltungsbehörden a) gar nicht oder b) nicht rechtzeitig möglich erscheint (Eilzuständigkeit). Das ist dann der Fall, wenn der Schaden, den die Gefahr verursacht, bei Nichthandeln der Polizei eintreten oder sich weiter vergrößern würde. Der Polizeibeamte muss sich aber vergewissern, ob die Verwaltungsbehörde erreichbar und in der Lage ist, Maßnahmen zu ergreifen. Hierzu genügt die subjektive Beurteilungsmöglichkeit des handelnden Beamten, es muss nicht auch objektive Unaufschiebbarkeit gegeben sein. Eine Fehleinschätzung führt somit nicht zur Rechtswidrigkeit der Maßnahme wegen Unzuständigkeit, es sei denn, die Fehleinschätzung war grob sachwidrig.

Beispiele:

a) Ein Geiselnehmer hat sich verschanzt und bedroht das Leben seiner Geisel. Geeignete Maßnahme ist zunächst das Einschalten eines psychologisch erfahrenen Spezialisten, der mit dem Geiselnehmer spricht. Die allgemein zuständige Kommune verfügt nicht über eine solche Person. Ihr ist die Gefahrenabwehr nicht möglich, die Polizei ist nach § 1 Abs. 2 Satz 1 1. Alt. NPOG zuständig.

b) Sofern vom Haus von Herrn Harms (s. o.) bereits Steine auf den Gehweg gefallen sind, wird die von Nachbarn alarmierte Polizei zumindest den Gehweg absperren (Eilzuständigkeit). Hierzu ist sie nach § 1 Abs. 2 Satz 1 2. Alt. NPOG (eil)zuständig, denn es könnten jederzeit weitere Steine fallen. Sie kann allerdings keine Abrissverfügung erteilen, dies kann die Kommune später machen, da der Schaden am bedrohten Rechtsgut Leben aufgrund der vorübergehenden Absperrung zunächst nicht mehr eintreten kann.

1.5.2 DOPPELTE SUBSIDIARITÄT

Das allgemeine Gefahrenabwehrrecht ist in zwei Fällen nachrangig (subsidiär), und zwar, wenn einerseits der normale Zivilrechtsweg vor den ordentlichen Gerichten beschritten werden kann oder wenn es speziellere Regelungen in Gesetzen des besonderen Gefahrenabwehrrechts gibt.

1.5.2.1 Gegenüber dem Zivilrechtsweg

Der Schutz privater Rechte (nicht Rechtsgüter) obliegt nach § 1 Abs. 3 NPOG den Verwaltungsbehörden und der Polizei nur dann, wenn gerichtlicher Schutz nicht rechtzeitig zu erlangen ist und wenn ohne verwaltungsbehördliche oder polizeiliche Hilfe die Verwirklichung des Rechts vereitelt oder wesentlich erschwert werden würde. Das bedeutet, ein Geschädigter muss vorrangig Klage beim zuständigen Zivilgericht einreichen. Diese Vorschrift hat größere Bedeutung für die Polizei, da es um eilbedürftige Fälle geht. Wer sich in den Öffnungszeiten an das Ordnungsamt wenden kann, wird sein Recht auch regelmäßig mit den zivilrechtlich vorhandenen Eilverfahren (z. B. einstweilige Verfügung) bei einem Zivilgericht geltend machen können.

> Beispiel:
> Frau Denker trifft am Sonntag zufällig Herrn Halter wieder, dem sie vor Monaten ein wertvolles Buch geliehen hat. Herr Halter hat das Buch dabei und droht ihr, er werde es zerstören. Hier müsste sich Frau Denker eigentlich an das zuständige Zivilgericht wenden, um ihr Eigentum im Wege einer Klage auf Rückgabe geltend zu machen. Sollte sie nun gerade zufällig auf einen Polizisten treffen, könnte dieser das Buch vorläufig zur Klärung des Eigentums sicherstellen, da gerichtliche Hilfe nicht rechtzeitig erreichbar ist und ohne polizeiliche Hilfe die Verwirklichung ihres Eigentums vereitelt oder wesentlich erschwert würde.

1.5.2.2 Gegenüber Spezialgesetzen

Gem. § 3 Abs. 1 Satz 2 und 3 NPOG gehen Vorschriften des Bundes- oder Landesrechts, in denen die Gefahrenabwehr oder die anderen Aufgaben besonders geregelt werden, dem NPOG vor (*lex specialis derogat legi generalii*, ein spezielles Gesetz geht dem allgemeinen Gesetz vor). Soweit die besonderen Vorschriften keine abschließenden Regelungen enthalten, ist das NPOG ergänzend anzuwenden. Das NPOG ist also subsidiär, d. h. hier: unterstützend, zu den Gesetzen, die spezielle Materien des besonderen Gefahrenabwehrrechts regeln. Dies sind z. B. das Nds. Gaststättengesetz, das Versammlungsgesetz, die Nds. Bauordnung oder die Gewerbeordnung. In diesen Gesetzen finden sich teilweise eigene Ermächtigungsgrundlagen, teilweise aber auch nur Regelungen über die Zuständigkeit oder andere besondere Regelungen. Bei der Frage, welches Gesetz für die zu prüfende Maßnahme Anwendung findet, ist wie folgt vorzugehen:

Prüfungsschema:

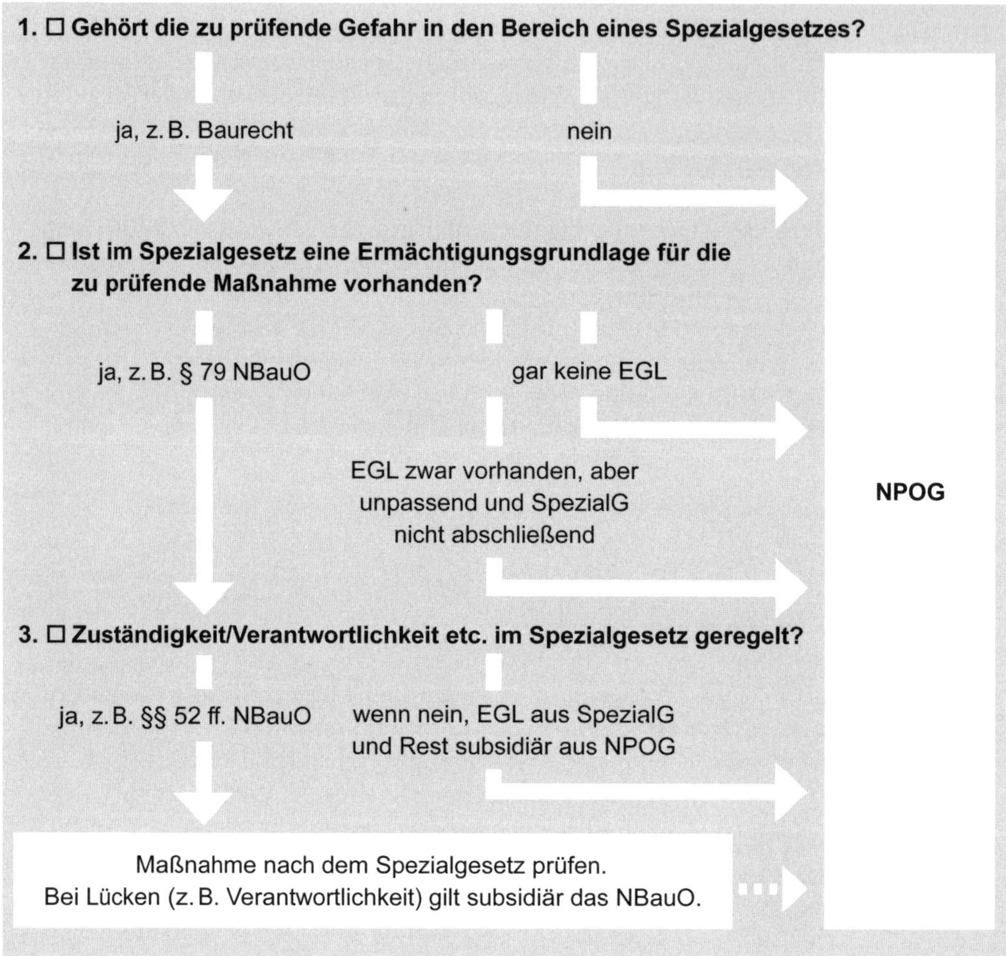

Beispiele:

a) Martin Sauer betreibt in der Stadt Delmenhorst seit einiger Zeit eine Schank- und Speisewirtschaft. Der Gaststättensektor wird durch ein spezielles Landesgesetz auf dem Gebiet der Gefahrenabwehr, dem NGastG, geregelt. Das nach diesem erforderliche Anzeigeverfahren ist ordnungsgemäß durchgeführt worden. Nunmehr ist durch Vertreter des Jugendamtes und der örtlichen Polizei festgestellt worden, dass Sauer wiederholt alkoholische Getränke an Jugendliche ausgeschenkt hat. Trotz Hinweisen und Verwarnungen wurde bei einer neuerlichen Überprüfung festgestellt, dass sich im Schankraum zwei Jugendliche aufhielten, denen alkoholische Getränke verkauft worden waren. Damit ist Sauer als unzuverlässig im Sinn des NGastG (§ 4) anzusehen. Die Stadt als zuständige Behörde will die Gewerbeausübung untersagen und zugleich ein Zwangsmittel androhen, da Sauer sich in einem Gespräch uneinsichtig zeigte und den weiteren Betrieb ankündigte, trotz behördlicher Anordnung. Das NGastG enthält keine ausdrückliche Ermächtigung, um die Gewerbe*untersagung* aussprechen zu können. Auch fehlen Vorgaben für einen möglichen Zwangsmitteleinsatz. Eigentlich würde jetzt ein Rückgriff auf die gefahrenabwehrrechtliche Generalklausel geboten sein. Da aber nach § 1 Abs. 2 NGastG die Vorschriften der Gewerbeordnung ergänzend herangezogen werden können, kommt für die geplante Hauptregelung § 35 Abs. 1 GewO als Ermächtigungsgrundlage in Betracht. Da sich der Gesetzgeber der Regelungstechnik der »Verweisung«[6] bediente, ist insoweit ein Rückgriff auf § 3 Abs. 1 Satz 2 NPG nicht geboten. Im Hinblick auf § 3 Abs. 1 Satz 3 NPOG kann hinsichtlich der Zwangsmittelandrohung auf die §§ 64 ff. NPG zurückgegriffen werden.

b) Nach dem NFeiertagsG (§§ 3 f.) sind an Sonn- und Feiertagen bestimmte gewerbliche Handlungen verboten. Vom Verbot wird auch die Durchführung eines gewerblichen Trödelmarkes erfasst. Will die zuständige Behörde nun diesen Trödelmarkt unterbinden, muss sie, da das NFeiertagsG keine entsprechende Regelung aufweist, auf die polizeiliche Generalklausel (§§ 3 Abs. 1 Satz 3[7], 11 NPOG) als Ermächtigungsgrundlage zurückgreifen.

c) Evelin Lorin übt in Syke, Landkreis Diepholz ein erlaubnispflichtiges Maklergewerbe (§ 34c GewO) aus. Sie hat es aber versäumt, rechtzeitig die erforderliche Genehmigung zu beantragen. Eine Genehmigung könnte auch nicht erteilt werden, da Versagungsgründe nach § 34c Abs. 2 Nr. 2 GewO (ungeordnete Vermögensverhältnisse) vorliegen. Der Landkreis will nun die weitere Ausübung des Gewerbes untersagen. Als Ermächtigungsgrundlage kommt § 15 Abs. 2 Satz 1 GewO in Betracht. Da die Gewerbeordnung keine Bestimmungen über die zuständige Behörde trifft, ist hinsichtlich der Bestimmung der sachlichen Zuständigkeit auf die ZustVO-Wirtschaft[8] und hinsichtlich der örtlichen Zuständigkeit auf § 100 Abs. 1 Satz 2 Nds. SOG zurückzugreifen (Anwendungsfall des § 3 Abs. 1 Satz 3).

1.6 Die Europäische Gemeinschaft und das Polizei- und Ordnungsrecht

Die unmittelbare Einwirkung des Europäischen Gemeinschaftsrechts auf das allgemeine Polizei- und Ordnungsrecht ist bisher noch zu vernachlässigen. So sind bisher von der Europäischen Union noch keine das allgemeine Polizei- und Ordnungsrecht betreffenden Rechtssätze erlassen worden.[9] Dennoch gibt es Verabredungen, die auch in Deutschland Auswirkungen entfalten. Zu nennen sind hier insbesondere das sog. Schengener Übereinkommen und das dazu erlassene Durchführungsübereinkommen (SDÜ). Zudem wurde mit Europol das erste europäische Polizeiamt eingerichtet. Ähnlich wie im Bereich des allgemeinen Verwaltungsrechts sind aber auch die mittelbaren Einflüsse des Europarechts

---

6 Eingehend zur Verweisung siehe *Weidemann/Rheindorf*, Die gesetzliche Verweisung – Eine Regelungstechnik des Gesetzgebers, apf 2010, S. 332 ff.

7 A. A. *Suckow/Hoge*, S. 11; sie verweisen insoweit auf § 3 Abs. 1 Satz 1 Nds. SOG.

8 Vom 18.11.2004, Nds. GVBl. S. 482, zuletzt geändert durch Art. 8 Nr. 7 des Gesetzes vom 22.10.2014, Nds. GVBl. S. 291.

9 *Möller/Warg*, S 15.

zu beachten. So müssen Maßnahmen des nationalen Polizei- und Ordnungsrechts die in Art. 28 ff. AEUV geregelten Grundfreiheiten und hochrangige Güter des Gemeinschaftsrechts beachten.[10] Zudem ist bei der Subsumtion der Schutzgüter der öffentlichen Sicherheit und Ordnung eine gemeinschaftsrechtliche Interpretation zu berücksichtigen.[11]

1.7 Gefahrenabwehr durch Private

Die Gefahrenabwehr ist nicht allein staatlichen Instanzen vorbehalten. In bestimmtem Umfange können auch **Private einen Beitrag** zur Gefahrenabwehr leisten. Zu nennen sind zunächst sog. Beliehene[12]. Hier übertragen staatliche Stellen aufgrund gesetzlicher Ermächtigung Privaten die Wahrnehmung hoheitlicher Aufgaben im Bereich der Gefahrenabwehr.

Beispiele:

a) Der Kraftfahrzeugsachverständige für die Erteilung der Prüfplakette nach § 29 Abs. 2 StVZO wird insoweit hoheitlich tätig und ist damit sog. beliehener Unternehmer. Ebenso verhält es sich mit dem amtlich bestellten Jagdaufseher nach § 25 Abs. 2 BJagdG.

Gegenbeispiele:

b) Schließen sich Bürger einer Gemeinde zu einer sog. Bürgerwehr zusammen, um in den Abendstunden durch sog. Kontrollgänge zu einer Erhöhung des Sicherheitsgefühls beizutragen, so handelt es sich hier um eine rein private Veranstaltung.[13]
c) Die zuständige Behörde bittet einen privaten Abschleppdienst, einen PKW abzuschleppen, der eine Feuerwehrzufahrt blockiert. Sofern es sich um eine Ersatzvornahme (§ 65 Nds. SOG) handelt, tritt der Unternehmer nur an die Stelle des eigentlich Pflichtigen. Er wird nicht mit hoheitlichen Aufgaben betraut. Zwischen der Behörde und dem beauftragten Unternehmer wird vielmehr ein privatrechtliches Rechtsverhältnis begründet.

Eine **besondere Funktion** nimmt das **private Bewachungs- und Sicherheitsgewerbe** ein. Dieses Gewerbe stellt eine Wachstumsbranche dar. Betrug die Zahl der Beschäftigten im Jahre 1974 noch ca. 50.000, so ist diese Zahl deutlich angestiegen. Aktuell werden in ca. 4000 Unternehmungen über 160.000 Mitarbeiter beschäftigt.[14] Die Tätigkeitsfelder sind recht weitreichend. Neben dem Objektschutz werden Revierdienste, Werttransporte

---

10 Ebenda.

11 Siehe die (unterschiedliche) Rechtsbeurteilung in England und Deutschland zum Verbot sog. Laserdome; vgl. BVerwG NVwZ 2002, S. 598; EuGH NVwZ 2004, S. 1471; dazu *Beaucamp* 2005, S. 1174 ff.; *Epiney* NVwZ 2006, S. 414 ff.

12 Grundlegend siehe *Maurer/Waldhoff*, § 23 Rn. 58 ff.

13 In anderen Bundesländern kann dagegen eine andere Beurteilung geboten sein. So gibt es beispielsweise in einzelnen Bundesländern eine besondere gesetzliche Regelung; z. B. Baden-Württemberg mit dem Gesetz über den freiwilligen Polizeidienst und Bayern mit dem Gesetz über die Sicherheitswacht. In Niedersachsen fehlt eine vergleichbare Regelung.

14 Statistisches Bundesamt – Erzeugerpreisindizes für Dienstleistungen – Informationen zum Preisindex Private Wach- und Sicherheitsdienste, 12/2013, S. 2/7.

sowie Personenschutz angeboten. Hintergrund für diese Entwicklung ist das schwindende Sicherheitsgefühl weiter Teile der Bevölkerung. Auch ist ein gewisser **Rückzug des Staates** bei der Gewährleistung der Inneren Sicherheit zu verzeichnen. Sichtbares Zeichen ist die Privatisierung bestimmter Bereiche des Verkehrswesens (Bahn, städtische Verkehrsbetriebe) und der damit verbundene Rückzug der uniformierten Polizei aus diesen Räumen. Mit dem Erstarken privater Sicherheitsdienste ist in der Regel aber keine Übertragung hoheitlicher Aufgaben auf diese Unternehmen verbunden. Das Tätigwerden privater Sicherheitsdienste im Auftrage Privater findet allein auf zivilrechtlicher Grundlage statt. Auch wenn gewerberechtlich die Bewachung von Leben und Eigentum fremder Personen einer Erlaubnispflicht unterworfen wurde (§ 34a GewO), so ist diese staatliche Zulassung doch nicht mit der Verleihung besonderer Befugnisse verbunden. Ausdrücklich unterstreicht § 34a Abs. 5 Satz 1 GewO, dass lediglich die Jedermann-Notrechte zur Verfügung stehen. Erfasst werden damit insbesondere Notwehr- und Nothilfevorschriften (§ 227 BGB, § 15 OWiG, § 32 StGB) sowie Bestimmungen über zum rechtfertigenden bzw. entschuldigenden Notstand (§§ 228, 904 BGB, § 16 OWiG, §§ 34 f. StGB).

> Beispiel:
> Ein Mitarbeiter einer privaten Sicherheitsgesellschaft fordert einen angetrunkenen Passanten, der sich auf dem öffentlichen Fußweg befindet, auf, weiterzugehen und sich vom Schaufenster und Eingang seines Auftraggebers zu entfernen. Hier überschreitet der Mitarbeiter eindeutig seine Befugnisse. Der Passant bewegt sich auf einer öffentlichen Straße (§ 2 NStrG). Der Vertreter der Sicherheitsfirma maßt sich unzulässigerweise hoheitliche Befugnisse an.

Vertiefungshinweise

RECHTSPRECHUNG

PrOVG 1. Und 2. Kreuzberg-Urteil (Nachdruck DVBl. 1985, S. 216 ff.)
EuGH NJW 1998, S. 1931 Sicherstellung des freien Warenverkehrs
EuGH NVwZ 2004, S. 1471, Laserdome und unterschiedliche Schutzregelungen in Staaten der EU
BVerfGE 8, 143, Annexkompetenz des Bundes BVerwGE 115, 189 (Verbot eines Laserspiels)
BVerfG Beilage 2 zu Heft 14 NVwZ 2023, S. 37 ff. (Polizeiliche Befugnisse nach dem MVSOG teilweise verfassungswidrig)
BVerfG Beilage 2 zu Heft 14 NVwZ 2023, S. 53 ff. (Landesrechtliche Ermächtigung der Polizei teilweise verfassungsrechtlich – Automatisierte Datenanalyse)
BVerwG NVwZ 1988, S. 250 ff. (Platzverweis)
VGH Mannheim NVwZ-RR 2005, S. 472 f. (Verbot von Paintballspielen)
OVG Lüneburg NdsVBl. 2014, S. 49 f. (Anordnung nach dem NHundG)

LITERATUR

Danne/Toth, Privatisierungsgrenze im operativen Sicherheitsrecht NVwZ 2020, S. 1633 ff.
Graulich, Elemente des Polizeiverfassungsrechts, Beilage 2 zu Heft 14 NVwZ 2023, S. 27 ff.

Gusy, Polizei und private Sicherheitsdienste im öffentlichen Raum, VerArch 92 (2001), S. 344 ff.

Gusy, Die Sicherheit unserer Städte zwischen Freiheit und Sicherheit, NdsVBl. 2013, S. 57 ff.

Ipsen, J., Die Kompetenzverteilung zwischen Bund und Ländern nach der Föderalismusnovelle, NJW 2006, S. 2801

Ipsen, Ausführung der Bundesgesetze durch die Länder, NdsVBl. 2014, S. 209 ff.

Jesteadt, Polizeirecht in den Grenzen des Binnenmarkts – Das Laiserdome-Urteil des EuGH, Jura, 2006, S. 127 ff.

Lindner, Die gemeinschaftsrechtliche Dimension des Polizeirechts, JuS 2005, S. 302

Schoch, F., Grundfälle zum Polizei- und Ordnungsrecht, JuS 1994, S. 391 und S. 79

Saipa/Wahles/Germer, Gewaltmonopol, Gefahrenabwehrauftrag und private Sicherheitsdienste: Ergänzung oder Beeinträchtigung staatlicher Kernaufgaben?, NdsVBl. 2000, S. 285 ff.

Schoch, Grundlagen und System des allgemeinen Polizei- und Ordnungsrechts, Jura 2006, S. 664 ff.

Wilkens, Sicherheit als Kreisaufgabe, NdsVBl. 2013, S. 63 ff.

2 DER GEFAHRENBEGRIFF

2.1 Geschriebene Gefahrenarten

2.1.1 KONKRETE GEFAHR

Die Gefahr ist das entscheidende Merkmal und der wesentliche Grundbegriff im Gefahrenabwehrrecht. Sie ist Voraussetzung für die Aufgabenbestimmung sowie für Handlungsermächtigungen. Das BVerwG[15] geht insofern von einer Gefahr aus, »wenn eine Sachlage oder ein Verhalten bei ungehindertem Ablauf des objektiv zu erwartenden Geschehens mit hinreichender Wahrscheinlichkeit ein polizeilich geschütztes Rechtsgut schädigen wird«. Im NPOG findet sich eine Legaldefinition der **konkreten** Gefahr in § 2 Nr. 1 NPOG. Hiernach liegt (im Gegensatz zur **abstrakten** Gefahr gem. § 2 Nr. 6, die keinen Einzelfall betrifft) eine konkrete Gefahr bei einer Sachlage vor, bei der im **einzelnen Fall** die **hinreichende Wahrscheinlichkeit** besteht, dass in **absehbarer Zeit** ein **Schaden** an der **öffentlichen Sicherheit** *oder* **Ordnung** eintreten wird.

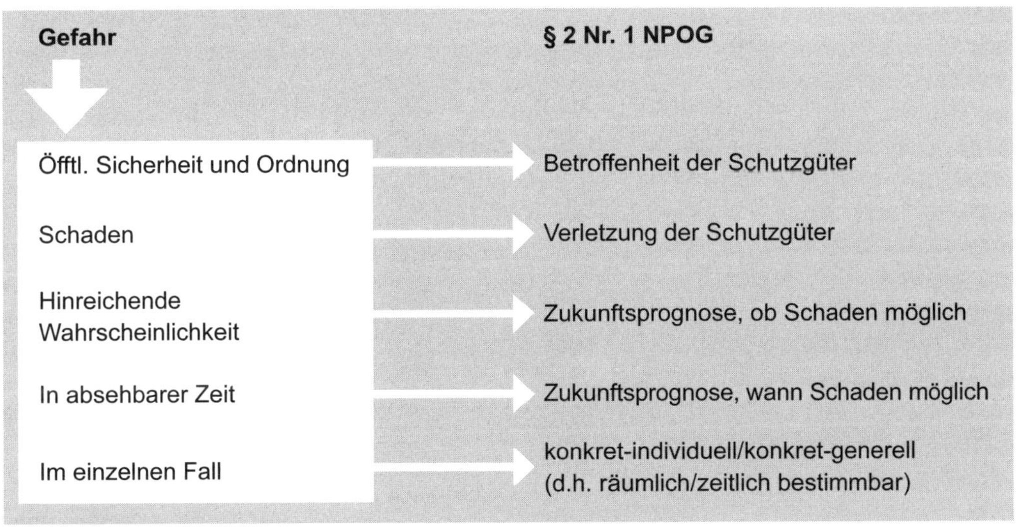

Abb.: Gefahr

---

[15] BVerwGE 45, 51.

2.1.1.1 Die Schutzgüter

2.1.1.1.1 Die öffentliche Sicherheit

Die zentrale Anforderung an eine Gefahr im Gefahrenabwehrrecht ist die Betroffenheit der öffentlichen Sicherheit. Auf eine gesetzliche Definition, wie z. B. in Sachsen-Anhalt[16], hat der niedersächsische Gesetzgeber verzichtet, da dieser unbestimmte Rechtsbegriff durch jahrzehntelange Rechtsprechung geprägt sei.[17] Die Schutzgüter der öffentlichen Sicherheit lassen sich grundsätzlich in zwei Gruppen einteilen: Individualgüter wie z. B. Leben, Gesundheit, Vermögen und Gemeinschaftsgüter wie Unverletzlichkeit der Rechtsordnung und der Bestand und das Funktionieren des Staates und seiner Einrichtungen.[18] Damit gibt es dann drei Grundkategorien. Dies sind:

- Die Unverletzlichkeit der Rechtsordnung.
- Die Unverletzlichkeit von subjektiven Rechten und Rechtsgütern des Einzelnen.
- Der Bestand des Staates sowie seiner Einrichtungen und Veranstaltungen und sonstiger Träger von Hoheitsgewalt.[19]

2.1.1.1.1.1 Die Unverletzlichkeit der Rechtsordnung
Die öffentliche Sicherheit kennzeichnet den Soll-Zustand allen geltenden Rechts.[20] Das heißt, dass die (gesamte) Rechtsordnung (unabhängig ihrer Position innerhalb der Normenhierarchie)[21] geschützt werden soll vor Verstößen gegen Gebots- und Verbotsvorschriften.[22]

Beispiele:
a) Eine Spielplatzsatzung verbietet das Mitbringen von Tieren auf dem Spielplatz. Frau Gundlach besucht den Spielplatz regelmäßig mit ihren Kindern und bringt hierbei ihren Dackel mit.
b) Herr Becker verstößt wiederkehrend durch Fahrten mit seinem Lastkraftwagen gegen das Sonntagsfahrverbot gem. § 30 Abs. 3 StVO.

In beiden Fällen geht es um die zukünftige Verhinderung von weiteren Verstößen gegen die Rechtsordnung. Zu a) um die Wahrung der Rechtsordnung im Hinblick auf die künftige Beachtung der Satzung und zu b) um die Einhaltung der Rechtsordnung hinsichtlich der StVO. In beiden Fällen ist die öffentliche Sicherheit bedroht, und ein Einschreiten durch konkrete Verbote gegenüber Frau Gundlach und Herrn Becker könnte zur entsprechenden Gefahrenabwehr gerechtfertigt sein.
Zu beachten ist allerdings, dass ein Verstoß gegen privatrechtliche Normen nur ein subsidiäres Einschreiten der Gefahrenabwehrbehörden unter den Voraussetzungen des

[16] § 3 Nr. 1 SOG-LSA.
[17] *Ulrich* in: Möstl/Weiner, § 2 Rn. 9.
[18] Vgl. *Ulrich* in: Möstl/Weiner, § 2 Rn. 10.
[19] *Kingreen/Poscher*, § 7 Rn. 2.
[20] *Kingreen/Poscher*, § 7 Rn. 7.
[21] Vgl. BVerwGE 82, 34 [40]; Jura 2003, S. 177.
[22] Vgl. *Böhrenz/Siefken*; § 2 Nr. 2.

§ 1 Abs. 3 NPOG möglich macht[23], so dass es sich bei der objektiven Rechtsordnung in erster Linie um Normen des öffentlichen Rechts handelt.

2.1.1.1.1.2 Individualrechtsgüter des Einzelnen, Selbstgefährdung, subjektive Rechte

Zu Individualrechtsgütern des Einzelnen zählen jedenfalls Leben, Gesundheit, Freiheit, Ehre sowie Vermögen des Einzelnen.

Die Verletzung dieser Individualgüter führt aber nur dann zur Betroffenheit der öffentlichen Sicherheit, wenn es sich um die Individualgüter sog. »Dritter« handelt. Sofern die Beeinträchtigung dieser Individualgüter durch das Verhalten einer Person verursacht wird, ist die öffentliche Sicherheit grundsätzlich nur dann betroffen, wenn dadurch die Individualgüter anderer Personen als die des Verursachers betroffen sind. Sofern sich eine Person lediglich selbst gefährdet, ohne damit Dritte zu gefährden, so ist dadurch grundsätzlich die öffentliche Sicherheit nicht betroffen. Man spricht dann von »**zulässiger Selbstgefährdung**«. Dies gilt aber wiederum dann nicht, wenn die Gefahr einer Selbsttötung besteht[24] oder wenn die Fähigkeit des Selbstgefährders, Gefahren zu erkennen, erheblich eingeschränkt ist, wenn er sich also in hilfloser Lage oder in einem Zustand befindet, der die freie Willensbildung ausschließt.

> Beispiel:
> Die im Zirkus auftretenden Motorradfahrer, die im Rondell gefährlichste Fahrten unternehmen, gefährden sich dadurch selbst, indem sie ihre Gesundheit bzw. ihr Leben aufs Spiel setzen. Hier handelt es sich jedoch lediglich um eine zulässige Selbstgefährdung, denn es sind keine anderen Personen in ihren Individualgütern berührt. So ist die öffentliche Sicherheit insoweit nicht betroffen. Gleiches gilt insbesondere auch für viele gefährliche Sportarten, wie Bungee-Springen, Gleitschirmfliegen etc.

> Gegenbeispiel:
> Der betrunkene und gesundheitlich geschwächte 81-jährige Rentner Schulz möchte beweisen, dass er in der Lage ist, den Rhein zu durchschwimmen. Er ist jedenfalls aufgrund des Rausches nicht in der Lage, die Situation und seine Kräfte richtig zu beurteilen. Hier liegt keine zulässige Selbstgefährdung vor, ein gefahrenrechtliches Eingreifen zum Schutz des Schulz wäre gerechtfertigt. Insbesondere ist dies auch bei der noch beschränkten Einsichtsfähigkeit von Kindern und Jugendlichen ebenso der Fall.

Im Rahmen der Schutzgüter der öffentlichen Sicherheit kann es in derselben Sachlage zu Überschneidungen in den betroffenen Schutzgütern kommen. Es können Individualgüter »Dritter« betroffen sein, wodurch gleichzeitig die Rechtsordnung betroffen ist.

> Beispiel:
> In einer Spielplatzsatzung ist ein Rauchverbot auf dem Spielplatz geregelt. Frau Reiser raucht wiederholt mehrere Zigaretten auf dem Spielplatz, während ihre Tochter

[23] Vgl. dazu Kapitel 1.5.2.1.

[24] So noch h. M; zur Überschreitung der Selbstgefährdung bei versuchtem Suizid mit unterschiedlichen Begründungen vgl. *Saipa*, NPOG, § 1 Rn. 5.3.

> in der Sandkiste spielt. Frau Hauser, die ebenfalls mit ihrer Tochter den Spielplatz besucht, fühlt sich in ihrer und der Gesundheit ihrer Tochter beeinträchtigt.

Hierbei ist **vorrangig** vor gegebenenfalls auch anderen betroffenen Schutzgütern auf die Rechtsordnung abzustellen. Einschlägiges Schutzgut der öffentlichen Sicherheit ist hier die Rechtsordnung.[25] Im obigen Beispiel wird deutlich, dass durch die Satzung ja gerade auch die Gesundheit anderer Spielplatzbesucher durch das Rauchverbot geschützt werden soll. Daher ist es bei Betroffenheit der Rechtsordnung nicht nötig, die Individualschutzgüter herauszustellen, die gerade durch die Rechtsordnung geschützt werden sollen. In einem solchen Fall ist vorrangig die Rechtsordnung einschlägiges Schutzgut.

Subjektive Rechte sind im Gegensatz zu den (Individual-) Rechtsgütern des Einzelnen individuelle Berechtigungen, die aus Rechtsverhältnissen entstehen. Auch hier ist – wie bei der objektiven Rechtsordnung – ggfs. auf § 1 Abs. 3 NPOG zu achten.

2.1.1.1.1.3 Bestand des Staates

Der Bestand des Staates ist die territoriale Unversehrtheit und politische Unabhängigkeit der Bundesrepublik Deutschland.[26] Einrichtungen sind deren Organe, Behörden, Körperschaften, Stiftungen, Anstalten und ähnliche Sachkomplexe. Veranstaltungen der Hoheitsträger sind deren gebildete Handlungskomplexe, wie z. B. Tage der offenen Tür oder Manöver. Beispiele für entsprechende Einrichtungen sind u. a. Hochschulen, Bibliotheken, Schwimmbäder.[27] Insgesamt werden hier Rechtssubjekte des öffentlichen Rechts und ihre Behörden geschützt und dabei grundsätzlich alles, was diesen Rechtssubjekten zugeordnet ist und kein Recht darstellt.[28] Hierbei ist der Schutz auch und vor allem auf die Funktionsfähigkeit gerichtet. Auch und gerade im Rahmen des Schutzes des Staates, der öffentlichen Einrichtungen und ihrer Veranstaltungen sowie deren Funktionsfähigkeiten kann es zu Überschneidungen mit dem Schutzgut der Rechtsordnung kommen.

> Beispiel:
> Das Demolieren eines Polizeifahrzeuges beschädigt insoweit zwar die Polizei in ihrer Funktionsfähigkeit, aber hier liegt der Schaden bereits an der Rechtsordnung im Hinblick auf die Sachbeschädigung gem. § 303 StGB. Vorrangig betroffenes Schutzgut ist hier die Rechtsordnung. Auch für das Schutzgut des Staates und seiner Einrichtungen besteht nur dann ein eigenständiger Anwendungsbereich, wenn dieses Schutzgut nicht bereits durch Rechtsvorschriften geschützt wird.

2.1.1.1.2 Die öffentliche Ordnung

Ob auch die öffentliche Ordnung zu den Schutzgütern des Gefahrenabwehrrechts zählen soll, ist eine politische Frage. Je nach politischer Ausrichtung der Landtagsmehrheit ist sie mal Bestandteil der Gefahrendefinition (bis 1994, 2003–jetzt), mal nicht (1994–2003).

---
[25] Vgl. *Kingreen/Poscher*, § 7 Rn. 5, 6,20.
[26] *Kingreen/Poscher*, § 7 Rn. 30.
[27] Vgl. *Kingreen/Poscher*, § 7 Rn. 31.
[28] *Möller/Warg*; Kap. 3.1.3; Rn. 91.

Inhaltlich umfasst die öffentliche Ordnung als unbestimmter und auslegungsfähiger Rechtsbegriff diejenigen ungeschriebenen Verhaltensregeln, die nach den jeweils herrschenden sozialen und ethischen Anschauungen als unerlässliche Voraussetzung eines geordneten staatsbürgerlichen Gemeinschaftslebens betrachtet werden.[29] Wird dagegen verstoßen, so liegt ein Verstoß gegen die öffentliche Ordnung vor, der letztlich zu einer abzuwehrenden Gefahr führen kann.
Immer wieder gibt es politische Bestrebungen, den Begriff der öffentlichen Ordnung aus dem NPOG zu streichen. Insgesamt wird die öffentliche Ordnung zunehmend als überflüssig betrachtet, da in Deutschland mittlerweile jeder relevante Verstoß gegen anerkannte Verhaltensregeln gesetzlich normiert ist und somit als Verstoß gegen die Rechtsordnung unter die öffentliche Sicherheit fällt. Eine bedeutende Auffangnorm stellt insofern § 118 Abs. 1 OWiG dar, wonach derjenige ordnungswidrig handelt, der eine grob ungehörige Handlung vornimmt, die geeignet ist, die Allgemeinheit zu belästigen oder zu gefährden und die öffentliche Ordnung zu beeinträchtigen. Hierunter können z. B. öffentliches Pinkeln oder Exhibitionismus fallen.
Außerdem haben sich die »herrschenden sozialen und ethischen Anschauungen« in Deutschland in den letzten Jahren stark liberalisiert. In den 1950er-Jahren wäre das Ausstrahlen der RTL2-Sendung »Naked Attraction« mühelos unter einen Verstoß gegen die öffentliche Ordnung subsumiert worden, im Jahr 2022 eben nicht mehr. Das klassische Beispiel der unfreiwilligen Obdachlosigkeit wird regelmäßig auch die öffentliche Sicherheit verletzen (gesetzliches Schutzgut Gesundheit), eine freiwillige Obdachlosigkeit dürfte nach heutiger Auffassung hingegen nicht als Verstoß gegen die unerlässliche Voraussetzung eines geordneten staatsbürgerlichen Zusammenlebens gelten und somit hinzunehmen sein.

2.1.1.2 Schaden

Unter Schaden ist eine Schädigung sowie Störung der öffentlichen Sicherheit oder Ordnung zu verstehen. Ein Schaden liegt vor, wenn ein Schutzgut in nicht unerheblicher Weise verletzt wird. Dies bedeutet die objektive Minderung des normalen Bestandes der Schutzgüter. Für das Schutzgut der öffentlichen Sicherheit muss es um eine nicht unerhebliche negative Beeinträchtigung gehen.[30] Zu verstehen ist hierunter eine regelwidrige, also nicht normale, nicht in der Natur der Sache liegende Störung.

Abzugrenzen hiervon sind bloße Belästigungen. Für das Schutzgut lediglicher Unbequemlichkeiten, Unerfreulichkeiten, Lästigkeiten oder Geschmacklosigkeiten stellen insoweit noch keinen Schaden dar.[31] Hierbei können aber aufgrund der Anzahl oder Dauer von Belästigungen durchaus Schäden erwachsen. Die Frage nach der Grenze des noch Zumutbaren gegenüber dem Schaden orientiert sich an der Einschätzung aufgrund von objektiven Anhaltspunkten, eines Durchschnittsbetrachters, wobei auf zeitliche und örtliche Verhältnisse abzustellen ist.[32]

---

[29] BVerfG NJW 2001, 1409; *Ipsen*, NdsVBl. 2003, 281.

[30] Vgl. *Bäcker* in: Lisken/Denninger; Denninger D 85; *Graulich* ebd. E 126 ff.

[31] Zur Vertiefung *Kingreen/Poscher*, § 8 Rn. 3 ff.

[32] Vgl. *Graulich* in: Lisken/Denninger; Denninger E 128.

Beispiele:

a) Herr Scholl ist Halter eines mittelgroßen Hundes und wohnt in einem Reihenhaus mit Vorgarten in einem ruhigen Wohngebiet. Der Hund ist mehrere Stunden am Tag draußen im (eingezäunten) Vorgarten. Hier bellt der Hund oft stundenlang. Auch nachts bellt der Hund mehrmals draußen im Garten.

b) Herr Scholl besucht mit seinem Hund kurzzeitig den Bekannten Frieling, der an einer viel befahrenen, lauten Straße wohnt. Auch hier bellt der Hund des Scholl im Vorgarten des Frieling während des Besuchs.

Es wird deutlich, dass hier dasselbe Verhalten des Hundes in einem Fall (zu a) eine bloße Belästigung der Nachbarn überschritten hat und damit hier von einem denkbaren Schaden für deren Gesundheit ausgegangen werden kann, wohingegen im zweiten Fall (zu b) die Grenze zwischen bloßer Belästigung und denkbarem Schaden noch nicht überschritten ist.

2.1.1.3 Hinreichende Wahrscheinlichkeit des Schadenseintritts

Die hinreichende Wahrscheinlichkeit stellt bezogen auf den Schadenseintritt auf eine Zukunftsprognose ab. Es geht hier darum, **ob** ein Schaden eintritt. Hiervon erfasst sind Sachlagen, in denen ein Schaden erstmalig eintritt, sowie Sachlagen, in denen ein Schaden bereits eingetreten ist und daher zu prognostizieren ist, ob dieser Schaden fortdauern oder sich wiederholen **wird**. Somit besteht die Gefahrenprognose aus zwei Komponenten; der objektiven tatsächlichen Grundlage und einer subjektiven Bewertung.[33] In der Prognose ist abzustellen auf eine Würdigung aller maßgeblichen Umstände in einer objektiven Betrachtung aufgrund tatsächlicher Anhaltspunkte. Danach ist ein Schadenseintritt hinreichend wahrscheinlich bei einer nach der Lebenserfahrung begründeten Befürchtung der Gefahrenverwirklichung.[34]

Die objektiv erkennbare Möglichkeit des Eintritts eines Schadens (an Schutzgütern) bei ungehindertem Geschehnisablauf reicht aus. Dagegen reichen bloße Vermutungen nicht aus.[35] Die Anforderungen an den Grad der Wahrscheinlichkeit richten sich nach dem Wert des zu schützenden Rechtsguts. Zum Schutz hochwertiger Rechtsgüter wird also nicht etwa erhöhte Wahrscheinlichkeit des Schadenseintritts vorausgesetzt, sondern es reicht vielmehr auch eine mehr als nur geringfügige Wahrscheinlichkeit aus.[36] Dies hat auch in AB NGefAG Nr. 2.1 zu § 2 NGefAG[37] Niederschlag gefunden, als es dort heißt: »je schwerer der Schaden ist, der einzutreten droht, umso geringere Anforderungen sind an den Grad der Wahrscheinlichkeit des Schadenseintritts zu stellen«.

---

33 Vgl. *Ullrich* in; Möstl/Weiner, § 2 Rn. 57.

34 *Böhrenz/Siefken*; § 2 Rn. 2.

35 *Möller/Warg*; Kap. 3.3.

36 So OVG Lüneburg, Urt. v. 30.11.2012, 11 KN 187/12.

37 Ausführungsbestimmungen zum Niedersächsischen Gefahrenabwehrgesetz gem. Runderlass des Ministeriums des Inneren v. 16.7.1998 (Nds. MBL. 1078). Diese sind seit dem Inkrafttreten nicht mehr geändert worden. Es handelt sich dabei um Verwaltungsvorschriften. Der Umgang mit ihnen folgt allgemeinen Regelungen.
Vgl. *Weiner* in: Möstle /Weiner A, XII, Rn 48.

Beispiel:
In einer Schule geht eine (anonyme) Bombendrohung ein.

Nach den obigen Maßstäben dürfte dies der Anforderung an die hinreichende Wahrscheinlichkeit grundsätzlich entsprechen.

2.1.1.4 Schadenseintritt in absehbarer Zeit

Während die Frage der hinreichenden Wahrscheinlichkeit des Schadenseintritts prognostisch auf die Frage nach dem »Ob« abstellt, ist hier die Frage nach dem »Wann« in zeitlicher Dimension zu prognostizieren, nachdem die Frage der hinreichenden Wahrscheinlichkeit bejaht werden konnte. Einer solchen zeitlichen Nähe bedarf es aber nicht, allerdings darf der Schaden auch nicht in weiter Ferne drohen.[38] Absehbar ist ein überschaubarer Zeitraum, wobei sich nicht allgemein festlegen lässt, ob hierunter Stunden, Tage oder Wochen zu verstehen sind.[39] Insoweit ist die zeitliche Einschätzung, wann der Schadenseintritt in absehbarer Zeit erfolgt, immer im Kontext des einzelnen Falls zu sehen. Ausschlaggebend kann die Beurteilung der Größe des Schadens und der Vorlaufzeit der Gefahrenabwehrmaßnahme sein.[40] Aufgrund der fehlenden Anforderungen an die absehbare Zeit wird also auf den (hinreichend wahrscheinlichen) Schadenseintritt in »überschaubarer Zukunft« bzw. in »naher Zukunft« abgestellt.

2.1.1.5 Einzelfall, Allgemeinverfügung

Voraussetzung der konkreten Gefahr ist die Gefahr im einzelnen Fall. Es muss sich um eine zeitlich und örtlich eingrenzbare Situation handeln.[41] Hiervon zu unterscheiden sind jedenfalls und grundlegend abstrakt-generelle Situationen. Abstrakt-generelle Gegebenheiten beziehen sich auf eine unbestimmte Vielzahl von Gefahrenlagen und Personen und wären die Voraussetzungen für Rechtsnormen, also auch Rechtsverordnungen i. S. v. § 55 NPOG, wenn es um die Abwehr abstrakter Gefahren (§ 2 Nr. 6 NPOG) geht.
Jedenfalls als Einzelfall, also einer zeitlich und örtlich eingrenzbaren Situation, ist hier die **konkret-individuelle** Situation anzusehen. Danach bezieht sich die Maßnahme auf eine konkrete Gefahrenlage und eine oder mehrere individuelle, also bestimmte Personen. Unter den Einzelfall nach § 2 Nr. 1 NPOG fällt aber auch die **konkret-generelle** Situation. Hierbei richtet sich die Maßnahme an einen nach allgemeinen Merkmalen bestimmten oder bestimmbaren Adressatenkreis und ist somit Verwaltungsakt im Sinne der personenbezogenen Allgemeinverfügung i. S. v. § 35 Satz 2 VwVfG.[42]

Beispiel:
Auf einem Rathausvorplatz sollen am Montag um 9.00 Uhr Bauarbeiten an den unterirdischen Leitungen beginnen. Dafür muss auch die Straßendecke aufgerissen

---

[38] *Bäcker* in: Lisken/Denninger; Denninger D 93.
[39] *Ullrich* in: Möstl/Weiner, § 2 Rn. 53.
[40] Vgl. *Röhring*, DVBl. 2000, S. 1658 [1660].
[41] *Ullrich* in: Möstl/Weiner, § 2 Rn. 61.
[42] VG Osnabrück, Beschl. v. 11.2.2010, 6 B 9/10.

werden. Zur Zeit des Beginns der Arbeiten finden sich mehrere Personen auf dem Rathausvorplatz. Es ergeht die Aufforderung an diese Personen, den Platz sofort zu verlassen. Hier handelt es sich um eine den Sachverhalt betreffende konkrete Gefahrenlage und einen Adressatenkreis i. S. v. § 35 Satz 2 VwVfG.

Dagegen liegt einer Rechtsverordnung zum Taubenfütterungsverbot die abstrakt-generelle Situation zugrunde, da es bei den Gefahren durch Taubenfütterungen um eine unbestimmte Vielzahl von Gefahrenlagen (Gesundheit und Hygiene) und Personen geht. Hier käme der Erlass einer Gefahrenabwehrverordnung nach § 55 NPOG in Betracht. Ein dann wiederum konkret-individueller Verstoß gegen diese Verordnung wäre dann sowohl als Verstoß gegen die Rechtsordnung wie auch als Einzelfall als Gefahr zu subsumieren und würde ein konkretes Verbot und dessen Durchsetzung begründen können.

2.1.2 BESONDERE GEFAHRENARTEN (GEGENWÄRTIG, ERHEBLICH, DRINGEND, FÜR LEIB UND LEBEN)

Über die Anforderungen an eine konkrete Gefahr gem. § 2 Nr. 1 NPOG hinausgehend werden im NPOG verschiedentlich weitere besondere Gefahrenarten einer konkreten Gefahr vorausgesetzt. Besondere Gefahrenarten der Begriffsbestimmungen nach § 2 Nr. 2–5 NPOG setzen zunächst die Gefahr i. S. v. § 2 Nr. 1 NPOG voraus und fordern **zusätzliche bzw. steigernde** Besonderheiten.
So die **gegenwärtige** Gefahr, **erhebliche** Gefahr, **dringende Gefahr** und Gefahr für **Leib und Leben.** Diese besonderen Gefahrenarten kommen für verschiedene Maßnahmen nach dem NPOG als Anforderungen in Betracht. So setzt z. B. die Inanspruchnahme nichtverantwortlicher Personen gem. § 8 NPOG u. a. das Vorliegen einer gegenwärtigen und erheblichen Gefahr voraus.
Die **Gegenwärtigkeit** gem. § 2 Nr. 2 NPOG setzt eine Gefahr gem. § 2 Nr. 1 NPOG voraus, bei der die Einwirkung des schädigenden Ereignisses bereits begonnen hat oder bei der diese Einwirkung unmittelbar oder in allernächster Zeit mit einer an Sicherheit grenzenden Wahrscheinlichkeit bevorsteht.
Hiermit werden höhere Anforderungen an die zeitliche Nähe und den Grad der Wahrscheinlichkeit des Schadenseintritts gegenüber der Gefahr gem. § 2 Nr. 1 NPOG gestellt.[43]
Die **Erheblichkeit** gem. § 2 Nr. 3 NPOG setzt eine Gefahr gem. § 2 Nr. 1 NPOG voraus, bei der es um ein bedeutsames Rechtsgut, wie Bestand oder Sicherheit des Staates, Leben, Gesundheit, Freiheit, nicht unwesentliche Vermögenswerte sowie andere strafrechtlich geschützte Güter von vergleichbarem Gewicht geht. Hiermit werden höhere Anforderungen an die Qualität der betroffenen Rechtsgüter gestellt. Die Aufzählung der in § 2 Nr. 3 NPOG genannten – bedeutsamen – Rechtsgüter erfasst eben nicht alle Schutzgüter der öffentlichen Sicherheit gem. § 2 Nr. 1 NPOG. Weiterhin stellen die in § 2 Nr. 3 NPOG genannten bedeutsamen Rechtsgüter keine abschließende Aufzählung derselben dar,[44] ebenso hat die Rechtsprechung die Frage nach den strafrechtlich geschützten Gütern mit vergleichbarem Gewicht noch nicht beantwortet.[45]

---

[43] Vgl. *Böhrenz/Siefken* § 2 Rn. 5.
[44] Vgl. *Böhrenz/Siefken* § 2 Rn. 6.
[45] Vgl. *Ullrich* in: Möstl/Weiner, § 2 Rn. 86.

Die **dringende** Gefahr ist gem. § 2 Nr. 4 NPOG eine im Hinblick auf das Ausmaß des zu erwartenden Schadens und der Wahrscheinlichkeit des Schadenseintritts eine erhöhte Gefahr für den Bestand oder Sicherheit des Bundes oder eines Landes oder für Leib, Leben oder Freiheit einer Person oder Sachen von bedeutendem Wert, deren Erhaltung im öffentlichen Interesse liegt. Die dringende Gefahr im NPOG ist relevant für die Überwachung und Aufzeichnung der Telekommunikation, § 33a Abs. 1 Nr. 11 NPOG, für den verdeckten Eingriff in informationstechnische Systeme, § 33d Abs. 1 Nr. 1 NPOG und für die Datenerhebung in Wohnungen durch den verdeckten Einsatz technischer Mittel, § 35a Abs. 1 NPOG.
Bei einer Gefahr für **Leib oder Leben** gem. § 2 Nr. 5 NPOG muss sich die Gefahr gem. § 2 Nr. 1 NPOG auf den drohenden Eintritt einer nicht nur leichten Körperverletzung oder den Tod beziehen.

> Beispiele:
> Für eine Gewahrsamnahme von Personen gem. § 18 NPOG muss eine Gefahr für Leib oder Leben gegeben sein. Für das Betreten und Durchsuchen einer Wohnung ohne Einwilligung des Inhabers gem. § 24 Abs. 2 NPOG ist u. a. eine gegenwärtige Gefahr für Leib oder Leben oder Freiheit einer Person nötig. Das Vorliegen einer gegenwärtigen Gefahr ist u. a. Voraussetzung für eine Sicherstellung gem. § 26 NPOG. Ebenfalls ist die gegenwärtige und erhebliche Gefahr u. a. Voraussetzung für das Handeln einer außerordentlich sachlich zuständigen Behörde gem. § 102 Abs. 2 NPOG. Auch das Tätigwerden im Rahmen des sog. sofortigen Vollzugs gem. § 64 Abs. 2 Nr. 1 NPOG (d. h. die Anwendung eines Zwangsmittels ohne vorausgehenden VA) setzt u. a. eine gegenwärtige Gefahr voraus.

Bei einer **Gefahr im Verzug** gem. § 2 Nr. 8 NPOG handelt es sich um eine Sachlage, bei der ein Schaden eintreten würde, wenn nicht anstelle der zuständigen Behörde oder Person eine andere Behörde oder Person tätig wird.

2.2 Ungeschriebene Gefahrenarten

Die Legaldefinition der Gefahr des § 2 Nr. 1 NPOG verlangt die hinreichende Wahrscheinlichkeit, dass ein Schaden für die öffentliche Sicherheit eintreten wird. Diese Wahrscheinlichkeit muss zum Zeitpunkt des Einschreitens vorliegen. Es genügen hierfür nicht bloße Vermutungen, jedoch braucht auch keine Gewissheit über den Schadenseintritt bestehen. Ob im Nachhinein auch tatsächlich eine Gefahr vorliegt, sich die getroffene Prognose also bewahrheitet hat, ist also für das Vorliegen des Tatbestandsmerkmales »Gefahr« zunächst unerheblich. Bedeutsam ist dies jedoch für die Rechtmäßigkeit der Maßnahme. Dabei sind folgende Fälle zu unterscheiden:

2.2.1 GEFAHRVERDACHT

Bei einem Gefahrverdacht liegen objektive Anhaltspunkte (Sachlage) für eine Gefahr vor. Problematisch ist jedoch die hinreichende Wahrscheinlichkeit, d. h. zum Zeitpunkt des Einschreitens hat die Behörde zwar den Verdacht, dass eine Gefahr vorliegt, kann aber nicht aufklären, ob tatsächlich auch ein Schaden für die öffentliche Sicherheit eintreten wird. Hier wird eine Gefahr bejaht, denn es bestand ja eine Wahrscheinlichkeit, auch wenn sich hinterher herausstellt, dass kein Schaden eingetreten wäre. Verhältnismäßig sind jedoch nur Gefahrerforschungseingriffe (Untersuchungsmaßnahmen). Die Verantwortlichkeit liegt dann auch vor, sog. Verdachtsverantwortlicher. Die Kosten trägt normalerweise die Behörde nach dem Amtsermittlungsprinzip.

> Beispiel:
> Auf einem Industriegelände werden giftige Altlasten vermutet. Auf Anfrage erklärt die Chemie AG, dass dies zutreffen könnte. Die Behörde kann die Sachlage jedoch nicht weiter aufklären. Somit liegt ein Gefahrverdacht vor. Das Anordnen von Probebohrungen als ordnungsrechtliche Maßnahme (Gefahrerforschungseingriff) wäre rechtmäßig, eine komplette Sanierung nicht.

2.2.2 ANSCHEINSGEFAHR

Bei der Anscheinsgefahr liegen objektive Anhaltspunkte (Sachlage) für eine Gefahr vor, und zum Zeitpunkt des Einschreitens konnte aus objektiver Sicht (verständige Würdigung der Tatsachen) auch eine Gefahr subsumiert werden, aber im Nachhinein stellt sich heraus, dass keine Gefahr vorlag. Bei der Beurteilung des Tatbestandsmerkmals Gefahr kommt es aber auf die Sicht zum Zeitpunkt des Einschreitens an, sodass eventuelle Maßnahmen rechtmäßig sind. Verantwortlicher ist der sog. Anscheinsverantwortliche. (Z. T. streitig, wenn Ergebnis unbillig, dann entweder Anscheinsverantwortlichen bejahen und Entschädigung nach § 80 NPOG gewähren oder Notstandspflichtiger gem. § 8 NPOG.)

> Beispiel:
> Ein Polizeibeamter sieht, wie auf der Straße ein Mann einen anderen mit vorgehaltenem Messer bedroht. Der Beamte kann dem Messerträger das Messer entwenden und ihn dann festnehmen. Hinterher stellt sich heraus, dass das Ganze eine gestellte Szene war, die von Reportern des »Explosiv-Magazins« inszeniert und mit versteckter Kamera gefilmt worden war, um die Reaktionen von Passanten zu testen. Die Maßnahmen des Polizisten sind jedoch rechtmäßig, da aus objektiver Sicht zum Zeitpunkt des Einschreitens Tatsachen vorlagen, die die Subsumtion einer Gefahr rechtfertigten.

2.2.3 PUTATIVGEFAHR (SCHEINGEFAHR)

Die Putativgefahr[46] ist das Gegenteil zur Anscheinsgefahr. Es liegen keine Anhaltspunkte (Sachlage) für eine Gefahr vor. Jedoch denkt die Behörde subjektiv und irrig, dass solche Tatsachen vorhanden sind und eine Gefahr vorliegt. Es handelt sich also um eine Fehleinschätzung der Behörde zum Zeitpunkt des Einschreitens, die bei Anwendung der nötigen Sorgfalt hätte erkannt werden können. Hier wird eine Gefahr verneint, eventuell durchgeführte Maßnahmen sind rechtswidrig.

> Beispiel:
> Wie eben, nur sind die Kameras diesmal nicht verdeckt, sondern gut zu sehen, außerdem gibt ein Regisseur Kommandos, und die Stelle ist mit einem Absperrband abgesichert; Schaulustige sind anwesend. Die Maßnahmen des Polizisten sind rechtswidrig.

	Gefahrverdacht	**Anscheinsgefahr**	**Putativgefahr**
Sachlage	Tatsachen (erste Hinweise) liegen vor	Es liegen keine (echten) Tatsachen vor, es sieht aber so aus	Es liegen keine (echten) Tatsachen vor, es sieht aber so aus
Wahrscheinlichkeitsprognose	Behörde zweifelt, ob Gefahr vorliegt	Ein normaler Durchschnittsbeamter bei Anwendung der üblichen Sorgfalt würde eine Gefahr bejahen	Ein normaler Durchschnittsbeamter bei Anwendung der üblichen Sorgfalt würde eine Gefahr verneinen
Kurzformel		Aufgrund der Umstände verständliche Fehleinschätzung	fahrlässige Fehleinschätzung
Gefahr	(+)	(+)	(-)
Maßnahme ist	rechtmäßig, soweit Gefahrerforschungseingriff	rechtmäßig	rechtswidrig
Verantwortlichkeit	Verdachtsverantwortlicher	Anscheinsverantwortlicher, evtl. SE nach § 80 NPOG oder auch § 8 NPOG	(-)

Abb.: Kurzübersicht

[46] putare (lat.): glauben, meinen.

Vertiefungshinweise:

RECHTSPRECHUNG:

BVerwG, Urt. v. 25.7.2007 NVwZ 2007, S. 1439 ff. (zur hinreichenden Wahrscheinlichkeit des Schadenseintritts)

BayVerfGH NJW 1989, S. 1790 f. (Suizidgefährdung)

VG Münster, Urt. v. 11.12.2009; 1 K 2338/08 BeckRS 2009, 42563(zur Gefahr)

LITERATUR:

Beaucamp, Grundfälle zum Allgemeinen Polizei- und Ordnungsrecht, JA 2009, S. 279 ff.

Erichsen/Wernsmann, Anscheinsgefahr und Anscheinsstörer, Jura 1995, S. 219 ff.

Globisch/Gliwa, Abgrenzung der erheblichen Gefahr zur dringenden Gefahr nach dem NPOG, DVP 2023, S. 48 f.

Krüger, Der Gefahrenbegriff im Polizei- und Ordnungsrecht, JuS 2013, S. 985 ff.

Linke, Der suizidgefährdete Restaurantbesitzer, JuS 2015, S. 247 ff. (Fallbearbeitung)

Möller/Warg; Kap. 3.1.3; Rn. 91–93 (zum Schutz des Staates und der übrigen Träger öffentlicher Gewalt, ihrer Einrichtungen und Veranstaltungen mit Beispielen und Nachweisen)

Schoch, Die Schutzgüter der polizei- und ordnungsrechtlichen Generalklausel, Jura 2003, S. 177 ff.

Vahle, Die polizeiliche Generalklausel, DVP 2015, S. 311 ff.

Voßkuhle, Der Gefahrenbegriff im Polizei- und Ordnungsrecht, JuS 2007, S. 908 f.

Waechter, Die Schutzgüter des Polizeirechts, NVwZ 1997, S. 729 ff.

Weidemann, Der Gefahrenbegriff und die öffentliche Ordnung, apf 2005, S. 201 ff.

3 HANDLUNGSFORMEN (MASSNAHMEN DER GEFAHRENABWEHR)

3.1 Verfügungen zur Gefahrenabwehr (Ordnungsverfügung, Allgemeinverfügung)

Eine der **wichtigsten Handlungsformen** der Behörden zur Gefahrenabwehr ist die **Ordnungsverfügung**. Die Ordnungsverfügung ist ein Verwaltungsakt.[47] Im Bereich der Gefahrenabwehr stehen Verwaltungsakte im Vordergrund, die Verbote oder Gebote einschließlich der Duldungsgebote enthalten.[48] Sie können bei Nichtbefolgung mit Verwaltungszwang durchgesetzt werden. Eine Legaldefinition befindet sich in § 35 VwVfG. Damit gelten, soweit keine vorrangigen Spezialregelungen eingreifen, die formellen Vorschriften des VwVfG über Verwaltungsakte.[49] Die Gefahrenabwehrverfügung ist das klassische Mittel der Gefahrenabwehr. Diese Maßnahme zur Abwehr einer konkreten Gefahr kann entweder auf Grundlage der **Generalklausel, § 11 NPOG,** im Rahmen einer sog. Standardmaßnahme, § 12 ff. NPOG, oder auf spezialgesetzlicher Grundlage ergehen, z. B. § 5 NGastG.
Die Gefahrenabwehrverfügung ergeht in der Regel an eine verantwortliche Person als Adressat der Maßnahme, also als eine konkret-individuelle Handlungsanweisung, ein Bescheid. Darüber hinaus kann aber auch im Gefahrenabwehrrecht ebenso wie im allgemeinen Verwaltungsrecht eine **Allgemeinverfügung** i. S. v. § 35 Satz 2 VwVfG zum Zwecke der konkreten Gefahrenabwehr in Betracht kommen.[50] Die Allgemeinverfügung kann gem. § 35 Satz 2 1. Alt. als **adressatenbezogene Verfügung** ergehen. Voraussetzung dafür ist, dass der Adressatenkreis der Verfügung im Augenblick ihres Erlasses zwar objektiv feststeht, aber die Adressaten nicht namentlich benannt werden können. Der Kreis der Adressaten muss aber nach allgemeinen Merkmalen bestimmt oder bestimmbar sein.[51]

> Beispiel:
> Mitarbeiter des Ordnungsamtes der Stadt Peine fordern per Megafon einige badende Personen auf, die Benutzung eines Baggersees zu unterlassen und an Land zu kommen. Hier liegt ein bestimmter Personenkreis vor, weil die badenden Personen

---

[47] *Möller/Warg* Rn. 169.

[48] Vgl. *Götz* § 12 Rn 2.

[49] *Mühl/Leggereit/Hausmann* Rn 122.
Zum Begriff des Verwaltungsaktes vertiefend *Suckow/Weidemann/Barthel* Rn. 88 ff.; durch die Verweisungsvorschrift des § 1 Abs. 1 Nds. VwVfG finden die Vorschriften des VwVfG des Bundes auch in Niedersachsen Anwendung.

[50] *Mühl/Leggereit/Hausmann* Rn 122.

[51] Vgl. *Möller/Warg* Rn. 169a, f.

beim Erlass der Verfügung zwar namentlich nicht bekannt sind, gleichwohl ist der angesprochene Personenkreis hier zeitlich und örtlich eingrenzbar.[52]

Des Weiteren lässt § 35 Satz 2 2. Alt. VwVfG eine Allgemeinverfügung zu als **sachbezogene Allgemeinverfügung**. Eine sachbezogene Allgemeinverfügung betrifft die öffentliche Eigenschaft einer Sache. Sie regelt nicht personale Rechte und Pflichten, sondern den rechtlichen Zustand einer Sache. Mit dieser Verfügung wird einer Sache die öffentlich-rechtliche Eigenschaft verliehen, entzogen, geändert oder auf andere Weise einer öffentlich-rechtlichen Bindung unterworfen.[53]

Beispiele:
Die Umbenennung einer Straße; Eintragung eines Denkmals in die Denkmalliste.[54]

Eine weitere Form der Allgemeinverfügung ist die **benutzungsregelnde Allgemeinverfügung** i. S. d. § 35 Satz 2 3. Alt. Diese Verfügung ist ein Verwaltungsakt, der die Benutzung einer Sache durch die Allgemeinheit regelt. In ihr werden die Rechte und Pflichten der Benutzer einer Sache geregelt. Auch bei der benutzungsbezogenen Allgemeinverfügung handelt es sich um eine Einzelfallregelung, da sie sich inhaltlich auf eine konkrete Sache bezieht.[55] Erfasst werden hier beispielweise Benutzungsanordnungen für Anstalten oder sonstige öffentliche Einrichtungen, sofern sie nicht als Rechtsnorm (Benutzungssatzung) erlassen werden. Auch ein Verkehrszeichen ist eine benutzungsbezogene Allgemeinverfügung, da es die Benutzung einer Sache durch die Allgemeinheit regelt.[56]

3.2 Gefahrenabwehrrechtlicher Realakt

Ein **gefahrenabwehrrechtlicher Realakt** liegt vor, wenn die Polizei- und Ordnungsbehörde nicht durch eine Verfügung gegenüber dem Verantwortlichen vorgeht, sondern einen Eingriff durch tatsächliches Verwaltungshandeln herbeiführt.[57] Der Realakt ist somit auf die Herbeiführung eines tatsächlichen Erfolges gerichtet und unterscheidet sich von einem Verwaltungsakt dadurch, dass er nicht auf einen rechtlichen, sondern tatsächlichen Erfolg gerichtet ist. Beim Realakt fehlt es somit am Tatbestandsmerkmal der Regelung.[58]

Beispiel:
Auf einem Parkplatz in der Innenstadt der Stadt Hildesheim hat ein unbekannter Autofahrer, nachdem er Motorenöl in sein Fahrzeug nachgefüllt hat, die halb leere Öldose auf dem Straßenkörper zurückgelassen. Als ein Mitarbeiter des Ordnungsamtes diese Öldose sieht, entfernt er die Dose aus dem öffentlichen Straßenraum

52 Vgl. *Ziekow* § 35 Rn 60.
53 Vgl. *Stelkens/Bonk/Sachs* § 35 Rn 317l.
54 Vgl. *Weidemann*, VR 2005, S. 218.
55 *Ziekow* § 35 Rn 62.
56 Vertiefend *Weidemann*, VR 2005, S. 217 ff.
57 Vgl. *Götz* § 12 Rn. 1.
58 *Schmidt* Rn. 847.

und entsorgt diese ordnungsgemäß. Hier trifft der Ordnungsamtsmitarbeiter keine Regelung gegenüber einem Verantwortlichen, sondern er führt einen tatsächlichen Erfolg herbei.

3.3 Rechtsverordnungen

Die **Verordnung zur Gefahrenabwehr** ist eine behördliche Anordnung zur Abwehr von Gefahren für die öffentliche Sicherheit und Ordnung, die an eine unbestimmte Anzahl von Personen für eine unbestimmte Anzahl von Fällen gerichtet ist, sie ist also als Rechtsverordnung ein Akt des rechtssetzenden Verwaltungshandelns und damit ein Gesetz im materiellen Sinne.[59]
Die Verordnungsermächtigung findet ihre Rechtsgrundlage in § 55 NPOG. Nach § 55 Abs. 1 Nr. 1 und 2 werden die Gemeinden und Landkreise ermächtigt, zur Abwehr **abstrakter Gefahren für ihren Bezirk oder Teile ihres Bezirks Verordnungen zu erlassen.**[60] Nach § 2 Nr. 6 NPOG ist eine abstrakte Gefahr eine nach allgemeiner Lebenserfahrung oder den Erkenntnissen fachkundiger Stellen mögliche Sachlage, die im Falle ihres Eintritts eine (konkrete) Gefahr darstellt. Der Verordnungsgeber ordnet also Gebote und Verbote als Rechtsfolgen künftiger (»gedachter«) Sachverhalte an, die im Falle ihres Eintritts nach dem der Gefahrenprognose zugrunde liegenden Erfahrungswissen typischerweise eine konkrete Gefahr bedeuten würde, wobei die Bestimmungen der Verordnung im Einzelfall ohne den Beweis des Vorliegens einer konkreten Gefahr anwendbar sind.[61]
Auch für den Erlass einer Gefahrenabwehrverordnung gilt das Prinzip des **Vorrangs der Spezialermächtigung.** Eine Rechtsverordnung der Gefahrenabwehr ist nur zulässig in den Fällen, die noch nicht vom Gesetzgeber geregelt sind. Insbesondere die Rechtsgebiete des Umweltschutzes, der Abfallbeseitigung, des Gewerberechts und des Bauordnungsrechts sind durch spezielle Rechtsnorm abschließend geregelt, sodass der Anwendungsbereich der Gefahrenabwehrverordnung reduziert ist.[62]
Im kommunalen Bereich sind Überschneidungen zu kommunalen Satzungen möglich. Gem. § 10 Abs. 1 NKomVG können Kommunen ihre eigenen Angelegenheiten durch Satzung regeln, eigener Wirkungskreis, § 5 NKomVG. Die Gefahrenabwehr ist demgegenüber eine staatliche Aufgabe, also übertragener Wirkungskreis, die nicht durch Satzung, sondern durch Rechtsverordnung nach den §§ 55 ff. NPOG zu regeln ist.[63] Überschneidungen können deshalb auftreten, weil die Kommune z. B. Nutzungen für konkrete öffentliche Einrichtungen oder Gemeindestraßen durch kommunale Satzung regeln kann. Die Kommune kann aber auch eine umfassende Regelung treffen für ihr gesamtes Stadtgebiet oder Teile davon. Dies wiederum wäre dann eine Aufgabe der Gefahrenabwehr und müsste durch eine Rechtsverordnung geregelt werden.

---

59 Vgl. *Götz* § 22 Rn. 1; vgl. *Ipsen* Rn. 589.

60 Zu den Rechtmäßigkeitsanforderungen einer Rechtsverordnung vertiefend *Möller/Warg* Rn. 261 ff.; *Ipsen* Rn. 587 ff.

61 Vgl. *Götz* § 22 Rn. 4.

62 Vgl. *Ipsen* Rn. 596; *Mühl/Leggereit/Hausmann* Rn. 142.

63 Vgl. *Mühl/Leggereit/Hausmann* Rn. 143.

Rechtsform	Beispiel
Satzung	Satzung der Stadt Garbsen über die Benutzung des Fitnessparks Atlashof
Rechts-verordnung	Verordnung der Stadt Gehrden zum Schutze der öffentlichen Sicherheit und Ordnung

Abb.: Rechtsquellen

Die Kommunen haben von dieser Regelungsmöglichkeit für das gesamte Stadtgebiet überwiegend Gebrauch gemacht und haben eine gefahrenabwehrrechtliche Rechtsverordnung erlassen (z. B. »Verordnung zur Aufrechterhaltung der öffentlichen Sicherheit und Ordnung in der Stadt Holzminden«).
In diesen Rechtsverordnungen sind regelmäßig folgende Themenbereiche geregelt:

- Benutzung öffentlicher Straßen und Anlagen
- Bereitstellung von Haus- und Sperrmüll sowie Wertstoffen
- Anbringung von öffentlichen Schildern auf privaten Grundstücken
- Anbringung von Hausnummern
- Tierhaltung
- Hundehaltung
- Offenes Feuer im Freien
- Betreten von Eisflächen

Des Weiteren können gefahrenabwehrrechtliche Rechtsverordnungen auf einer Spezialermächtigung beruhen, die dann die Verordnungsermächtigung aus dem NPOG verdrängt.[64] So ermächtigt § 297 EGStGB die Landesregierungen zu Rechtsverordnungen, die zum Schutz der Jugend oder des öffentlichen Anstandes für bestimmte Gemeinden oder Gemeindegebiete verbieten, der Prostitution nachzugehen (sog. Sperrbezirksverordnungen).
Diese Rechtsverordnungen enthalten regelmäßig nur Ge- und Verbote, jedoch keine speziellen Handlungs-bzw. Eingriffsbefugnisse für die Behörde. Zur Durchsetzung der betreffenden Regelung der Verordnung muss die Behörde dann auf die **allgemeine Generalklausel – § 11 NPOG (Gefahr = Verstoß gegen die VO als Teil der Rechtsordnung) –** zurückgreifen.
Um die Einhaltung der in der Verordnung enthaltenen Gebote und Verbote sicherzustellen, sieht § 59 Abs. 1 NPOG vor, eine Zuwiderhandlung gegen die Vorschriften der Verordnung als Ordnungswidrigkeit zu ahnden. Gem. § 59 Abs. 2 NPOG kann die Ordnungswidrigkeit mit einer Geldbuße bis zu 5.000 € geahndet werden.

Maßnahme	Rechtscharakter
Verfügung zur Gefahrenabwehr	Verwaltungsakt i. S. d. § 35 VwVfG
Realakt	schlichtes Verwaltungshandeln
Verordnung	(materielles) Gesetz

Abb.: Maßnahmen der Gefahrenabwehr

64 Vgl. *Pieroth/Schlink/Kniesel*, § 11 Rn. 3.

Vertiefungshinweise

RECHTSPRECHUNG

BVerwGE 116, 347 (Nds. Gefahrtierverordnung – Nichtigkeit)
VGH Mannheim, NVwZ 1988, S. 168 ff. (Verordnung zur Benutzung eines Seeufers)
OVG Lüneburg, NdsVBl. 2005, S. 130 ff. (Hundeverordnung – Leinenzwang) VGH Kassel, NVwZ-RR 2008, S. 782 ff. (Taubenverordnung – Verbot der Taubenfütterung)
OVG Lüneburg, Urt. v. 30.11.2012 – 11 KN 187/12 (Verordnung in Bezug auf Alkoholkonsum im öffentlichen Raum)

LITERATUR

Hecker, Wolfgang, Zur neuen Debatte über Alkoholkonsumverbote im öffentlichen Raum, NVwZ 2010 S. 1016
Rüfner/Muckel, Besonderes Verwaltungsrecht, 10 ff. (Prüfungsschema)
Schoch, Verordnungen zur Gefahrenabwehr, Jura 2005, S. 600 ff.
Voßkuhle, Grundwissen – Öffentliches Recht: Die Rechtsverordnung, JuS 2015, S. 311 ff.
Weidemann, Die Taubenplage, DVP 2007, S. 427 ff. (Fallbearbeitung)

4 EINGRIFFSBEFUGNISSE

4.1 Die Generalklausel

4.1.1 GRUNDSATZ

Gem. § 11 NPOG können die Verwaltungsbehörden und die Polizei die notwendigen Maßnahmen treffen, um eine Gefahr abzuwenden, soweit nicht Vorschriften des Dritten Teils die Befugnisse der Verwaltungsbehörden und der Polizei besonders regeln. § 11 NPOG stellt damit eine **Befugnisgeneralklausel** dar.[65] Die Befugnisgeneralklausel ist erforderlich, weil der Gesetzgeber nicht alle erdenklichen Lebenssachverhalte und Gefahrentatbestände vorhersehen und entsprechend normieren kann. Andererseits müssen die Polizei- und Ordnungsbehörden den Grundsatz des Vorbehalts des Gesetzes beachten. Nach diesem Grundsatz bedarf jede Maßnahme, die in die Rechtssphäre des Bürgers eingreift, d. h. jede ihn belastende Maßnahme, einer gesetzlichen Ermächtigungsgrundlage. Dieser Grundsatz wird aus Art. 20 Abs. 3 GG (Rechtsstaatsprinzip) abgeleitet.[66]
Die Polizei- und Ordnungsbehörden können sich daher in allen nicht speziell geregelten Fällen auf diese allgemeine Handlungsermächtigung stützen.[67] Gem. § 3 Abs. 1 Satz 2 NPOG gehen Vorschriften des Bundes- oder Landesrechts, in denen die Gefahrenabwehr oder die anderen Aufgaben besonders geregelt werden, diesem Gesetz vor. Die Behörden können Maßnahmen auf § 11 NPOG stützen, soweit nicht Vorschriften des Dritten Teils ihre Befugnisse regeln, d. h. die in §§ 12 ff. geregelten Standardmaßnahmen haben ebenfalls Anwendungsvorrang vor der allgemeinen Generalklausel.
Die Anwendung der Generalklausel ist also **doppelt subsidiär** gegenüber den Spezialgesetzen zur Gefahrenabwehr und den Standardmaßnahmen. Wenn allerdings ein Spezialgesetz zur Anwendung kommt und diese spezialgesetzliche Regelung nicht abschließend ist, muss als Ermächtigungsgrundlage auf die Generalklausel zurückgegriffen werden (s. o. 1.5.2.2.).[68]
Ein wichtiger Anwendungsbereich der Generalklausel besteht daher bei Verstößen gegen Spezialgesetze, die zwar ein Verbot aussprechen, aber keine materielle Rechtsgrundlage zum behördlichen Einschreiten zwecks Durchsetzung der Regelung vorsehen. Diese Gesetze stellen somit keine Ermächtigungsgrundlage zum Einschreiten bereit. In solchen Fällen ist ein Rückgriff auf die allgemeine Befugnisnorm des § 11 NPOG geboten, da die Verletzung der Spezialnorm eine Gefahr im Sinne dieser Norm darstellt.[69]

---

65 *Ipsen* Rn. 334.
66 Vgl. *Möller/Warg* Rn. 65; vertiefend zum Grundsatz der Gesetzmäßigkeit *Suckow/Weidemann/Barthel* Rn 23 ff.
67 Vgl. *Schmidt* Rn. 600.
68 *Möller/Warg* Rn. 67.
69 Vgl. *Schmidt* Rn. 604.

Beispiel:
Verbrauchermarktbetreiber Kunze veranstaltet an jedem Sonntag auf dem Parkplatzgelände seines Supermarktes einen mehrstündigen Flohmarkt. Diese Handlung ist gem. § 4 Abs. 1 des NFeiertagsG verboten und stellt daher einen Gesetzesverstoß dar. Das NFeiertagsG enthält allerdings keine spezielle Ermächtigungsgrundlage für die Durchsetzung des Verbotes. Wenn die Ordnungsbehörde jetzt die Durchführung der Flohmarktveranstaltung untersagen möchte, kann sie als Ermächtigungsgrundlage nur auf die allgemeine Befugnisnorm zurückgreifen, weil i. S. d. § 11 NPOG eine Gefahr vorliegt. Erst ein aufgrund dieser Ermächtigungsgrundlage erlassener Verwaltungsakt könnte dann auch bei Nichtbefolgung zwangsweise durchgesetzt werden.

4.1.2 RECHTMÄSSIGKEIT DES VERWALTUNGSAKTES ZUR GEFAHRENABWEHR

Da eine Ordnungsverfügung aufgrund von § 11 NPOG einen Verwaltungsakt i. S. d. § 35 VwVfG darstellt, gelten grundsätzlich die für Verwaltungsakte erforderlichen Rechtmäßigkeitsanforderungen. Der Verwaltungsakt muss also den **formellen und materiellen Anforderungen** genügen, die die Rechtsordnung an ihn stellt.[70]

a) Ermächtigungsgrundlage (Spezialgesetz, Standardmaßnahme, Generalklausel)
b) Formelle Rechtmäßigkeit

Im Rahmen der formellen Rechtmäßigkeit müssen folgende Voraussetzungen vorliegen:

- Die eine Gefahrenabwehrverfügung erlassende Behörde muss **zuständig** sein (sachliche, örtliche Zuständigkeit; eventuell instanzielle Zuständigkeit).[71]
- Ferner müssen die **Verfahrensvoraussetzungen** eingehalten werden.[72] Hier ist insbesondere die Anhörung gem. § 28 VwVfG zu beachten. In Klausurbearbeitungen ist ferner der § 20 VwVfG (ausgeschlossene Personen) sowie § 21 VwVfG (Besorgnis der Befangenheit) von Bedeutung.
- Eventuelle **Formvorschriften** sind einzuhalten.

c) Materielle Rechtmäßigkeit

Die materiellen Rechtmäßigkeitsvoraussetzungen sind gegeben, wenn der **Tatbestand** der Norm erfüllt ist und die Behörde die richtige **Rechtsfolge** wählt.[73]

aa) Der Tatbestand des § 11 NPOG erfordert das Vorliegen einer **Gefahr,** also einer konkreten Gefahr i. S. d. § 2 Nr. 1 NPOG[74] (siehe Kapitel 2). Standardmaßnahmen und spezialgesetzliche Ermächtigungsgrundlagen haben jeweils eigene Tatbestände.

---

70 Zu den Rechtmäßigkeitsanforderungen eines Verwaltungsaktes ausführlich *Suckow/Weidemann* Rn. 128 ff.; *Hofmann/Gerke* Rn. 384 ff.

71 Vgl. *Mühl/Leggereit/Hausmann* Rn. 125 ff.

72 Vgl. *Pieroth/Schlink/Kniesel* § 6 Rn. 1 ff.

73 Vertiefend *Mühl/Leggereit/Hausmann* Rn. 127 ff.

74 Vgl. *Saipa* § 11 Rn. 1.

bb) Aufgrund von § 11 NPOG **können** die Behörden die notwendigen Maßnahmen treffen.

Die Rechtsfolge sieht also **Ermessen** vor, welches die Behörde gem. § 5 Abs. 1 NPOG pflichtgemäß auszuüben hat, wobei § 40 VwVfG zu beachten ist (s. Kapitel 5).

- Die Behörde muss den Zweck der Ermächtigung beachten. Zweck des Ermessens im Gefahrenabwehrrecht ist es, bestmöglich die öffentliche Sicherheit zu gewährleisten.[75] Die Behörde darf sich bei ihrer Entscheidung nur von **sachgerechten Erwägungen** leiten lassen.[76]

- Die Behörde muss die Grenzen des Ermessens einhalten.
Im Rahmen der Grenzen des Ermessens muss die Behörde den **richtigen Verantwortlichen** heranziehen, wobei sie die §§ 6, 7, 8 NPOG berücksichtigen muss.[77]
Außerdem müssen die allgemeinen Rechtmäßigkeitsanforderungen vorliegen. Die Behörde hat den **Grundsatz der Verhältnismäßigkeit** gem. § 4 NPOG zu beachten.[78]

- Die Gefahrenabwehrverfügung muss dem Bestimmtheitsgebot gem. § 37 Abs. 1 VwVfG genügen. Aus der Verfügung muss genau ersichtlich sein, was der Adressat des Verwaltungsaktes tun, dulden oder unterlassen soll.[79]

Für die gutachtliche Bearbeitung einer ordnungsrechtlichen **Erstentscheidung** im Rahmen einer Klausurbearbeitung empfiehlt sich daher in der Regel folgender Prüfungsaufbau:

Prüfungsschema Erstentscheidung Ordnungsrecht

I. Ermächtigungsgrundlage
Spezialgesetz, Standardmaßnahmen, Generalklausel

II. Formelle Rechtmäßigkeit

1. Zuständigkeit
   - sachlich: z. B. § 97 NPOG
   - örtlich: z. B. § 100 Abs. 1 Satz 2 NPOG

2. Verfahren
   - eventuell § 28 VwVfG (Anhörung)
   - eventuell § 20 VwVfG (ausgeschlossene Personen)
   - eventuell § 21 VwVfG (Besorgnis der Befangenheit)
   - ...

3. Form

[75] Vgl. *Böhrenz/Siefken* § 5 Nr. 4.
[76] Vgl. *Böhrenz/Siefken* § 5 Nr. 4.
[77] Vgl. *Brühl*, S. 232.
[78] Vgl. *Böhrenz/Siefken* § 5.
[79] Vertiefend dazu *Hofmann/Gerke* Rn. 391.

II. Materielle Rechtmäßigkeit

1. Tatbestand
   - je nach EGL, ggf. § 11 NPOG: konkrete Gefahr § 2 Nr. 1 NPOG

2. Rechtsfolge: Ermessen (§§ 40 VwVfG, 5 NPOG)
   a) Zweck der Ermächtigung
   b) Gesetzliche Grenzen
      aa) richtiger Adressat (§§ 6,7 oder 8 NPOG)
      bb) richtiges Mittel
      cc) Grundsatz der Verhältnismäßigkeit (§ 4 NPOG)
         - geeignet (§ 4 Abs. 1 NPOG)
         - erforderlich (§ 4 Abs. 1 NPOG)
         - angemessen (§ 4 Abs. 2 NPOG)
   c) Bestimmtheit (§ 37 Abs. 1 VwVfG)

III. Entscheidungsvorschlag*

- U. U. mit weiteren formellen Aspekten; z. B. Form, §§ 37 Abs. 2, 39 VwVfG

4.1.3 ZUTREFFENDE RECHTSBEHELFSBELEHRUNG

Da in ordnungsrechtlichen Klausurbearbeitungen teilweise die Anfertigung eines vollständigen, praktischen Bescheides zu bearbeiten ist, kommt es für den Inhalt der Rechtsbehelfsbelehrung darauf an, welcher konkrete **Rechtsbehelf statthaft** ist.

Gem. § 37 Abs. 6 VwVfG ist einem schriftlichen Verwaltungsakt, der der Anfechtung unterliegt, eine Rechtsbehelfsbelehrung beizufügen, die den Anforderungen des § 58 Abs. 1 VWGO genügen muss. Zur Benennung der Mindestbestandteile einer ordnungsgemäßen Rechtsbehelfsbelehrung gehört auch der Hinweis auf den maßgeblichen Rechtsbehelf.

Gem. § 68 Abs. 1 VwGO sind vor Erhebung der Anfechtungsklage Recht- und Zweckmäßigkeit des Veraltungsaktes in einem Vorverfahren nachzuprüfen. Das bedeutet, dass grundsätzlich vor der Klageerhebung das Widerspruchsverfahren durchzuführen ist. Eine Ausnahme von diesem Grundsatz sieht § 68 Abs. 1 Satz 2 VwGO vor. Danach kann von der Durchführung eines Vorverfahrens abgesehen werden, wenn ein Gesetz dies bestimmt. Ein entsprechender **Ausschluss des Vorverfahrens** ist in Niedersachsen durch § 80 Niedersächsisches Justizgesetz (NJG) bestimmt. Gem. § 80 Abs. 1 NJG entfällt vor Erhebung der Anfechtungsklage regelmäßig ein Vorverfahren, es sei denn, es greift eine Ausnahme nach § 80 Abs. 3 NJG.

Die Gesetzesmaterie des NPOG ist **nicht im Ausnahmekatalog** des § 80 Abs. 2 NJG aufgeführt.

Damit wäre gegen eine ordnungsrechtliche Verfügung unmittelbar Klage zu erheben. In der Rechtsbehelfsbelehrung des zu erstellenden Bescheides ist also die Klage als Rechtsbehelf zu bezeichnen. Wenn die übrigen Anforderungen an die Rechtsbehelfsbelehrung erfüllt sind, beträgt die Klagefrist gem. § 74 VwGO einen Monat.

Zu den Mindestbestandteilen einer ordnungsgemäßen Rechtsbehelfsbelehrung gehören nach § 58 Abs. 1 VwGO der Hinweis auf

- den zulässigen **Rechtsbehelf** (hier: Klage)
- die einzuhaltende **Frist**
- die **Stelle**, bei der der Rechtsbehelf einzuhalten ist (das zuständige Gericht) und
- der **Sitz** des Gerichts.[80]

Nicht zwingend vorgesehen ist, dass die Form des Rechtsbehelfs mit aufgenommen wird. Dies kann aber durchaus sinnvoll sein. Die Belehrung darf zudem keine erschwerenden bzw. unrichtigen Zusätze enthalten.[81]

4.2 Standardmaßnahmen

Die Standardmaßnahmen in den §§ 12 ff. NPOG sind speziell geregelte Eingriffsnormen, die auf regelmäßig wiederkehrende (Standard-)Gefahrensituationen passen. Es gibt sie aus Vereinfachungsgründen, damit nämlich nicht immer alle Besonderheiten der Standardsituationen umfangreich innerhalb des § 11 NPOG geprüft werden müssen, insbesondere auch die jeweiligen Grundrechtseingriffe (Im Folgenden stehen die betroffenen Grundrechte in Klammern hinter der Norm.). Die Standardmaßnahmen gehen wegen ihrer Spezialität der Generalermächtigung des § 11 NPOG vor und sind vorrangig zu prüfen. Alle Maßnahmen der §§ 12 ff. NPOG stellen Verwaltungsakte dar. In diesen Verwaltungsakten ist ggf. ein gewisses Maß an tatsächlichem Handeln enthalten, ohne dass dies Zwang i. S. d. §§ 64 ff. NPOG darstellt (z. B. das tatsächliche Anfassen und Durchfühlen bei § 22 NPOG [Durchsuchung]). Eine grundsätzlich erforderliche Anhörung wird meist wegen des § 28 Abs. 2 Satz 1 oder Abs. 3 VwVfG entfallen.
Hier soll auf einige Standardermächtigungen besonders hingewiesen werden, rein polizeiliche Befugnisse werden nur kurz erwähnt. Zwar nicht mehr gültig, aber hilfreich sind zudem die jeweiligen Ausführungsbestimmungen zum NGeFAG von 1998 (Nds. MBl 1998, S. 1078).

§ 12 NPOG: Befragung (↔ Art. 2 Abs. 1 GG)
Befragung ist das gegen dessen Willen an einen Bürger gerichtete Verlangen nach Auskünften aus gefahrenabwehrrechtlichen Gründen. Fragen, die nicht gegen den Willen des Befragten erfolgen, sind mangels Eingriffs keine Befragung i. S. d. § 12 NPOG. Tatbestand für das Vornehmen einer Befragung ist das Tätigwerden in Erfüllung einer Aufgabe nach § 1 NPOG und die Annahme, dass der Befragte sachdienliche Hinweise dazu geben kann.

[80] Einzelheiten siehe *Suckow/Weidemann/Barthel* Rn. 48 und Anhang; zudem *Pietzner/Ronellenfitsch*, § 46 Rn. 1342 ff.

[81] Ordnungsgemäße Rechtsbehelfsbelehrungen sind den einzelnen Bescheidmustern in dem Buch von *Globisch/Moldenhauer/Suslin/Weidemann*, Bescheidtechnik , 3. Aufl. 2023, zu entnehmen.

Die weiteren Absätze regeln den Inhalt der normalen Auskunftspflicht (nur zur Person) und den Inhalt der Auskunftspflicht für Verantwortliche (auch zur Sache). Die Person darf kurzzeitig angehalten werden.

§ 12a NPOG: Gefährderansprache und -anschreiben (↔ Art. 2 Abs. 1 GG)
Die Gefährderansprache ist das Aufsuchen oder Vorladen (i. V. m. § 16 Abs. 1 2. Alt. NPOG) einer Person, die eine Gefahr verursacht oder eine Straftat befürchten lässt. Sie soll ihr bewusst machen, dass die Behörden von ihrem Verhalten wissen und ihr mögliche Konsequenzen aufzeigen. § 12a NPOG gibt es erst seit 2019, jedoch wurden Gefährderansprache und -anschreiben auch schon zuvor auf § 11 NPOG gestützt und sind somit etablierte Maßnahmen. Mit der Einführung des § 12a NPOG sind Unsicherheiten, ob für eine Ansprache mangels Eingriffs überhaupt eine Ermächtigungsgrundlage notwendig sei, geklärt. Eine Ermächtigungsgrundlage liegt nun vor, es müssen entweder eine Gefahr nach § 2 Nr. 1 NPOG oder die Annahme einer ihrer Art nach konkretisierten Straftat vorliegen. Letzteres kommt am ehesten dem Gefahrverdacht nahe, ist aber keine im NPOG definierte Gefahrenart, sondern eigenständig zu beurteilen. Weder Gefährderansprache noch -anschreiben sind mangels Regelung Verwaltungsakte. Typische Anwendungsfälle sind Terrorverdächtige, Drohbriefschreiber oder Coronamaßnahmenverweigerer.

§ 13 NPOG: Identitätsfeststellung (↔ Art. 2 Abs. 2 Satz 2 GG, Art. 104 GG)
Identitätsfeststellung ist das Feststellen von Personalien einer unbekannten Person. Der Tatbestand verlangt im Wesentlichen entweder, dass eine Gefahr abzuwehren ist, oder dass zu vermuten ist, dass die Person an bestimmten Straftaten beteiligt ist. Die Person kann angehalten oder festgehalten werden. Anhalten ist das Gebot an eine Person, an Ort und Stelle so lange zu verweilen, wie es erforderlich ist, um die Identität festzustellen. Festhalten umfasst auch die Verbringung zur Dienststelle zum Zwecke der Identitätsfeststellung. Erforderliche Berechtigungsscheine müssen ausgehändigt werden. Dies ist jede Urkunde, die die Berechtigung für die Ausübung besonders geregelter Tätigkeiten nachweist und die der Betroffene aufgrund einer Rechtsvorschrift mitzuführen hat (z. B. Reisegewerbekarte, Führerschein).

§ 14 Kontrollstellen (↔ Art. 2 Abs. 2 Satz 2 GG)
Kontrollstellen sind eine polizeiliche Maßnahme, um durch ortsbezogene Sperrungen von öffentlich zugänglichen Orten die dort anwesenden oder ankommenden Personen zu kontrollieren.

§ 15 Erkennungsdienstliche Maßnahmen (↔ Art. 2 Abs. 1, 1 Abs. 1 GG ; Art. 2 Abs. 2 Satz 2 GG)
Dies sind polizeiliche Maßnahmen zur Feststellung der Identität von Personen.

§ 16 NPOG: Vorladung (↔ Art. 2 Abs. 2 Satz 2 GG)
Vorladung ist die Aufforderung, zu einer bestimmten Zeit auf einer bestimmten Dienststelle zu erscheinen und dient der Durchführung von Befragungen und erkennungsdienstlicher Maßnahmen. Die Folgemaßnahmen (Identitätsfeststellung usw.) ergeben sich aus den jeweils dafür vorgesehenen Ermächtigungen. Vorführung ist eine zwangsweise Durch-

führung der Vorladung mittels unmittelbarem Zwang, indem der Pflichtige persönlich zur Dienststelle verbracht wird (unter den Voraussetzungen des Absatzes 3). Ein hinreichender Grund, einer Vorladung keine Folge zu leisten, besteht, wenn die Person krank oder zu dem Zeitpunkt, für den sie vorgeladen ist, durch unaufschiebbare berufliche oder persönliche Angelegenheiten verhindert ist.

§ 16a NPOG: Meldeauflage (↔ Art. 2 Abs. 2 Satz 2 GG)
Die Meldeauflage ist wie die Gefährderansprache 2019 eingeführt worden, wurde aber ebenso zuvor auf § 11 NPOG gestützt. Mit der Meldeauflage wird einer Person aufgegeben, sich zu einer bestimmten Zeit oder in bestimmten Abständen auf einer Polizei- (nicht Ordnungsbehörden-)dienststelle zu melden. Tatbestandlich muss wie in § 12a NPOG eine Gefahr oder die Annahme einer ihrer Art nach konkretisierten Straftat vorliegen. Ort, Zeit und Häufigkeit der Meldung stehen im Ermessen der anordnenden Behörde. Die Dauer einer Meldeauflage regelt § 16a Abs. 2 NPOG, grundsätzlich zunächst drei Monate.

§ 17 NPOG: Platzverweisung (↔ Art. 2 Abs. 1 GG; Art. 13 GG; Art. 8 GG)
Platzverweisung ist die Aufforderung an eine Person, sich vorübergehend von einem bestimmten Ort zu entfernen bzw. das Verbot, den Ort vorübergehend zu betreten. »Jede Person« ist jeder, nicht nur Verantwortliche. Nur Personen können vom Platz verwiesen werden, eine Entfernung von Sachen erfolgt nach § 11 NPOG. Bei einem Ort kann es sich um einen Raum in einem Gebäude oder auch draußen handeln. Besondere erhöhte Einschränkungen sind wegen Art. 13 GG zu prüfen, wenn der Platzverweis eine Wohnung betrifft (Abs. 2). Der Platzverweis für ein gesamtes Gemeindegebiet oder einen Teil dessen ist eine Reaktion auf die »Chaostage« in Hannover (Abs. 3).

§ 17a NPOG: Wegweisung und Aufenthaltsverbot bei häuslicher Gewalt (↔ Art. 2 Abs. 1 GG; Art. 13 GG; Art. 8 GG)
Der § 17a NPOG ist seit 2019 aus dem § 17 NPOG herausgelöst worden, geht also bei häuslicher Gewalt dem § 17 Abs. 2 NPOG vor. Es handelt sich um eine polizeiliche Maßnahme.

§ 17b NPOG: Aufenthaltsvorgabe und Kontaktverbot (↔ Art. 2 Abs. 2 Satz 2 GG)
Dies sind polizeiliche Maßnahmen, um einer Person den Aufenthaltsort vorzuschreiben oder zu verbieten sowie zu bestimmten Personen Kontakt zu haben.

§ 17c NPOG: Elektronische Aufenthaltsüberwachung (↔ Art. 2 Abs. 1, 1 Abs. 1 GG)
Dies ist eine polizeiliche Befugnis zur elektronischen Überwachung, wo sich eine Person aufhält (»elektronische Fußfessel«).

§ 18 NPOG: Gewahrsam (↔ Art. 2 Abs. 2 Satz 2 GG; Art. 104 Abs. 2 GG)
Gewahrsam ist die vorübergehende Entziehung der Bewegungsfreiheit einer Person durch ein Festhalten an einem bestimmten Ort, soweit das »Festhalten« nicht die Nebenfolge einer sonstigen Maßnahme darstellt. Voraussetzungen sind entweder eine Eigengefährdung an Leib und Leben (z. B. erfrierender Obdachloser, Selbstmordversuch), die unmittelbar bevorstehende Begehung einer Straftat oder qualifizierten Ordnungswidrigkeit oder die

Durchsetzung eines Platzverweises. Auch entlaufene Häftlinge oder Minderjährige können in Gewahrsam genommen werden (Abs. 2 und 3).

§§ 19, 20, 21 NPOG: Unverzügliche richterliche Entscheidung, Behandlung der festgehaltenen Personen, Dauer der Freiheitsentziehung
Hierbei handelt es sich nicht um Ermächtigungsgrundlagen, also nicht um Standardmaßnahmen, sondern aufgrund des Eingriffes in das sehr hochwertige Grundrecht der Freiheit um weitere Vorschriften, wie mit Personen umzugehen ist, die einem Freiheitsentzug unterworfen worden sind (§ 13 Identitätsfeststellung, § 16 Vorladung, § 18 Gewahrsam). Bei länger andauerndem Freiheitsentzug ist unverzüglich eine richterliche Entscheidung über dessen Zulässigkeit und Fortdauer einzuholen. Der Grund der Freiheitsentziehung ist zu nennen, es muss eine Aufklärung über die möglichen Rechtsbehelfe erfolgen, es muss ermöglicht werden, eine Vertrauensperson/Rechtsanwalt zu benachrichtigen. Außerdem wird geregelt, wie eine festgehaltene Person unterzubringen ist und wann sie entlassen werden muss.

§ 22 NPOG: Durchsuchung und Untersuchung von Personen (↔Art. 2 Abs. 1 GG; Art. 2 Abs. 2 Satz 1 und Satz 2 GG)
Durchsuchung einer Person ist das zielgerichtete Suchen nach bestimmten oder bestimmbaren verdeckten Gegenständen in der Kleidung der betroffenen Person oder an ihrem Körper. Sie umfasst die Suche in der am Körper befindlichen Bekleidung, das Abtasten des bekleideten Körpers und die Suche an der Körperoberfläche einschließlich leicht zugänglicher Körperöffnungen wie Mundhöhle und Ohren (Abs. 1). Untersuchung ist das Erforschen der Beschaffenheit des Körpers oder das Suchen nach körperfremden Sachen im Körperinneren durch einen Arzt (Abs. 4). Durchsuchungsvoraussetzungen ergeben sich im Zusammenhang mit anderen Befugnissen (Festhalten, Sicherstellung, Selbstgefährdung, Begehung von Straftaten), die Voraussetzungen für eine Untersuchung sind eine Gefährdung von Leib und Leben eines anderen durch ansteckende Krankheiten.

§ 23 NPOG: Durchsuchung von Sachen (↔ Art. 14 Abs. 1 GG)
Durchsuchung einer Sache ist die Suche nach Personen oder Sachen in oder an der betreffenden Sache, die darauf gerichtet ist, einen Zustand oder die Beschaffenheit einer Sache festzustellen. Sachen sind Gegenstände (Auto, Koffer usw.), nicht aber am Körper befindliche Kleidungsstücke und deren Inhalt sowie Grundstücke, soweit sie nicht Wohnungen (↔ § 24 NPOG) sind. Mitgeführt ist eine Sache, wenn die betroffene Person auf sie unmittelbar zugreifen kann. Die Voraussetzungen zielen wiederum meist auf Zusammenhänge mit anderen Befugnissen ab (Durchsuchung, Gewahrsam, Identitätsfeststellung). Die Person, die die tatsächliche Gewalt über die Sache hat, oder deren Vertretung, muss wenn möglich anwesend sein.

§ 24 NPOG: Betreten und Durchsuchung von Wohnungen (↔Art. 13 Abs. 1, Abs. 2 GG)
Wohnung sind Wohn- und Nebenräume, Arbeits-, Betriebs- und Geschäftsräume sowie anderes befriedetes Besitztum, das mit diesen Räumen in Zusammenhang steht, auch zum Wohnen oder zu den anderen genannten Zwecken genutzte bewegliche Sachen wie Schiffe, Wohnwagen, Zelt oder Schlafkojen in Lastwagen. Betreten ist das körperliche Eindrin-

gen, Eintreten, Aufsuchen und Verweilen in einer Wohnung. Durchsuchung i. S. d. Art.13 Abs. 2 GG ist das ziel- und zweckgerichtete Suchen nach Personen oder Sachen oder zur Ermittlung eines Sachverhalts, um etwas aufzuspüren, was der Inhaber der Wohnung im Verborgenen bzw. geheim hält und von sich aus nicht offenlegen oder herausgeben will (z. B. Gefahrenquelle). Inhaber einer Wohnung ist diejenige natürliche oder juristische Person, die rechtmäßig die tatsächliche Gewalt über die Räumlichkeiten ausübt, also auch Mieter, Untermieter oder Hotelgast. Bei Gemeinschaftsunterkünften, Internaten, Obdachlosenasylen sind nur die Leiter Inhaber.

Die Voraussetzungen des § 24 sind aufgrund der hohen Schutzfunktion der Unverletzlichkeit der Wohnung sehr hoch. Die Voraussetzungen zielen wiederum meist auf Zusammenhänge mit anderen Befugnissen (Vorladung, Gewahrsam, Sicherstellung) oder hohe Rechtsgüter (gegenwärtige Gefahr für Leib und Leben, Freiheit, Sachen von bedeutendem Wert, gesundheitsgefährdende Emissionen) ab (Abs. 2). Während der Nachtzeit ist die Wohnung nur in Ausnahmen zu betreten (Abs. 4 und 5). Das Verfahren der Durchsuchung ist in § 25 NPOG geregelt (richterliche Anordnung, Anwesenheit des Inhabers, Niederschrift).

§ 26 NPOG: Sicherstellung (↔ Art. 14 Abs. 1 GG)
Eine Sicherstellung liegt dann vor, wenn die Verwaltungs- oder Polizeibehörde bezweckt, ein öffentlich-rechtliches Verwahrungsverhältnis über die sicherzustellende Sache zu begründen und damit dem Berechtigten oder anderen Personen die tatsächliche Verfügungsmacht vorläufig oder endgültig zu entziehen. Das bedeutet, einer Person wird eine Sache weggenommen, sie verbleibt dann im Besitz der handelnden Behörde. Voraussetzung ist die Abwehr einer gegenwärtigen Gefahr durch die Sache selbst, die handelnde Person oder deren Verhalten (Nr. 1), ein drohender Verlust bzw. Beschädigung der Sache (Nr. 2) oder zur Verhinderung von Flucht und Selbstgefährdung festgehaltener Personen (Nr. 3). Eine Besonderheit stellen in diesem Zusammenhang die sogenannten »Abschleppfälle« dar. Beim Abschleppen von Kraftfahrzeugen durch die Behörde muss demnach in zwei Kategorien unterschieden werden: Geht von dem Auto selbst eine Gefahr aus (z. B. Ölverlust), oder droht dem Auto eine Gefahr (Steckenlassen des Schlüssels = Diebstahl), dann wird als Rechtsgrundlage § 26 NPOG anzuwenden sein, der Wagen wird sichergestellt. Geht die Gefahr jedoch (nur) von der Lage des Autos im Raum (Verkehrsverstoß) aus, dann ist Rechtsgrundlage der § 66 i. V. m. § 11 NdPOG (Ersatzvornahme eines Wegfahrgebotes durch ein Verkehrsschild als Allgemeinverfügung i. S. d. § 35 Satz 2 VwVfG).

§ 27 NPOG: Verwahrung, § 28 NPOG: Verwertung, Vernichtung (↔ Art. 14 Abs. 1 GG)
Sichergestellte Sachen werden zunächst verwahrt. Verwahrt wird eine Sache dadurch, dass sie von der Polizei, der Verwaltungsbehörde oder in deren Auftrag von einem Dritten aufbewahrt wird. Droht ein Verderb der Sache, ist die Verwahrung zu gefährlich oder zu teuer, dauert die Verwahrung zu lange an oder holt die Sache niemand ab, kann sie verwertet, d. h. verkauft, werden. Ist die Sache andauernd gefährlich oder ist eine zulässige Verwertung aus anderen Gründen nicht möglich, kann die Sache auch vernichtet werden. Ein etwaiger Erlös ist an den Berechtigten herauszugeben (§ 29 Abs. 2 NPOG).

Vertiefungshinweise

RECHTSPRECHUNG

BVerwG GewArch 2007, S. 247 ff. (Laserdome); OVG Münster NWVBl. 2000, S. 216 ff. (Sicherstellung Altkleidercontainer)
OVG Lüneburg NdsVBl. 2006, S. 19 ff. (Pol. Gefährderanschreiben)
VG Osnabrück NdsVBl. 1994, S. 64 f. (Kontrollstelleneinrichtung)
VG Hannover NdsVBl. 1998, S. 147 f. (Abgrenzung Platzverweis und Aufenthaltsverbot)
VG Osnabrück NdsVBl. 2003, S. 306 f. (sog. Tuning-Szene)

LITERATUR

Büscher, Grundfälle zur Bestimmung der Ermächtigungsgrundlage im Polizei- und Ordnungsrecht, JA 2010, S. 719 ff. und 791 ff.
Brockmann/Lücke, Gefährliche Orte im Polizeirecht, NVwZ 2022, S. 1189 ff.
Brühl, Raimund, Verwaltungsrecht für die Fallbearbeitung, 8. Aufl., Zweiter Teil, 2. Abschnitt – Die Polizei- und Ordnungsverfügung
Glaser, Die »neue Generation« polizeilicher Standardmaßnahmen, Jura 2009, S. 742 ff.
Gliwa/Globisch, Der unerlaubte Drohnenflug, DVP 2020, S. 469 ff. (Fallbearbeitung)
Globisch/Weidemann, Flohmarkt am Sonntag, DVP 2012, S.472 ff. (Fallbearbeitung)
Kamm, Ch., Ohne Obdach, Nds.VBl. 2019, S. 389 ff. (Fallbearbeitung)
Krane, Das Verhältnis der polizeilichen Standardbefugnisse zueinander und zur Generalklausel, NordöR 2004, S. 425 ff.
Kremser, Die polizeiliche Wegweisung, NdsVBl. 2009, S. 265 ff. (Fallbearbeitung)
Lange, Die sturmgeschädigte Kastanie, DVP 2014, S. 343 ff. (Fallbearbeitung)
Michaelis, Das Abschleppen von Kraftfahrzeugen, Jura 2003, S. 298 ff.
Michl, F., Sicherstellung – Verwahrung – Herausgabe, NV 2022, S. 1426 ff.
Schlömer/Hombert, Verwaltungsrecht Besonderer Teil, Niedersachsen Band I, § 6 – Rechtmäßigkeit von Gefahrenabwehrverfügungen
Vahle, Brandgefahr im Treppenhaus, DVP 2015, S. 118 ff. (Fallbearbeitung)
Waechter, Freizügigkeit und Aufenthaltsverbot, NdsVBl. 1996, S. 197 ff.

5 DAS OPPORTUNITÄTSPRINZIP, ERMESSENSAUSÜBUNG

5.1 Allgemeines

Das Opportunitätsprinzip regelt die Frage, ob und in welchem Umfang die Behörde zur Gefahrenabwehr tätig werden muss. Gem. § 5 Abs. 1 NPOG treffen die Verwaltungsbehörden und die Polizei ihre Maßnahmen nach pflichtgemäßem Ermessen. Anders verhält es sich bei Maßnahmen der Strafverfolgung. Dort gilt gem. § 163 StPO das sog. Legalitätsprinzip. Danach haben die Behörden und Beamten des Polizeidienstes die Pflicht, Straftaten zu erforschen.

Das Opportunitätsprinzip soll sicherstellen, dass die Verwaltungsbehörden und die Polizei ihre Aufgaben wirksam und zweckmäßig erfüllen. Es darf nicht zur Vernachlässigung der Aufgabenerfüllung missbraucht werden.

Deshalb darf von der Maßnahme in der Regel nur abgesehen werden, wenn

- mehrere Gefahren gleichzeitig abzuwehren sind und die vorhandenen Kräfte nicht zur Abwehr aller Gefahren ausreichen,
- die Gefahrenabwehr auf andere Weise gesichert ist oder
- es sich offensichtlich um Bagatellfälle handelt.

Handelt es sich um erhebliche Gefahren oder liegen sonst besondere Umstände vor (z. B. Hartnäckigkeit oder Häufigkeit), so sind die Verwaltungsbehörden und die Polizei grundsätzlich zum Einschreiten verpflichtet.[82]

Das der Behörde eingeräumte Ermessen bezieht sich immer auf die Rechtsfolgeseite. Ob der Tatbestand erfüllt ist, nämlich das Vorliegen einer Gefahr, ist eine Prognoseentscheidung der Behörde, welche voll gerichtlich überprüfbar ist. Die Ermessensentscheidung bezieht sich allein auf die Frage, ob und gegebenenfalls welche Maßnahme ergriffen wird.[83]

5.2 Ermessensarten

Die Behörde hat bei einer zu treffenden Ermessensentscheidung das Ermessen in zweifacher Weise auszuüben. Zunächst kann die Behörde entscheiden, ob sie tätig wird, sie hat also **Entschließungsermessen.**

Wenn sich die Behörde entschließt, eine Maßnahme zu treffen, hat sie zu entscheiden, wie und auch gegebenenfalls gegen wen sie vorgeht, sie hat also **Auswahlermessen.**[84]

---

[82] Ausführungsbestimmungen zum NGefAG § 5, 5.1.

[83] Vgl. *Mühl/Leggereit/Hausmann* Rn. 114; vertiefend zum Ermessen siehe auch *Suckow/Weidemann/Barthel* Rn. 256 ff.

[84] Vgl. *Ipsen* Rn. 266; *Möller/Warg* Rn. 151.

Beispiele:

a) In der Landeshauptstadt Hannover ist in der örtlichen Gefahrenabwehrverordnung ein Taubenfütterungsverbot für die Fußgängerzone festgelegt. Als die Rentnerin Frau Klein dennoch eine Taube mit einem kleinen Stück Brot füttert, schreitet die Behörde nicht ein. Hier hat die Behörde ihr Entschließungsermessen zum Nichteinschreiten ausgeübt, u. U. wegen der Geringfügigkeit des Verstoßes.

b) Herr Harms hat ein baufälliges Haus, dessen Giebel auf die Straße zu stürzen droht. Hier hat die Behörde ein Auswahlermessen bezüglich der Maßnahme, die sie anordnet: Sicherung oder Abriss des Giebels.

c) Im Mietshaus des Vermieters Schulte ist es zu einer Schädlingsplage gekommen. Die Behörde möchte durchsetzen, dass diese Schädlinge durch ein professionelles Unternehmen bekämpft werden. Hier hat die Behörde Auswahlermessen in Bezug auf den Verantwortlichen. Die Behörde kann zum einen den Eigentümer des Hauses in Anspruch nehmen. Denkbar ist aber auch, die einzelnen Mietparteien als Verantwortliche heranzuziehen.

Hinweise für die Klausurbearbeitung

Im Rahmen der Klausurbearbeitung liegt häufig eine Fallkonstellation vor, in der sich die Behörde bereits zum Einschreiten entschlossen hat. Da dieses Entschließungsermessen nicht zu beanstanden ist, kann die gutachtliche Bearbeitung dieses Gesichtspunktes regelmäßig unterbleiben.

5.3 Ermessensausübung

Das Opportunitätsprinzip eröffnet die Möglichkeit, aber auch die Pflicht, nach pflichtgemäßem Ermessen zu entscheiden. Die Ausübung des Ermessens richtet sich nach § 40 VwVfG.[85] Danach hat die Ausübung des Ermessens dem Zweck der Ermächtigung zu entsprechen und die gesetzlichen Grenzen des Ermessens einzuhalten.

Das Recht zur Ermessensausübung beinhaltet die Pflicht zur Ermessensbetätigung. Verkennt die Behörde die Pflicht zur Ermessenbetätigung, liegt ein **Ermessensmangel (Ermessensnichtgebrauch)** vor.

Dabei kann es zu zwei Konstellationen kommen: Die Behörde bleibt untätig, weil sie meint, nicht einschreiten zu dürfen, obwohl dies nach der gesetzlichen Lage möglich wäre, oder sie schreitet ein, weil sie rechtsirrig meint, einschreiten zu müssen, obwohl das Gesetz tatsächlich eine Entscheidungsfreiheit einräumt.

Ein Ermessensmangel liegt auch vor, wenn die Behörde zwar erkennt, dass sie hinsichtlich der Frage, ob sie einschreitet, ein Ermessen hat, aber hinsichtlich der Frage, wie sie einschreitet, nicht alle Aspekte des Falles berücksichtigt.[86]

---

85 Vgl. *Böhrenz/Siefken* S. 69; *Schmidt* Rn. 707.

86 *Schmidt* Rn. 715 ff.; vgl. *Böhrenz/Siefken*, S. 69.

Die Behörde hat den **Zweck** des Ermessens zu beachten. Eine Ausübung des Ermessens, die nicht dem Zweck der Ermächtigung entspricht, ist ein Ermessensfehler unter dem Gesichtspunkt des **Ermessensfehlgebrauchs.**[87] Dieser liegt insbesondere vor, wenn:

- die Behörde von einem unzutreffenden Sachverhalt ausgeht
- maßgebliche Gesichtspunkte nicht berücksichtigt werden
- diesem ein unangemessenes Gewicht beigemessen wird

oder

- sonst sachfremde Erwägungen angestellt werden.[88]

Beispiele:

a) Eine Behörde lehnt einen Antrag eines Reisegewerbetreibenden auf Erteilung einer Ausnahmegenehmigung nach § 46 Abs. 1 Nr. 8 StVO ab, mit dem Argument, man wolle das Kaufangebot in der Stadt nicht künstlich erhöhen. Hier liegt eine sachfremde Erwägung vor, weil der Zweck der Ermächtigung ausschließlich straßenverkehrsrechtliche Überlegungen zulässt wie etwa die Sicherheit und Leichtigkeit des Verkehrs.

b) Die Behörde verfügt gegenüber einem Hauseigentümer eines Mietshauses nach dem Auftreten einer Wanzenplage, diese in den einzelnen Mietwohnungen zu bekämpfen. Hier steht der Befolgung des Gebotes ein privatrechtliches Hindernis entgegen, weil die Mieter Besitzer der Wohnungen sind. Die Maßnahme wäre rechtlich unmöglich.

Die Behörde muss bei ihrer Ermessensausübung die **Grenzen** des Ermessens einhalten. Wenn die Behörde über die äußeren Grenzen des Ermessens hinausgeht, liegt ein Ermessensfehler in der Form der **Ermessensüberschreitung** vor.[89] Dies wäre zum Beispiel der Fall, wenn die Behörde eine Gebühr verhängt von 120 €, die einschlägige Gebührensatzung aber nur einen Spielraum von 20 bis 70 € zulässt.
Weitere Ermessenbegrenzungen können sich aus der Anwendbarkeit von Grundrechten ergeben.[90] Von besonderer Bedeutung ist der Gleichheitsgrundsatz aus Art. 3 GG. Danach darf die Behörde nicht grundlos von einer bisher geübten Verwaltungspraxis abweichen.[91]
Entscheidende rechtliche Begrenzungen ergeben sich aus dem Grundsatz der Verhältnismäßigkeit. Dieser resultiert aus dem Rechtsstaatsprinzip (Art. 20 Abs. 3 GG) und stellt eine übergreifende Leitregel für alles staatliche Handeln dar.[92]
Der Verhältnismäßigkeitsgrundsatz findet seine Erwähnung in § 4 NPOG:

- Von mehreren geeigneten Mitteln hat die Verwaltungsbehörde oder die Polizei diejenige zu treffen, die den Einzelnen und die Allgemeinheit voraussichtlich am beeinträchtigt.
- Eine Maßnahme darf nicht zu einem Nachteil führen, der zu dem erstrebten Erfolg erkennbar außer Verhältnis steht.

---

87 vgl. *Suckow/Weidemann/Barthel* Rn. 278, 281 f.
88 *Böhrenz/Siefken* § 5 Rn. 4; *Schmidt* Rn. 721.
89 Vgl. *Möller/Warg* Rn. 154.
90 Vgl. *Brühl*, S. 89, 99.
91 Vgl. *Ipsen* Rn. 281 ff.
92 BVerfGE 20, 45,49; 76, 256, 359.

- Eine Maßnahme ist nur so lange zulässig, bis ihr Zweck erreicht ist oder es sich zeigt, dass er nicht erreicht werden kann.

Die Elemente des Verhältnismäßigkeitsgrundsatzes sind demnach:
- **Geeignetheit** (§ 4 Abs. 1 NPOG)
- **Erforderlichkeit** (§ 4 Abs. 1 NPOG)
- **Angemessenheit**[93] (§ 4 Abs. 2 NPOG)

Geeignet ist eine Maßnahme, wenn sie den erstrebten Erfolg herführt oder zumindest fördert.[94] Voraussetzung dafür ist, dass die tatsächliche und rechtliche Möglichkeit ihrer Durchführung besteht. Würde die Gefahr nicht beseitigt, ist die Maßnahme untauglich.[95]

> Beispiel:
> Ein Obdachloser wird aufgefordert, sich innerhalb einer bestimmten Frist eine Wohnung zu besorgen. Die Maßnahme ist tatsächlich unmöglich, da der Obdachlose nicht in der Lage ist, sich entsprechend selbst zu helfen. Sie ist somit ungeeignet.

Ist der Adressat der Verfügung rechtlich nicht in der Lage, die Maßnahme durchzuführen, kann aber die Behörde eine sog. **Duldungsverfügung** gegen denjenigen erlassen, dessen Rechte entgegenstehen. Diese Duldungsverfügung ist ebenfalls eine Ordnungsfügung und setzt voraus, dass ihr Adressat ebenfalls ordnungsrechtlich verantwortlich ist.[96] Die Duldungsverfügung würde das rechtliche Hindernis beseitigen, die Maßnahme wäre dann geeignet.
Erforderlich ist eine Maßnahme, wenn sie von mehreren geeigneten Maßnahmen diejenige ist, die den Einzelnen und die Allgemeinheit am wenigsten beeinträchtigt.[97]
Es darf also zur Erreichung des angestrebten Zieles kein anderes gleich wirksames Mittel geben, das den Einzelnen und die Allgemeinheit weniger belastet (geringstmöglicher Eingriff).[98]

> Beispiele:
> a) Nach einem Herbststurm haben sich die Äste eines Baumes gelöst und drohen auf die Straße zu fallen. Eine Anordnung an den Grundstückseigentümer mit dem Inhalt, den ganzen Baum zu beseitigen, wäre nicht erforderlich, wenn es ausreichend ist, lediglich das beschädigte Astwerk zu entfernen.
> b) Wenn ein verbotswidrig vor einer Feuerwehrzufahrt abgestelltes Kfz in eine 20 Meter entfernte leere Parkbucht versetzt werden kann, ist es nicht erforderlich, das Fahrzeug abzuschleppen und auf ein behördliches Sicherungsgelände zu verbringen.

---

93 *Möller/Warg* Rn. 159.
94 *Hofmann/Gerke* Rn. 403.
95 *Möller/Warg* Rn. 160.
96 *Möller/Warg* Rn. 161; vgl. *Götz* § 11 Rn. 22.
97 *Ipsen* Rn. 297.
98 Vgl. *Böhrenz/Siefken* § 4 Rn. 2.

Das Gebot der **Angemessenheit** verbietet, ein Mittel zu wählen, das Nachteile herbeiführt, die in einem erkennbaren Missverhältnis zu dem beabsichtigten Erfolg stehen (»Verhältnismäßigkeit im engeren Sinne«).[99] Außer Verhältnis steht eine Maßnahme, wenn der durch sie für den Betroffenen oder die öffentlichen Interessen entstehende Schaden wesentlich größer ist als der ohne sie zu erwartende Schaden.[100] Die Behörde muss also eine **Interessenabwägung** vornehmen, ob die Interessen des Betroffenen oder die Interessen der Allgemeinheit überwiegen. Allerdings ist im Regelfall die erforderliche Abwägung der Nachteile für die Allgemeinheit und den Betroffenen bereits durch den Gesetzgeber vorweggenommen, der die Verwaltung auch zu einschneidenden, mit der Verfassung übereinstimmenden Mitteln ermächtigt hat. Ein gebotenes und gesetzlich zugelassenes Mittel darf daher nur dann nicht angewandt werden, wenn es sich als besonders einschneidend für den Einzelnen und die Allgemeinheit erweist.[101]

> Beispiel:
> Grundstückseigentümer Schulte hat ohne die erforderliche Baugenehmigung auf seinem Grundstück eine größere Garage errichtet. Nach § 79 Abs. 1 Satz 1, 2 Nr. 4 der NBauO kann die Behörde als Rechtsfolge grundsätzlich die Beseitigung der baulichen Anlage verfügen, weil ein Widerspruch zum öffentlichen Baurecht vorliegt. Da hier aber lediglich ein formeller Rechtsverstoß vorliegt, sind die Interessen des Bauherrn am Erhalt der baulichen Anlage höher zu bewerten als die Interessen der Allgemeinheit. Eine Beseitigungsverfügung, die den Substanzverlust des Bauwerkes zur Folge hat, wäre erst gerechtfertigt, wenn eine Prüfung ergeben hat, dass neben dem formellen Rechtsverstoß auch eine materielle Illegalität vorliegt.

Zu beachten ist allerdings, dass der Betroffene nach § 5 Abs. 2 Satz 2 NPOG ein Mittel selbst vorschlagen kann, das ebenso geeignet ist, die Gefahr zu beseitigen (**Austauschmittel**). Maßgeblicher Zeitpunkt für die zu treffenden Prognoseentscheidung, ob das Austauschmittel ebenso wirksam ist, ist der des behördlichen Einschreitens. Das vorgeschlagene Austauschmittel muss von der Behörde auch dann gebilligt werden, wenn es – falls es die Behörde bestimmen würde – unverhältnismäßig wäre.[102]

> Beispiel:
> Auf dem Grundstück des Grundstückseigentümers Krause befindet sich eine stark wuchernde Hecke. Deren Sträucher ragen verkehrsgefährdend in den öffentlichen Straßenraum hinein. Die Behörde kann hier nach dem Gebot der Verhältnismäßigkeit lediglich die Beseitigung der störenden Sträucher anordnen. Wenn der Grundstückseigentümer die gesamte Hecke entfernen möchte, um diese durch einen Zaun zu ersetzen, kann er diese Maßnahme als Austauschmittel anbieten.

---

[99] *Suckow/Weidemann/Barthel* Rn. 171.

[100] *Böhrenz/Siefken* § 4 Rn. 2.

[101] *Suckow/Weidemann* Rn. 172; vgl. *Ziekow* § 40 Rn. 35.

[102] *Böhrenz/Siefken* § 5 Rn. 9.

§ 4 Abs. 3 NPOG behandelt das **zeitliche Übermaßgebot.** Danach ist eine Maßnahme nur so lange zulässig, bis ihr Zweck erreicht ist oder es sich zeigt, dass er nicht erreicht werden kann.

Grundsatz der Verhältnismäßigkeit	Inhalt
geeignet, § 4 Abs. 1 Nds. SOG	Das Mittel muss den Erfolg herbeiführen oder zumindest fördern
erforderlich, § 4 Abs. 1 Nds. SOG	Das Mittel, das den Einzelnen und die Allgemeinheit am wenigsten beeinträchtigt (»mildestes Mittel«)
angemessen, § 4 Abs. 2 Nds. SOG	Das Mittel, das nicht in einem erkennbaren Missverhältnis zum Erfolg steht (»Interessen-abwägung – Einzelfallbetrachtung«!)

Abb.: Elemente des GdV

5.4 Ermessensreduzierung

Obgleich die Behörden nach pflichtgemäßem Ermessen entscheiden, ob und wie sie einschreiten, sind Fälle denkbar, in denen der Ermessensspielraum derart reduziert ist, dass nur noch eine Entscheidung ermessensfehlerfrei getroffen werden kann.[103] In solchen Fällen reduziert sich das Ermessen der Verwaltung **zur Ermessensreduzierung auf null**, bei der nur noch eine Entscheidung rechtmäßig ist.[104]
Ob ein Fall der Ermessensreduzierung vorliegt, hängt ab von den Umständen des Einzelfalles. Entscheidend ist dabei die Bedeutung des bedrohten Rechtsgutes und das Ausmaß des erwartenden Schadens. Sind die Schutzgüter Leben, körperliche Unversehrtheit bedroht, sind Schutzmaßnahmen in der Regel geboten.[105]

Beispiel:
Der Mieter Kühne wird durch eine fristlose Kündigung seines Mietvertrages unfreiwillig obdachlos. Hier gebietet sein Recht auf körperliche Unversehrtheit, dass die Behörde ihn in eine Unterkunft bzw. wieder in die Wohnung einweist.

5.5 Anspruch des Bürgers auf Einschreiten

Die Entscheidung zum Einschreiten ist regelmäßig unproblematisch, da die Behörde damit ihrem gesetzlichen Auftrag nachkommt. Häufig stellt sich aber die Frage, ob ein Bürger einen Anspruch auf Tätigwerden der Behörde hat.

---

103 *Suckow/Weidemann/Barthel* Rn. 271.

104 Vgl. *Ipsen* Rn. 277.

105 *Mühl/Leggereit/Hausmann* Rn. 118; vgl. Möller/Warg Rn. 156.

Eine Pflicht zum Tätigwerden besteht nur, wenn einzig die Entscheidung zum Eingreifen sachgerecht ist. Da die Rechtsfolge der meisten Normen des Gefahrenabwehrrechts Ermessen ist, besteht ein Anspruch auf ein bestimmtes Handeln im Einzelfall nur bei einer Ermessenreduzierung auf null.[106]
Insbesondere aus dem Gedanken der Selbstbindung der Verwaltung (Art. 3 Abs. 1 GG) kann sich eine derartige Ermessenreduzierung ergeben.[107]
Ein Anspruch auf Einschreiten durch die Behörde besteht aber nur dann, wenn die anzuwendende Norm zumindest auch die Individualinteressen des Bürgers zu schützen bestimmt ist, wenn also ein **subjektiv-öffentliches Recht** vorliegt.[108]

> Beispiel:
> Grundstückseigentümer Krause wird mehrmals am Tag durch unzumutbaren Lärm vom Nachbargrundstück belästigt. Hier hat Herr Krause einen Anspruch auf Einschreiten der Behörde gegen die Lärmbelästigung. Das subjektiv-öffentlich Recht ist die polizeiliche Generalklausel, § 11 NPOG, weil diese Norm auch die Interessen des Bürgers zu schützen bestimmt ist.[109]

Vertiefungshinweise

RECHTSPRECHUNG

BVerwG, NJW 2002, 2122 f. (Abschleppen eines Kfz trotz Hinterlassen der Handynummer)
BVerwG Urt. v. 9.4.2014 AZ.: 3 C 5.13 NZV 2014, S. 589 ff.; bespr. in JA 2015, S. 317 ff. (Verhältnismäßigkeit einer kostenpflichtigen Abschleppmaßnahme)
OVG Lüneburg, OVGE 20,411 (Beachtung des Gleichheitsgrundsatzes bei der Auswahl des Verantwortlichen)
VGH Kassel, NVwZ 1992, 503 f. (Einschreiten bei Obdachlosigkeit)

LITERATUR

Fischer, Das polizeiliche Abschleppen von Kraftfahrzeugen, JuS 2002, S. 446 ff.
Geppert, Das Opportunitätsprinzip, Jura 1986, S. 309 ff.
Globisch, Die unerlaubte Spielplatzbenutzung, DVP 2017, S. 507 ff. (Fallbearbeitung)
Kluckert, Die Gewichtung von öffentlichen Interessen im Rahmen der Verhältnismäßigkeitsprüfung, JuS 2015, S. 116 ff.
Schoch, Grundfälle zum Polizei- und Ordnungsrecht, JuS 1994, S. 754 ff.
Vahle, Die rechtliche u. wirtschaftliche Unmöglichkeit im Polizei- und Ordnungsrecht, DVP 2005, S. 109 ff.

---

[106] Vgl. *Möller/Warg* Rn. 157; *Ipsen* Rn. 274.
[107] *Suckow/Weidemann/Barthel* Rn. 271; zur Selbstbindung aufgrund von Veraltungsvorschriften ferner *Hofmann/Gerke* Rn. 207.
[108] Vgl. *Götz*, S. 112; *Pieroth/Schlink/Kniesel* § 7 Rn. 10.
[109] Vgl. *Mühl/Leggereit/Hausmann* Rn. 119.

6 VERANTWORTLICHKEIT

6.1 Grundprinzipien

Nach Art. 20 Abs. 3 GG erfordert der sich aus dem Grundsatz der Gesetzmäßigkeit abzuleitende Vorbehalt des Gesetzes eine gesetzliche Ermächtigung für behördliches Eingriffshandeln. Hierzu gehört auch die gesetzliche Regelung, welche Personen als Adressaten für die Maßnahmen in Anspruch genommen werden können. Diese werden Verantwortliche (veraltet: Störer) genannt.

Dies kann in zugrunde liegenden speziellen Rechtsgrundlagen geregelt sein. So wird z. B. in § 35 Abs. 1 GewO ausdrücklich auf den Gewerbebetreibenden abgestellt. Zu den Eingriffsermächtigungen nach § 79 NBauO wird dort ausdrücklich auf Vorschriften der NBauO zur Verantwortlichkeit abgestellt und damit ausdrücklich geregelt, welche Personen als sog. Verantwortliche in Anspruch genommen werden können.

Im NPOG liegen die allgemeinen Regelungen zur Inanspruchnahme von Verantwortlichen in den §§ 6 und 7. (Zur Inanspruchnahme von Nichtverantwortlichen nach § 8 NPOG siehe Inanspruchnahme nichtverantwortlicher Personen.) Die Anwendung dieser Regelungen setzt voraus, dass Verantwortlichkeiten nicht speziell geregelt sind. Im Übrigen stellt auch § 9 NPOG im Rahmen der Anwendung des NPOG heraus, dass, soweit die Vorschriften des Dritten Teils des NPOG Maßnahmen auch gegen andere Personen zulassen, die §§ 6 bis 8 keine Anwendung finden.

Im Hinblick auf die Anwendung der Regelungen nach §§ 6 und 7 wird grundsätzlich unterschieden zwischen der Verhaltensverantwortlichkeit nach § 6 und der Zustandsverantwortlichkeit nach § 7. Die entsprechenden Verantwortlichen können als sog. »Handlungsverantwortlicher« und sog. »Zustandsverantwortlicher« bezeichnet werden.[110] Die Personen beider »Verantwortlichkeitsgruppen« stehen in bestimmter Beziehung zur abzuwehrenden Gefahr. Die Voraussetzungen an Verhaltensverantwortliche orientieren sich am gefahrauslösenden Verhalten von Personen und die des Zustandsverantwortlichen am gefahrauslösenden Zustand von Sachen oder Tieren, zu denen sie in bestimmter Beziehung stehen.

Insgesamt kommt es bei diesen Verantwortlichkeiten nicht auf Verschuldensaspekte an.[111] Damit kommt es auch nicht auf Aspekte des Verschuldens wie im Privatrecht und Strafrecht oder Ordnungswidrigkeitsrecht an! Ebenfalls sind persönliche Aspekte wie etwa psychische, moralische, finanzielle Gesichtspunkte der in Anspruch zu nehmenden Personen bei der Bestimmung der Verantwortlichkeiten nach §§ 6 und 7 nicht von Bedeutung. Etwas anderes kann für die **Auswahl** unter mehreren Verantwortlichen für die Inanspruchnahme-

---

110 *Ipsen*, Niedersächsisches Polizei- und Ordnungsrecht, § 6 Rn. 175, 200.

111 So auch ausdrücklich AB NGefAG Nr. 6.1. S. 4.
(Anmerkung: Der RdErl. zu den AB NGefAG ist seit seinem Inkrafttreten nicht mehr geändert worden, so dass die nachgefolgten Gesetzesänderungen – wie auch Gesetzesbezeichnung – nicht erfasst sind.).

entscheidung innerhalb des Ermessens gelten. Zu unterscheiden ist nämlich die Frage der tatbestandsmäßigen **Bestimmung** verantwortlicher Personen gegenüber der ermessenstechnischen **Auswahl** zur Inanspruchnahme bei mehreren Personen, die als Verantwortliche bestimmt sind. (Zur Störerauswahl siehe Auswahl unter mehreren Verantwortlichen.) Der Verhaltensverantwortlichkeit liegt ein Verursachungsprinzip zugrunde; dies ist bereits im Ansatz der gesetzlichen Fassung von § 6 Abs. 1 zu entnehmen. Die Zustandsverantwortlichkeit fußt auf einer bestimmten Verbindung zur Sache bzw. zum Tier.

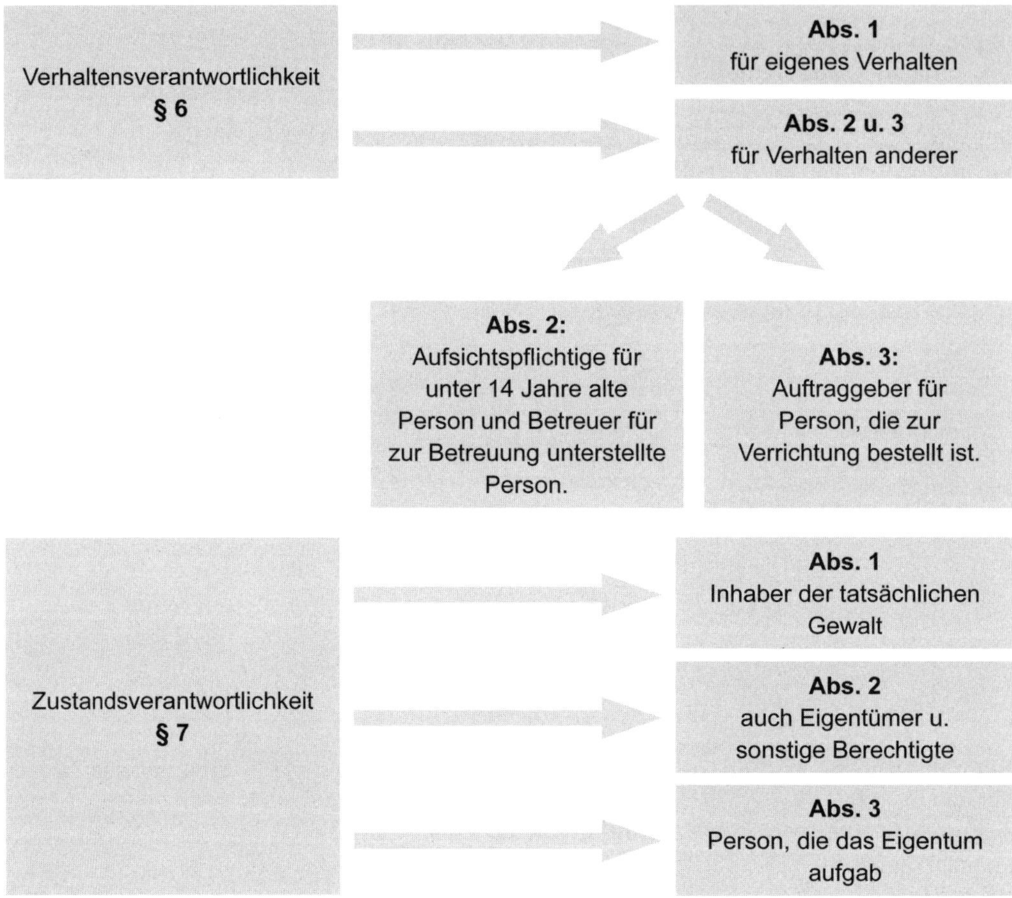

Abb.: Verantwortlichkeiten

6.2 Verhaltensverantwortlichkeiten

6.2.1 FÜR EIGENES VERHALTEN

Die Voraussetzungen an eine »Verursachung« i. S. v. § 6 Abs. 1 stellen zunächst auf eine Ursächlichkeit zwischen Verhalten einer Person und der Gefahr ab. Ausgehend von der sog. Äquivalenztheorie[112], bezieht sich dies auf eine Kausalität, wonach das Verhalten einer Person nicht hinweggedacht werden kann, ohne dass die Gefahr entfiele. Im Recht der Gefahrenabwehr wird diese Kausalitätskette zur Bestimmung der Verantwortlichkeit begrenzt. Es kommt danach auf die »unmittelbare« Verursachung der Gefahr an. Hiernach liegt die Verantwortlichkeit bei der Person, die in der Kausalitätskette bis hin zur Gefahr das letzte gefahrenverursachende Glied ist.[113] Dies ist auch in AB NGefAG Nr. 6.1 Satz 1 so bestimmt, wonach die Verantwortlichkeit nach § 6 Abs. 1 die Person betrifft, die »unmittelbar« durch ihr Verhalten die Gefahr hervorgerufen hat.

Beispiele:

a) Ein Reitstalleigentümer verleiht ein Pferd zum Ausritt an einen Reiter. Beim Ausritt verliert der Reiter die Gewalt über das Pferd, wird abgeworfen, und das Pferd beginnt in Richtung Bundesstraße zu galoppieren. Die Verhaltensverantwortlichkeit nach § 6 Abs. 1 liegt hier nur bei dem Reiter und nicht bei dem Eigentümer, da der Reiter durch seinen Ritt die letzte Ursache in der Kausalitätskette bis zur Gefahr darstellt. Die Mitursächlichkeit des Eigentümers spielt insoweit hier keine Rolle.
b) Eine Spielplatzsatzung verbietet das Mitbringen und Konsumieren von Alkohol auf dem Spielplatz. Auf diesem Spielplatz konsumiert Herr Amund wiederholt Alkohol, den er sich im benachbarten Kiosk kauft. Die Verantwortlichkeit nach § 6 Abs. 1 liegt bei Herrn Amund. Eine Verantwortlichkeit des Verkäufers vom Alkohol scheidet wegen fehlender Unmittelbarkeit zum gefahrenverursachenden Verstoß gegen die Satzung aus.

Eine Durchbrechung dieses Unmittelbarkeitsprinzips kann in der Rechtsfigur des Zweckveranlassers liegen (siehe Zweckveranlasser).
Im Rahmen dieses unmittelbaren Verursachungsprinzips kommt es weder auf Verschulden des Verursachers noch auf die Schuldfähigkeit oder Geschäftsfähigkeit dieser Person an. Die Verhaltensverantwortlichkeit stellt auf die Verursachung der Gefahr durch Verhalten ab. Hierbei ist also zunächst jedenfalls ein Handeln betroffen. Zur Frage des Nichthandelns im Hinblick auf die Verhaltensverantwortlichkeit gibt die AB NGefAG Nr. 6.1 Satz 2 ausdrücklich vor, dass ein Unterlassen dem Handeln gleichsteht, wenn die Person rechtlich zum Tätigwerden verpflichtet ist.

---

[112] Zum Begriff siehe nur *Rühle*, E 12 m. N.

[113] *Böhrenz/Siefken*, Niedersächsisches Gesetz über die öffentliche Sicherheit und Ordnung, Erläuterungen zu § 6 Nr. 4; *Ipsen*, Niedersächsisches Polizei- und Ordnungsrecht, § 6 Rn. 176–186 m. w. N.

Beispiel:
Eine Satzung schreibt für das Führen von Hunden im Stadtpark Leinenzwang vor. Frau Bertram geht im Stadtpark mit ihrem unangeleinten Hund spazieren. Hier verstößt Frau Bertram gegen die rechtliche Verpflichtung, ihren Hund anzuleinen, und ist daher als verhaltensverantwortlich anzusehen.

6.2.2 FÜR FREMDES VERHALTEN

Es ergeben sich aus § 6 Abs. 2 NPOG weitere – im Sinne von zusätzlichen – Verantwortlichkeiten von Personen, die in dort genannten bestimmten Beziehungen zu den verantwortlichen Personen (Verantwortlichen) nach § 6 Abs. 1 stehen.
Nach § 6 Abs. 2 Satz 1 trifft die Verantwortlichkeit auch die Person, die zur Aufsicht eines unter 14 Jahre alten Verantwortlichen verpflichtet ist. Die zugrunde liegende Aufsichtsverpflichtung muss nicht zwingend bei den Eltern liegen, sondern kann auch andere Personen wie z. B. Vormünder, Lehrer, Pfleger oder auch Personen, wie Bekannte, die vorübergehend die Aufsicht übernommen haben, betreffen.
Nach § 6 Abs. 2 Satz 2 trifft die Verantwortlichkeit auch die Person, die als Betreuer für den Verantwortlichen bestellt ist. Hierbei kommt es auf das Alter des Verantwortlichen nicht an. Allerdings ist Voraussetzung für die Inanspruchnahme des Betreuers, dass die Maßnahme im Rahmen seines Aufgabenkreises liegt. Eine Entlastungsmöglichkeit der Aufsichtspersonen gibt es hier im Recht der Gefahrenabwehr nicht.[114]

Eine weitere – zusätzliche – Verantwortlichkeit kann den Auftraggeber für das Verhalten seines Gehilfen nach § 6 Abs. 3 treffen, wenn dieser die Gefahr »in Ausführung der Verrichtung« verursacht. Dies setzt zunächst die Verhaltensverantwortlichkeit des Gehilfen nach § 6 Abs. 1 voraus. Im Verhältnis zwischen Auftraggeber und Gehilfen muss eine weisungsgebundene Abhängigkeit bestehen.[115] Abgrenzungsschwierigkeiten kann die Voraussetzung aufwerfen, ob die Gefahren in Ausführung des Auftrages oder nur »bei Gelegenheit der Verrichtung«[116] verursacht wird.

Beispiel:
Firmeninhaber Gerd Fabian beauftragt den Angestellten Anselm Arnold, Behältnisse mit giftigen flüssigen Chemikalien bei einem Kunden mit dem firmeneigenen LKW abzuholen, damit diese dann einer ordnungsgemäßen Entsorgung zugeführt werden können. Auf der Fahrt des Arnold kommt es aufgrund überhöhter Geschwindigkeit zu einem Unfall, wodurch sich die gefüllten Behälter entleeren und die Chemikalien in das Grundstück des Herrn Noll sickern.

Hier hat Arnold die Gefahr, die jetzt von dem kontaminierten Grundstück des Noll ausgeht, durch sein Verhalten im Rahmen der Autofahrt nach § 6 Abs. 1 verursacht. Da dies im Rahmen der Auftragserledigung passiert, trifft Fabian eine Verantwortlichkeit nach § 6 Abs. 3. Eine Exkulpationsmöglichkeit ist im Gefahrenabwehrrecht nicht vorgesehen und kommt für

[114] *E. Denninger* in: Lisken/Denninger (Hrsg.), Handbuch des Polizeirechts, Rn. D 102.
[115] Ebenda Rn. D 103.
[116] So in AB NGefAG Nr. 6.3.

ihn hierbei nicht in Betracht. Auf die Frage einer guten oder schlechten Auftragsausführung kommt es insoweit hier nicht an.
Würde Arnold allerdings im oben benannten Beispiel auf der Fahrt mit dem LKW anhalten, um sich in einem Lebensmittelgeschäft mit einem Imbiss zu versorgen, und hierbei dort eine Gefahr verursachen, läge dies lediglich anlässlich der Auftragserledigung, also gelegentlich der Verrichtung. Hier träfe Fabian keine Verantwortlichkeit nach § 6 Abs. 3.
Würde Arnold – um sich die Auftragserledigung zu erleichtern – die Chemikalien vor der endgültigen Ablieferung bei Unterbrechung der Fahrt auf das Grundstück des Noll schütten, würde die Abgrenzung zwischen Ausführung der Verrichtung gegenüber Verhalten gelegentlich der Verrichtung unschärfer sein. Hier hat Arnold jedenfalls mit der Auftragserledigung begonnen und die Behälter abgeholt. Zur weiteren Erleichterung seines Auftrages hat er die Chemikalien selbst – wenn auch schlecht, nämlich nicht ordnungsgemäß – entsorgt. Damit dürfte hierbei in der schlechten Auftragserledigung die Gefahrenverursachung in der Ausführung der Verrichtung liegen und damit auch Fabian die Verantwortlichkeit nach § 6 Abs. 3 treffen.

6.3 Zustandsverantwortlichkeiten

6.3.1 GRUNDPRINZIPIEN

Die in § 7 NPOG geregelte Zustandsverantwortlichkeit betrifft Personen, die in bestimmter Beziehung zu der Sache oder dem Tier, von denen die Gefahren ausgehen, stehen. Die Beziehungen können rechtlicher wie auch tatsächlicher Natur sein. Auf ein Verschulden oder eine Veranlassung, also Verhalten des Zustandsverantwortlichen, kommt es hierbei nicht an.[117] Zustandsverantwortlichkeiten können auch zusätzlich neben Verhaltensverantwortlichkeiten bestehen, (sog. »Doppelstörer«).
Als **Sache** ist jeder bewegliche oder unbewegliche Gegenstand zu verstehen. Sachen sind auch Grundstücke, Wohnungen, Flüssigkeiten, gasförmige Stoffe und Sachgesamtheiten (z. B. Warenlager).[118] Die für Sachen geltenden Vorschriften des NPOG sind gem. § 7 Abs. 1 auf **Tiere** entsprechend anzuwenden. Die **Gefahr** kann von der dauernden oder vorübergehenden Beschaffenheit der Sache ausgehen, aber auch von der Lage, in der sich eine an sich ungefährliche Sache befindet.[119]

> Beispiele:
> a) Das vom Fahrer abgestellte Auto verliert Öl.
> b) Das vom Fahrer abgestellte Auto brennt.
> c) Das vom Fahrer abgestellte Auto ist lediglich verkehrswidrig im Parkverbot abgestellt.

In den Beispielen zu a) und b) geht die Gefahr von der Sache selbst, nämlich direkt vom Auto aus. Die Gefahrenquelle liegt hier in der Sache selbst, und so ist das Auto hier als »ge-

---
117 So auch in AB NGefAG Nr. 7.1.
118 So in AB NGefAG Nr. 7.1.
119 So in AB NGefAG Nr. 7.1.

fährliche Sache« anzusehen. Im Beispiel c) stellt das Auto selbst insoweit keine gefährliche Sache dar. Allerdings wird hier durch das Auto als an sich ungefährliche Sache durch die »Lage im Raum«, nämlich das verkehrswidrige Parken, die Gefahr begründet.

6.3.2 INHABER DER TATSÄCHLICHEN GEWALT

Zustandsverantwortlich nach § 7 Abs. 1 sind die Personen, die die **tatsächliche Gewalt** über die Sache oder das Tier, von denen die Gefahr ausgeht, innehaben. Dies bedeutet die tatsächliche Einwirkungsmöglichkeit auf die Sache, wobei es insoweit nicht auf eine Berechtigung hierzu ankommt.[120] Diese Sachherrschaft kann beispielsweise beim Mieter, Pächter, Verwahrer, Besitzer, Besitzdiener, aber eben auch bei dem unberechtigten Dieb liegen. Entscheidend für die Zustandsverantwortlichkeit ist der Zeitpunkt des behördlichen Einschreitens. Auf den Zeitpunkt des Eintretens der Gefahr kommt es insoweit hier nicht an.[121] Voraussetzung an die tatsächliche Einwirkungsmöglichkeit im Rahmen der Zustandsverantwortlichkeit setzt auch einen Herrschaftswillen über die Sache voraus. Dieser muss jedoch nicht ständig psychisch aktualisiert werden.[122]

Beispiel:
Felix Haber hält bei sich zu Hause einen Alligator als »gefährliches« Tier i. S. d. Gefahrtierverordnung. Während der Nacht gelingt es dem Tier, aus seinem an sich verschlossenem Haltungsraum zu entkommen. Der Alligator gelangt ins Freie in den Garten des Hauses und muss eingefangen werden. Hier ist bei Herrn Haber von der tatsächlichen Gewalt, nämlich der tatsächlichen Einwirkungsmöglichkeit sowie dem Herrschaftswillen über das Tier, auszugehen.

6.3.3 AN DER SACHE BERECHTIGTE PERSONEN

In Anspruch genommen werden können weiterhin auch zustandsverantwortliche Personen gem. § 7 Abs. 2 NPOG. Dies sind **Eigentümer oder sonst an der Sache berechtigte Personen**. Die Berechtigung kann dinglicher Natur (z. B. Eigentum, Nießbrauch) oder schuldrechtlicher Art (z. B. Miete, Pacht, Verwahrung, Auftrag) sein.[123]
Die Anwendung dieser Vorschrift zur Verantwortlichkeit setzt allerdings voraus, dass andere als der Inhaber der tatsächlichen Gewalt (gem. § 7 Abs. 1) an der Sache berechtigt sind.[124] Dies bedeutet, dass sich eine Verantwortlichkeit nur dann aus § 7 Abs. 2 ergeben kann, wenn ein »Auseinanderfallen« zwischen Inhaber der tatsächlichen Gewalt und der berechtigten Person besteht. Kurz gesagt: Eine Person kann nur dann nach § 7 Abs. 2 verantwortlich sein, wenn sie nicht Inhaber der tatsächlichen Gewalt über die Sache ist.

---

120 So auch in AB NGefAG Nr. 7.1.
121 *Rolf Schmidt* Rn. 795.
122 *Denninger* in: Lisken/Denninger Rn. D 112, D 114. Auch vertiefend zum Besitzverlust sowie zur Frage des sog. aufgedrängten Besitzes.
123 So AB NGefAG Nr. 7.2, S. 2.
124 So AB NGefAG Nr. 7.2, S. 1.

Beispiele:

a) Frau Hermes ist Eigentümerin und Halterin einer Giftschlange. Da diese Schlange aus ihrem Behältnis entkommt und wie im obigen Fall des Alligators wieder eingefangen werden muss, ist Frau Hermes als Inhaberin der tatsächlichen Gewalt hier (nur) gem. § 7 Abs. 1 verantwortlich.

b) Frau Hermes übergibt die Schlange im geeigneten Behältnis wegen einer mehrmonatigen Abwesenheit an Herrn Meier zur vorübergehenden Pflege. Entkommt die Schlange während dieser Pflegezeit, ist Herr Meier als Inhaber der tatsächlichen Gewalt gem. § 7 Abs. 1 zustandsverantwortlich und Frau Hermes als Eigentümerin gem. § 7 Abs. 2 ebenfalls zustandsverantwortlich.
Dies betrifft hier zunächst nur die **Bestimmung** von verantwortlichen Personen, die Frage der **Auswahl** unter mehreren verantwortlichen Personen wird im Folgenden noch geklärt.

Eine Zustandsverantwortlichkeit nach § 7 Abs. 2 kann allerdings die an der Sache berechtigten Personen dann **nicht** treffen, wenn die tatsächliche Gewalt über die Sache ohne den Willen der berechtigten Person ausgeübt wird.

Beispiel:

c) Die oben genannte Giftschlange wird gestohlen. Dem Dieb entkommt sie. Eine Zustandsverantwortlichkeit gem. § 7 Abs. 2 kommt für die berechtigten Hermes und Meier nicht in Betracht, da die Schlange ohne deren Willen vom Dieb gestohlen wurde.

6.3.4 EIGENTUMSAUFGABE

Geht von einer herrenlosen Sache die Gefahr aus, so betrifft die Zustandsverantwortlichkeit gem. § 7 Abs. 3 die Person, die das Eigentum an der Sache aufgegeben hat. Hierdurch soll vermieden werden, zustandsverantwortliche Pflichtigkeiten durch eine Eigentumsaufgabe zu umgehen.[125]

6.4 Zweckveranlasser

Die Figur des Zweckveranlassers erfasst die Konstellation, dass ein Verhalten auf eine Störung der öffentlichen Sicherheit oder Ordnung gerichtet ist, die Störung selbst aber durch das Verhalten anderer unmittelbar verursacht wird. Die Ausführungsbestimmungen zum NPOG (AB NGefAG zu § 6; 6.1) erläutern den Begriff des Zweckveranlassers dahingehend, dass Zweckveranlasser derjenige ist, wer durch sein Verhalten eine Situation herbeiführt, in der zwangsläufig **von Dritten eine Gefahr** ausgeht.
Damit erfährt die Theorie von der unmittelbaren Verursachung eine Erweiterung, sodass mithilfe der Figur des Zweckveranlassers eine Person in Anspruch genommen werden kann, die eigentlich lediglich eine mittelbare Ursache gesetzt hat.[126] Die Figur des Zweck-

125 *Denninger* Rn. D 112, 113.

126 Vgl. *Ipsen*, a. a. O. Rn, 191.

veranlassers ist wegen ihrer Unbestimmtheit in der Literatur[127] sehr umstritten, jedoch in der Rechtsprechung[128] anerkannt.

Die Rechtsprechung hat die Voraussetzungen für das Vorliegen der Figur des Zweckveranlassers näher definiert:

Die **Figur des Zweckveranlassers** stellt danach nicht auf eine subjektiv-intentionale Herbeiführung der Störung ab. Entscheidend ist vielmehr der objektive Wirkungs- und Verantwortungszusammenhang. Es kommt allein darauf an, ob aus der Sicht eines unbeteiligten Dritten die erwartete Störung nach den Sätzen der Erfahrung eine naheliegende Folge und nicht lediglich eine atypische Konsequenz der an das Publikum gerichteten Handlung ist.[129] Voraussetzung ist also, dass das Handeln des als »Veranlasser« auftretenden Hintermannes mit der durch den Vordermann unmittelbar herbeigeführten Gefahr oder Störung bei wertender Betrachtung eine natürliche Einheit bildet, die die Einbeziehung des Hintermannes in die Polizeipflicht rechtfertigt.[130] Entscheidend ist, dass der mittelbare Verursacher zum Verantwortlichen wird, indem ihm das unmittelbare Verhalten, das die Gefahrengrenze überschreitet, zugerechnet wird.

Der Zweckveranlasser ist deshalb kein weiterer Verantwortlicher neben dem Verhaltens- und Zustandsstörer, sondern das Ergebnis einer modifizierten Anwendung der Theorie der unmittelbaren Verursachung[131].

Der Zweckveranlasser ist damit Verantwortlicher i. S. d. § 6 Abs. 1 NPOG.

Da aber die Figur des Zweckveranlassers letztlich nicht eindeutig geklärt ist, droht die Gefahr, dass dem mittelbaren Verursacher zu viel zugerechnet wird. Dies lässt sich allerdings durch eine einschränkende Anwendung vermeiden.[132] Die Verantwortlichkeit des Zweckveranlassers ist strikt auf rechtswidriges Verhalten zu beschränken. Die Ordnungsbehörden könnten anderenfalls nicht verantwortliche Personen heranziehen, ohne an die engen gesetzlichen Voraussetzungen des § 8 NPOG gebunden zu sein.[133] Im Ergebnis ist festzuhalten, dass es aus Gründen der Effektivität des Gefahrenabwehrrechts notwendig ist, die Figur des Zweckveranlassers in die gefahrenabwehrrechtliche Verantwortlichkeit einzubeziehen.[134]

Beispiele:

a) Herr Möller ist Mieter eines mehrstöckigen Hauses im Bahnhofsviertel der Stadt Delmenhorst. Er untervermietet 24 Zimmer an Frauen zur Ausübung der Prostitution.
Das Haus liegt in einem durch Rechtsverordnung festgesetzten Sperrbezirk (Art. 197 EGStGB), in dem die Prostitution verboten ist. Die Ordnungsbehörde möchte gegenüber Herrn Möller anordnen, dass er es zu unterlassen habe, die Räume zum Zwecke der Prostitution zur Verfügung zu stellen. Da die Sperrbe-

[127] Vgl. *Schmidt*, a. a. O. Rn, 771 mit weiteren Nachweisen.
[128] OVG Hamburg, NVwZ 1991, 180 (183).
[129] OVG Lüneburg, NVwZ 1988, 638.
[130] *Schmidt,* a. a. O. Rn. 768.
[131] *Mühl/Leggereit/Hausmann*, a. a. O. Rn. 88.
[132] *Möller/Warg*, a. a. O. Rn. 133.
[133] Vgl. *Ipsen*, a. a. O. Rn. 197.
[134] Vgl. *Ipsen*, a. a. O. Rn. 195.

zirksVO kein Verbot der Vermietung von Räumen an die Prostituierten enthält, verstößt Herr Möller nicht unmittelbar gegen das Gesetz. Gleichwohl ist der von den Prostituierten begangene Rechtsverstoß gegen die Rechtsverordnung eine nach den Erfahrungen naheliegende Folge dieser konkreten Art der Vermietung von Räumen. Herr Möller ist damit als Zweckveranlasser verantwortlich.[135]

b) Kaufhausinhaber Herr Klein möchte auf die neue Bademodenkollektion aufmerksam machen. Dazu lässt er im Schaufenster seines Kaufhauses in der Osnabrücker Innenstadt mehrere junge Frauen in Badekleidung auf und ab laufen. Die Veranstaltung hat damit den Charakter einer Modenschau. Die Veranstaltung findet sofort den gewünschten Erfolg. Viele Passanten bleiben vor dem Schaufenster stehen, um diese ungewöhnliche Modenschau zu betrachten. Aufgrund der Größe der Menschenmenge kommt es dabei zu Verkehrsstauungen, weil der Weg nicht mehr passierbar ist. Die Ordnungsbehörde möchte daraufhin einschreiten und dem Herrn Klein die weitere Durchführung dieser Veranstaltung verbieten. Auch in diesem Fall führt Herr Klein nicht unmittelbar die Störung herbei. Die unmittelbare Gefahr wird von den Schaulustigen herbeigeführt. Aber auch hier bildet das Verhalten des Herrn Klein mit dem Verhalten des Schaulustigen eine natürliche Einheit. Deshalb ist auch hier die eingetretene Störung eine naheliegende Folge der Handlung des Herrn Klein. Dieser kann daher als Zweckveranlasser herangezogen werden.[136]

6.5 Inanspruchnahme nichtverantwortlicher Personen

Sollten Maßnahmen gegen den Zustands- oder Verhaltensverantwortlichen nicht möglich sein, können Gefahrenabwehrmaßnahmen auch gegen unbeteiligte Dritte gerichtet werden, falls die Gefahr nicht auf andere Weise abgewendet werden kann (sog. Notstandspflichtigkeit). Finden sich keine spezialgesetzlichen Regelungen (z. B. § 24 Abs. 1 Satz 2 Nr. 4, 5 NBrandSchG), ist § 8 des NPOG anwendbar. Die Inanspruchnahme eines Nichtverantwortlichen ist an folgende Voraussetzungen geknüpft, welche **kumulativ** vorliegen müssen[137]:

Voraussetzungen der Inanspruchnahme des Nichtverantwortlichen nach § 8 NPOG

- Abwehr einer gegenwärtigen erheblichen Gefahr
- Maßnahmen gegen die nach § 6 oder 7 Verantwortlichen nicht möglich oder nicht Erfolg versprechend
- Ordnungsbehörde kann die Gefahr nicht oder nicht rechtzeitig selbst oder durch Beauftrage abwehren
- Keine Eigengefährdung oder Verletzung höherwertiger Pflichten des in Anspruch genommenen
- Zeitliche Dauer der Maßnahme

Abb.: Insanspruchnahme Nichtverantwortlicher

[135] Vgl. VGH Kassel, NVwZ 1992, 111.

[136] Fall angelehnt an PrOVGE 85,270 ff; vgl. *Pieroth/Schlink/Kniesel*, a. a. O. § 9 Rn. 28.

[137] *Schlömer/Hombert*, S. 95.

Abwehr einer gegenwärtigen erheblichen Gefahr, § 8 Abs. 1 Nr. 1
Die Inanspruchnahme des Nichtverantwortlichen ist nur zulässig, wenn eine gegenwärtige erhebliche Gefahr vorliegt. Die Begriffe sind in § 2 Nr. 2 und 2 NPOG definiert. Es muss sich um eine Gefahr für ein bedeutsames Rechtsgut handeln, bei der die Einwirkung des schädigenden Ereignisses bereits begonnen hat oder bei der diese Einwirkung unmittelbar oder in allernächster Zeit mit an Sicherheit grenzender Wahrscheinlichkeit bevorsteht.

Maßnahmen gegen den Störer nicht möglich, § 8 Abs. 1 Nr. 2
Die Ordnungsbehörde darf den Nichtverantwortlichen nur heranziehen, wenn die Heranziehung der nach §§ 6 oder 7 Verantwortlichen nicht möglich ist oder keinen Erfolg verspricht. Das kann der Fall sein, wenn es überhaupt keinen Störer gibt (z. B. Naturkatastrohen) oder es rechtlich oder tatsächlich unmöglich ist, den Störer in Anspruch zu nehmen. Der Regelfall bleibt aber die Inanspruchnahme des Störers.

Eigene Maßnahmen der Gefahrenabwehrbehörden nicht möglich, § 8 Abs. 1 Nr. 3
Voraussetzung ist weiter, dass die Behörden ihre eigenen personellen und sächlichen Möglichkeiten voll ausgeschöpft haben. Das Gesetz sieht ausdrücklich vor, dass Beauftragte vor dem Zugriff auf den Nichtverantwortlichen eingesetzt werden müssen. Die Behörde muss diese Beauftragten gegebenenfalls vertraglich verpflichten[138].

Zumutbarkeit für den Nichtverantwortlichen. § 8 Abs. 1 Nr. 4
Die Inanspruchnahme des Nichtverantwortlichen darf nicht dazu führen, dass dieser selbst erheblich gefährdet wird oder höherwertige Pflichten verletzt werden. Diese Vorschrift konkretisiert den Grundsatz der Verhältnismäßigkeit und bedeutet, dass dem Nichtverantwortlichen Schäden an der Gesundheit, an der persönlichen Freiheit oder an unersetzbaren Vermögenswerten nicht zugemutet werden dürfen.[139]

Zeitliche Dauer der Inanspruchnahme, § 8 Abs. 2
Danach darf die Inanspruchnahme des Nichtverantwortlichen nur so lange aufrechterhalten werden, solange die Abwehr der Gefahr auf andere Weise nicht möglich ist. Die Maßnahme muss auf das **zeitlich-sachlich erforderliche Mindestmaß** beschränkt sein.[140]

Folgen der Inanspruchnahme
Wird ein **Nichtverantwortlicher** in Anspruch genommen, bestehen für ihn folgende **Ansprüche**:

- Anspruch auf Beseitigung der Inanspruchnahme und ihrer tatsächlichen Folgen als **Folgenbeseitigungsanspruch.**[141] Dieser Anspruch ist notwendig, wenn die Inanspruchnahme eines Nichtverantwortlichen länger dauert, als sie nach § 8 Abs. 2 NPOG zulässig ist. Das ist insbesondere der Fall, wenn eine Maßnahme nach § 8 Abs. 1 NPOG zeitlich begrenzt ist, die Frist aber abläuft, ohne dass sich der Sachverhalt ändert. Der Folgenbeseitigungsanspruch hat den Inhalt, dass der Betroffene von der Behörde verlangen

[138] *Saipa* § 8 Nr. 4.
[139] *Böhrenz/Siefken* § 8 Nr. 6.
[140] *Schlömer/Hombert* S. 96.
[141] Vgl. *Mühl/Leggereit/Hausmann*, S. 87.

kann, einen von ihr geschaffenen rechtswidrigen Zustand zu beenden.[142] Das kann z. B. die Herausgabe einer beschlagnahmten Wohnung sein.[143]

- Außerdem kann dem Nichtverantwortlichen ein Anspruch auf **Schadensausgleich** nach den Vorschriften der §§ 80, 81 NPOG zustehen.

Besondere Bedeutung erlangt § 8 NPOG vor allem in den Fällen der **Unterbringung von Obdachlosen** und dem **Verbot von Versammlungen**[144].

Beispiele:

a) Einer Familie droht die Obdachlosigkeit, weil der Vermieter fristlos gekündigt hat. Die Ordnungsbehörde möchte die Familie in die bisherige Wohnung einweisen, weil eine andere Unterbringungsmöglichkeit zurzeit nicht besteht. Die Einweisungsverfügung soll daher an den Vermieter als Nichtverantwortlichen gerichtet werden. Im Falle der **Obdachlosigkeit** ist der Obdachlose selbst Verantwortlicher und daher verpflichtet, die Obdachlosigkeit zu vermeiden. Die obdachlosen Personen sind aber regelmäßig nicht in der Lage, sich selbst eine Unterkunft zu beschaffen. Bevor jetzt die Verwaltung den nichtverantwortlichen Vermieter in Anspruch nimmt, hat sie zunächst die Pflicht, die drohende Obdachlosigkeit selbst zu beheben. Die Behörde muss z. B. in Erwägung ziehen, eine Obdachlosenunterkunft zur Verfügung zu stellen, eine Wohnung oder Hotelräume anzumieten. Erst wenn die Behörde auf eigene Möglichkeiten nicht zurückgreifen kann, kann sie den Vermieter als Nichtverantwortlichen heranziehen und die Einweisung in die bisherige Wohnung verfügen.[145]

b) Die politische Partei »Die Linken« plant anlässlich der Feiern zum 1. Mai eine Kundgebung auf dem Marktplatz der Stadt Wolfsburg. Wenige Tage vor Beginn der Veranstaltung erhält die Ordnungsbehörde Kenntnis davon, dass gewalttätige Gegendemonstrationen gegen diese Veranstaltung vonseiten der sog. Chaoten geplant sind. Da die Verwaltung und die Polizei sich nicht in der Lage sehen, die Gewaltanwendung zu verhindern, soll ein Verbot der geplanten Veranstaltung ausgesprochen werden und damit die Partei der Linken in Anspruch genommen werden. Im Falle des **Verbotes einer Versammlung** muss die Behörde zunächst prüfen, ob die eigentlich verantwortlichen Gegendemonstranten in Anspruch zu nehmen sind. Ist dies nicht möglich, müssen die Verwaltung und die Polizei versuchen, die Veranstaltung zu schützen. Die Behörde muss zunächst versuchen, ihre eigenen Kräfte zu verstärken, notfalls hat sie dabei die Pflicht, die Bereitschaftspolizei anderer Bundesländer bzw. die Bundespolizei im Wege der Amtshilfe anzufordern.[146] Entscheidend für die Heranziehung des Versammlungsveranstalters als Nichtverantwortlichen ist, ob die Versammlungsteilnehmer unter Ausschöpfung aller sinnvoll anwendbaren Mittel geschützt werden können.[147]

142 Vgl. *Ipsen* Rn. 255.

143 *Götz*, § 10 Rn. 12.

144 Ausführlich dazu *Götz*, § 10.

145 Vgl. *Mühl/Leggereit/Hausmann* Rn. 104.

146 Vgl. BVerfG, NJW 1985, 2395; VG Kassel, NVwZ RR 1994, 86, 87.

147 *Götz*, § 10 Rn. 22.

6.6 Auswahl unter mehreren Verantwortlichen

Da für den Erlass von gefahrenabwehrrechtlichen Maßnahmen gem. § 5 NPOG Ermessen eingeräumt wird, steht hierbei auch die Frage der Auswahl unter mehreren verantwortlichen Personen im Ermessen der Behörde und muss damit den Anforderungen an eine ordnungsgemäße Ermessensausübung gem. § 40 VwVfG entsprechen. Bei einer Störermehrheit hat die Auswahl der Inanspruchnahme unter mehreren konkurrierenden Verantwortlichen also nach **pflichtgemäßem Ermessen** zu erfolgen. Hierbei sind das Übermaßverbot wie auch der Grundsatz der Gleichbehandlung zu beachten.[148] Im Rahmen der Verhältnismäßigkeit muss die Inanspruchnahme des ausgewählten Verantwortlichen geeignet, erforderlich und zumutbar sein.

Demgegenüber ist hier – wie im gesamten Gefahrenabwehrrecht – auf den Grundsatz der Effektivität abzustellen. Danach wird unter mehreren Verantwortlichen diejenige Person auszuwählen sein, die in der Lage ist, die Gefahr am schnellsten und am wirksamsten zu beseitigen.[149] Bei zur Gefahrenabwehr gleichgeeigneten verantwortlichen Personen wird es auf die Frage der Erforderlichkeit und Angemessenheit ankommen und damit darauf abzustellen sein, für welche der verantwortlichen Personen die Belastung am ehesten zumutbar ist.

Hierbei kann es unter Umständen auch auf die Frage der wirtschaftlichen Leistungsfähigkeit des Verantwortlichen ankommen, wenn es in der Sache um Maßnahmen geht, die für den Verantwortlichen mit erheblichen Kosten verbunden sind. Im Rahmen des grundsätzlichen Kriteriums der möglichst schnellen und effektiven Gefahrenbeseitigung kann diesem Kostenlastaspekt bei der Verantwortlichenauswahl eine entscheidende Bedeutung zukommen.[150]

Folgende Aspekte können also im Ermessen bei der Auswahl des Verantwortlichen zu berücksichtigen sein:

- Effektivität: Wer kann die Gefahr am schnellsten/besten beseitigen?
- Leistungsfähigkeit: Wer kann nach seinen Mitteln die Gefahr an besten beseitigen?
- Verhaltens- vor Zustandsverantwortlichem
- Doppel- vor Einfachverantwortlichem

6.7 Rechtsnachfolge in die Verantwortlichkeit

Bei diesem Thema geht es darum, ob die Verantwortlichkeit i. S. d. Polizei- und Ordnungsrechts auf eine andere Person übergehen kann. In diesem Zusammenhang ist die wichtigste Frage, ob ein Rechtsnachfolger, z. B. ein Erbe, eine gegen eine andere Person erlassene Verfügung gegen sich gelten lassen muss. In einigen Gesetzen ist diese Frage speziell geregelt:

- Gem. § 79 Abs. 1 Satz 5 NBauO gelten die Anordnungen der Bauaufsichtsbehörde auch gegenüber den **Rechtsnachfolgern** der Personen, an die die Anordnungen gerichtet sind.

---

148 *Denninger* Rn. D 129.

149 *Denninger* Rn. D 131. So auch VG Oldenburg, Urt. v. 24.2.2012, 7 A 3119/10 sowie VG Lüneburg, Beschl. v. 15.4.2011, 2 B 4/11.

150 VG Lüneburg, Beschl. v. 1504.2011, 2 B 4/11.

- Gem. § 4 Abs. 3 BBodSchG geht die Sanierungspflicht in Bezug auf das Grundstück auf den **Gesamtrechtsnachfolger** des Verursachers über.

Die Rechtsnachfolge der Verantwortlichkeit ist im NPOG nicht geregelt. Es ist dabei zu unterscheiden zwischen der Zustandsverantwortlichkeit und der Verhaltensverantwortlichkeit.

6.7.1 ZUSTANDSVERANTWORTLICHKEIT

Im Rahmen der Zustandsverantwortlichkeit besteht für einen Übergang der Verantwortlichkeit eines bereits konkretisierten Verwaltungsaktes als Rechtsnachfolge kein Bedarf. Mit dem Eigentumsübergang oder dem Erwerb wird der Erwerber automatisch selbst Zustandsverantwortlicher nach § 7 NPOG.

Beispiel:
Tierliebhaber Krause legt sich einen Schäferhund zu. Geht jetzt von diesem Tier eine Gefahr aus, so ist Herr Krause nach § 7 Abs. 1 NPOG Zustandsverantwortlicher, weil er die tatsächliche Sachherrschaft über das Tier hat.

6.7.2 VERHALTENSVERANTWORTLICHKEIT

Im Rahmen der Verhaltensverantwortlichkeit erfolgt ein Übergang einer durch Verwaltungsakt konkretisierten Pflicht nur bei einer vertretbaren Handlungspflicht, also einer Pflicht, die nicht höchstpersönlich ist. Der Übergang der Pflicht erfolgt in den Fällen der **Gesamtrechtnachfolge**[151].
Bei einer Gesamtrechtsnachfolge gehen alle Rechte, aber auch sämtliche Verbindlichkeiten an einer Sache, auf den Rechtsnachfolger über und damit auch die öffentlich-rechtlichen Pflichten.[152] Für den Fall der **Erbschaft** ist dies geregelt in §§ 1922,1967 BGB.

Beispiel:
Herr Heinz Krause ist alleiniger Erbe seines verstorbenen Vaters Klaus Krause (Erblasser). In Bezug auf den Erblasser liegt eine ordnungsrechtliche Verfügung vor, die ihn verpflichtete, seinen bissigen Hund mit einem Maulkorb zu versehen, wenn er sich mit dem Hund auf öffentlichen Straßen bewegt. Da im Falle der Erbschaft auch die öffentlich-rechtlichen Pflichten auf den Erben übergehen, wirkt die Verfügung jetzt auch gegen Herrn Heinz Krause. Die Behörde muss also keine erneute Verfügung gegen den Erben erlassen.

In den Fällen der **Einzelrechtsnachfolge** (z. B. Erwerb einer störenden Sache) scheidet dagegen der Übergang einer durch Verfügung konkretisierten Verhaltensverantwortlichkeit aus.[153]

---

[151] BVerwGE 125, 325.
[152] Vertiefend dazu *Schlömer/Hombert*, S. 89; *Schmidt* Rn. 875 ff.
[153] Vgl. *Mühl/Leggereit/Hausmann* Rn. 99.

Bei einer Einzelrechtnachfolge ist ein Übergang der Handlungspflicht nur bei Vorliegen einer speziellen gesetzlichen Regelung zulässig.[154] Da es hier um die rechtlichen Konsequenzen persönlicher Verhaltensweisen geht, ist die Rechtsnachfolge schon begrifflich ausgeschlossen.[155]
Die Rechtsnachfolge bezieht sich jedoch ausschließlich auf die **ordnungsrechtliche Grundverfügung.** Die Androhung und die Festsetzung eines Zwangsmittels entfalten keine Rechtswirkungen gegen den Rechtsnachfolger. Dies ergibt sich aus der höchstpersönlichen Warn- und Beugefunktion dieser Zwangsmaßnahmen.[156] Im Falle einer Rechtsnachfolge muss daher die die Ordnungsbehörde das Zwangsmittel erneut androhen und festsetzen, bevor es zur zwangsweisen Durchführung einer Maßnahme kommt.[157]

Vertiefungshinweise

RECHTSPRECHUNG

BVerfGE 102, 1 (zu den aus Art. 14 Abs. 1 GG folgenden Grenzen der Zustandshaftung des Eigentümers für die Grundstückssanierung bei Altlasten)
BVerwGE 108, 269 (Verantwortlichkeit und Vollstreckung)
BVerwG, NVwZ 1999, S. 991 ff. (Versammlungsverbot wegen einer Gegendemonstration)
OVG Münster OVGE 11, 250 (Schweinemästerfall)
OVG Lüneburg NVwZ 1988, S. 638 f. (Verbot einer nichtöffentlichen Veranstaltung)
OVG Münster, NVwZ 1991, S. 905 f. (Folgenbeseitigungsanspruch wegen einer Wohnungsbeschlagnahme)
OVG Lüneburg, NVwZ 1992, S. 502 f. (Unterbringung in einer Obdachlosenunterkunft)
OVG Lüneburg, Nds.VBl. 1997, S. 212 (Rechtsnachfolge bei Altlasten)
VGH Kassel, NVwZ 1998, S. 1315 (Übergang einer Stilllegungsverfügung auf den Einzelrechtsnachfolger)
OVG Münster, DVP 2010, S. 478 ff. (zur Zustandshaftung eines früheren Grundstückeigentümers)
OVG Lüneburg, NVwZ-RR 2006, S. 397 f. (zur Kostentragung für Kampfmittelbeseitigung)
OVG Lüneburg NdsVBl. 2013, S. 351 f. (Zustandsverantwortlichkeit und Rechtsnachfolge)
OVG Münster DVP 2021, S. 291 ff. (Zur ordnungsrechtlichen Verantwortlichkeit beim Abstellen von Altkleidercontainern)
VG Wiesbaden NVwZ-RR 2011 S. 444 ff. (Verantwortlichkeit des Gastwirtes für den Lärm der Gäste)

LITERATUR

G. Erbel, Zur Polizeipflichtigkeit des sog. Zweckveranlassers, JuS 1985, S. 257 ff.
Haurand/Vahle, Geschenkt ist noch zu teuer, DVP 2012, S. 68 ff. (Fallbearbeitung)
M. Nolte, Grundfälle zur Rechtsnachfolge im öffentlichen Recht, JuS 2000, S. 1071 ff.
Poscher, Die gefahrenabwehrrechtliche Verantwortlichkeit, Jura 2007, S. 801 ff.

---

154 Vgl. *Ipsen* Rn. 220.
155 *Möller/Warg* Rn. 140.
156 OVG Münster DÖV 1979, 834, 835.
157 Vgl. *Raimund/Brühl*, S. 222.

M. Rau, Die Rechtsnachfolge in Polizei- und Ordnungspflichten, Jura 2000, S. 37 ff.
K.-H. Ruder, Die polizei- und ordnungsrechtliche Unterbringung von Obdachlosen, NVwZ 2001, S. 1223 ff.
F. Schoch, Die Notstandspflicht im Polizei- und Ordnungsrecht, Jura 2007, S. 676 ff.
Schoch, Friedrich, Störermehrheit im Polizei- und Ordnungsrecht, Jura 2012, S. 685 ff.
Vockeroth, R., Der Zweckveranlasser im Recht der Gefahrenabwehr, DVP 2021, S. 479 ff.
Waldhoff, Christian, Polizei- und Ordnungsrecht: Störerauswahl, JUS 2013, S. 378 ff.
Weidemann/Barthel, Ordnungsrechtliche Verantwortlichkeit und Zweckveranlasser, VR 2007, S. 217 ff.

7 DATENERHEBUNG UND DATENVERARBEITUNG

7.1 Allgemeines

Die Polizei und die Verwaltungsbehörden benötigen, in unterschiedlichem Umfange, Informationen, um ihre Aufgaben erledigen zu können.

Beispiele:

a) In einem Fluss ist ein plötzlich auftretendes Fischsterben zu beobachten. Bei einer Vorortbesichtigung drängt sich der Verdacht auf, dass Flüssigkeitseinleitungen, die von einem in unmittelbarer Ufernähe betriebenen Schweinemaststall kommen, zu einer Verunreinigung des Gewässers geführt haben, als deren Folge das Fischsterben eingetreten ist. Die Behörde benötigt nun Informationen von dem Landwirt über die chemische Zusammensetzung und die Menge der Einleitungen, um Gegenmaßnahmen einleiten zu können.

b) Frau Sabine Krause hatte sich im Frühjahr von ihrem langjährigen Partner getrennt. Seit dieser Zeit erhält sie wiederholt anonyme Anrufe. Sie vermutet, dass ihr früherer Partner hinter dieser Aktion steht. Sie wendet sich an die Polizei mit dem Ziel, diese möge dafür sorgen, dass die Anrufe unterbleiben. Die Polizei überlegt, eine Telefonüberwachung einzurichten.

c) Herr Sandmann ist alleinerziehender Vater und wohnt mit seinen beiden Kindern (3 und 5 Jahre) in einem Mehrfamilienhaus. Das Jugendamt erhält den anonymen Hinweis, dass Sandmann wiederholt die Kinder über viele Stunden allein in der Wohnung lässt. Gerade in den Abend- und Nachtstunden hätten die Kinder über längere Zeit geweint und gejammert. Vertreter des Jungendamtes wollen nun Nachbarn aufsuchen, um Informationen über die Familie Sandmann zu erhalten.

Soweit es nicht spezialgesetzliche Vorschriften zur Informationsgewinnung gibt (siehe z. B. § 31 BImSchG, § 7 AsylG, § 11 GewO), ist auf die Bestimmungen des NPOG zurückzugreifen. Besonders sensibel ist es nun, **persönliche Daten** zu erheben. Mit dem sog. Volkszählungsurteil des BVerfG[158] ist eine neue Epoche der Rechtsentwicklung eingeleitet worden.[159] Das Gericht hat entschieden, dass aus Art. 2 Abs. 1 und Art. 1 Abs. 1 GG heraus dem Einzelnen das Recht zusteht, selbst über die Preisgabe und Verwendung seiner persönlichen Daten zu entscheiden (sog. informelle Selbstbestimmung[160]). Dieses Recht wird aber nicht schrankenlos gewährleistet. Beschränkungen, die nur im überwiegenden Allgemeininteresse zulässig sind, bedürfen einer gesetzlichen Grundlage. Der Gesetzgeber muss zudem beim Erlass einschränkender Bestimmungen den Grundsatz der Verhältnismäßigkeit beachten. Der

[158] BVerfGE 65, 1.

[159] *Ipsen*, § 13 Rn. 473.

[160] Grundlegend zum Recht der informellen Selbstbestimmung siehe BVerfGE 65, 1.

Landesgesetzgeber hat nun in unterschiedlichen Schritten versucht, einerseits das Urteil zum Volkszählungsgesetz umzusetzen[161] und andererseits die Spannbreite von zulässigen Informationsbeschaffungsmaßnahmen[162] auszuloten. Die **Vorschriften zur Informationserhebung** sind in **zwei** verschiedenen **Abschnitten** geregelt worden:

- **Standardbefugnisse** (§§ 12 ff. NPOG)
  (davon sind für die Verwaltungsbehörden insbesondere wichtig: § 12 Befragung; § 13 Identitätsfeststellung; § 15 Erkennungsdienstliche Maßnahmen; § 16 Vorladung; § 17 Platzverweisung, Aufenthaltsverbot[163])
- **Befugnisse zur Datenverarbeitung (§§ 30 ff. NPOG)**

Mit den §§ 30 ff. hat der Landesgesetzgeber zwischenzeitlich ein Normensystem geschaffen, das den verfassungsrechtlichen Vorgaben entspricht. Während die §§ 30 bis 37b NPOG die Voraussetzungen für die Erhebung personenbezogener Daten regeln, enthalten die §§ 38 bis 49 Bestimmungen über die Verwendung der gewonnenen Daten.

7.2 Grundprinzipien der Datenerhebung

In § 30 NPOG werden Grundsätze der Datenerhebung normiert. Dabei ist unter **Datenerhebung** die **Beschaffung personenbezogener Daten** zu verstehen. Bei der Datenerhebung sind die folgenden **Grundprinzipien** zu beachten:

Prinzip der Unmittelbarkeit der Datenerhebung (Direkterhebungsgrundsatz/ Unmittelbarkeitsgrundsatz)
Regelmäßig hat die Datenerhebung direkt bei dem Betroffenen zu erfolgen (§ 30 Abs. 1 Satz 1 NPOG). Dies geschieht beispielsweise durch Befragung der betreffenden Person. Dies bedeutet zunächst den geringsten Eingriff in die Freiheitsrechte des Betroffenen. Zudem eröffnet es ihm die Möglichkeit, im gerichtlichen Verfahren die Rechtmäßigkeit der Informationsbeschaffung überprüfen zu lassen. Zudem verfügt häufig der Betroffene über die gewünschten Informationen. Verwaltungspraktische Aspekte sprechen zudem für die Beachtung dieses Grundprinzips. Nicht unberücksichtigt bleiben darf zudem, dass eine Datenerhebung bei Dritten (z. B. bei Nachbarn) sich deutlich negativ für den Betroffenen auswirken kann. Infolge der Datenerhebung bei Dritten kann beispielsweise das sensible Beziehungsgeflecht von Nachbarn beeinträchtigt werden. So darf nicht unberücksichtigt bleiben, dass durch eine behördliche Datenerhebung bei Dritten mittelbar und/oder unmittelbar Informationen über den Anlass zur Informationsbeschaffung offenbart werden. Nun sind aber Situationen denkbar, in denen die gewünschte direkte Datenerhebung nicht zum gewünschten Erfolg führt.

---

[161] Siehe Gesetz vom 18.2.1984 Nds. GVBl. S. 172.
[162] Vgl. *Reichert* in: Saipa, vor §§ 30 bis 49, Rn. 3 ff.
[163] Ergänzungen siehe Kapitel 4 Ziff. 4.2.

Beispiel:
An einem heißen Sommertag wird die Ordnungsbehörde von Passanten zu einem PKW gerufen. In dem Auto befindet sich ein schreiendes Baby. Die Gesamtumstände deuten darauf hin, dass dieses Kind sich schon längere Zeit im Auto befindet und durch die Aufwärmung des Autos eine Gesundheitsschädigung droht. In dieser Situation muss der Verwaltungsmitarbeiter die Möglichkeit haben, Informationen bei Dritten zum Fahrer des Wagens und dessen Aufenthaltsort zu erfragen.

§ 30 Abs. 1 Satz 2 Nr. 1 bis 7 NPOG sehen daher vor, dass unter bestimmten Voraussetzungen ausnahmsweise auch bei Dritten Daten erhoben werden dürfen und somit eine Durchbrechung des Unmittelbarkeitsgrundsatzes in den dort geregelten Fällen abschließend möglich ist. Eine besondere Bedeutung kommt dabei § 30 Abs. 1 Satz 2 Nr. 6 NPOG zu. Hiernach dürfen personenbezogene Daten bei einem Dritten erhoben werden, wenn die Erhebung bei dem Betroffenen die Erfüllung der Aufgaben gefährden oder aber wesentlich erschweren würde. Die Handhabung der Ausnahmen darf aber nicht zu einer Umkehrung des Grundprinzips führen.

Prinzip der offenen Datenerhebung
Personenbezogene Daten sind grundsätzlich offen zu erheben (§ 30 Abs. 2 Satz 1 NPOG). Der Betroffene soll wissen, welche Behörde die Datenermittlung veranlasst hat. Soweit es um die Standardmaßnahmen geht (z. B. §§ 12, 13, 15 NPOG) ergibt sich die Beachtung des Prinzips der offenen Datenerhebung bereits aus der Natur der Sache. Aber dieses Prinzip reicht über diese Standardmaßnahmen hinaus. Von diesem Grundsatz sieht § 30 Abs. 2 Satz 2 Nr. 1 bis 5 NPOG Ausnahmen vor. Die verdeckte Datenerhebung darf aber nur von der Polizei durchgeführt werden (§ 30 Abs. 2 Satz 3 NPOG).

Behördliche Offenbarungspflicht
§ 30 NPOG begründet bestimmte Offenbarungspflichten für die Behörde. So hat die datenerhebende Stelle nach § 30 Abs. 1 Satz 3 NPOG Betroffenen und Dritten auf Verlangen die Rechtsgrundlagen der Datenerhebung mitzuteilen. Diese Bestimmung trägt dem Umstand Rechnung, dass § 30 Abs. 1 Satz 2 NPOG Ausnahmen vom Grundsatz der Unmittelbarkeit normiert, nicht aber die Rechtsgrundlage selbst für die Datenerhebung ersetzt. Das grundlegende Recht zur Datenerhebung muss sich aus der konkreten Befugnisnorm ergeben.[164] Über die Erhebung personenbezogener Daten mit besonderen Mitteln (z. B. Telefonüberwachung) oder Methoden (verdeckte Ermittlung) oder mittels verdeckt angefertigter Aufzeichnungen, ist die betroffene Person regelmäßig nach Beendigung der Maßnahme zu unterrichten (§ 30 Abs. 4 Satz 1 NPOG). Sie unterbleibt für Auskunftsverlangen zu einfachen Bestandsdaten (§ 30 Abs. 4 Hs. 2 NPOG) und wenn zur Durchführung des Unterrichtungsgebotes in unverhältnismäßiger Weise weitere Daten der betroffenen Person erhoben werden müssten (§ 30 Abs. 4 Satz 4 NPOG). § 30 Abs. 5 NPOG modifiziert die zeitliche Dimension der Unterrichtung für bestimmte Fallgestaltungen. So kann in den dort genannten Fällen die an sich nach § 30 Abs. 4 NPOG grundsätzlich gebotene Unterrichtung zurückgestellt werden, was allerdings nur eine zeitliche Verschiebung der

[164] Vgl. *Reichert* in: Saipa, § 30 Rn. 4.

Unterrichtung bedeutet. § 30 Abs. 7 NPOG regelt dann die Fälle eines endgültigen Absehens von der Unterrichtung. Kommt die Unterrichtungspflicht zum Tragen, so formuliert § 30 Abs. 4 Satz 3 NPOG Mindestanforderungen an eine ordnungsgemäße Unterrichtung. Die Unterrichtungspflicht ist als Ausprägung des Rechts auf informelle Selbstbestimmung zu werten, »die es der von einer Datenerhebung ohne ihre Kenntnis betroffenen Person in gravierenden Fällen ermöglichen soll, über Art und Inhalt der über sie gespeicherten Daten Auskunft zu erlangen sowie ggfs. eine Löschung bzw. Berichtigung der Daten zu erzwingen.«[165] Ergänzend ermöglicht die Offenbarungspflicht es erst dem Betroffenen, die Frage eines Rechtsschutzes zu erwägen.

Unzulässigkeit der Datenerhebung in bestimmten Fällen
Bei bestimmten Personen sind sämtliche Datenerhebungen regelmäßig ausgeschlossen (vgl. dazu § 31a NPOG). Die zeugnisverweigerungsberechtigten Personen sind demnach Berufsgeheimnisträger nach § 53 StPO und deren Berufshelfer nach § 53a StPO. Eine Ausnahme der Schutzregelungen bietet allerdings der § 31a Abs. 4 NPOG als sog. »Verstrickungsregelung«[166], sofern Tatsachen vorliegen, die die Annahme rechtfertigen, dass der Berufsgeheimnisträger selbst für die Gefahr verantwortlich ist. Im Übrigen soll das Vertrauensverhältnis im Rahmen der Prüfung der Verhältnismäßigkeit der Maßnahme besonders berücksichtigt werden.

Grundprinzipien	Grundsatz	Ausnahmen
Unmittelbarkeit der Datenerhebung	Direkte Datenerhebung bei dem Betroffenen (§ 30 Abs. 1 Satz 1 NPOG)	Indirekte Datenerhebung bei Dritten (§ 30 Abs. 1 Satz 2 Nr. 1 bis 7 NPOG)
Offenheit der Datenermittlung	Offene Datenerhebung (§ 30 Abs. 2 Satz 1 NPOG)	Verdeckte Datenerhebung (§ 30 Abs. 2 Satz 2 Nr. 1 bis 5 NPOG)
Offenbarungspflicht	• Begründungsgebot auf Verlangen (§ 30 Abs. 1 Satz 3 NPOG) • Unterrichtungspflicht in besonderen Fällen (§ 30 Abs. 4 NPOG)	• Unverhältnismäßiger Aufwand (§ 30 Abs. 4 Satz 4 NPOG) • Zurückstellung in bestimmten Fällen (§ 30 Abs. 5 Nds. SOG) • Endgültiges Absehen (§ 30 Abs. 7 NPOG)
Unzulässigkeit der Datenerhebung	Schutz zeugnisverweigerungsberechtigter Personen (§ 31a NPOG)	Berufsgeheimnisträger ist selbst für die Gefahr verantwortlich (§ 30 Abs. 4 NPOG)

Abb.: Grundprinzipien der Datenerhebung

165 Siehe LT-Drs. 1994 zu § 27a Abs. 4.
166 Vgl. BR-Drs. 404/08, S. 89.

7.3 Befugnisse der Verwaltung zur Datenerhebung

Nach § 31 Abs. 1 Satz 1 NPOG kann die Polizei über jede Person Daten erheben, soweit dies zur Abwehr einer Gefahr oder zur Wahrnehmung der Aufgaben nach § 1 Abs. 4 (Vollzugshilfe) oder § 1 Abs. 5 (Strafverfolgung oder Ahnung von Ordnungswidrigkeiten) erforderlich ist. Entsprechende Befugnisse haben, so § 31 Abs. 1 Satz 2 NPOG, die Verwaltungsbehörden, soweit es um die Abwehr von Gefahren geht. § 31 Abs. 1 wird auch als **Generalklausel zur Datenerhebung** bezeichnet.[167] Die Befugnisse der Polizei reichen, da auch (z. B.) die Strafverfolgung erfasst wird, deutlich über die Befugnisse der Verwaltungsbehörden hinaus.

Befugnisse zur Datenerhebung	**Verwaltung** ist berechtigt	**Polizei** ist berechtigt
Datenerhebung (§ 31 NPOG)	Verwaltung (Abs. 1, 3 u. 4)	Polizei (Abs. 1 u. 2, 3, 4)
Datenerhebung durch den Einsatz technischer Mittel bei öffentlichen Veranstaltungen und im öffentlichen Raum (§ 32) NPOG)	Verwaltung (Abs. 3, 5,6)	Polizei (Abs. 1, 2, 3, 4, 5 und 6)
Einsatz von automatisierten Kennzeichnungssystem (§ 32a NPOG)	–	Polizei (Abs. 1)
Schutz des Kernbereichs privater Lebensgestaltung (§ 33 NPOG) • Anforderungen an alle besonderen Mittel und Methoden hinsichtlich des Schutzes des Kernbereichs privater Lebensgestaltung • Rückgriff auf verschiedene Normen des NPOG, zu denen allerdings nur die Polizei berechtigt ist.	–	Muss Beachtung finden
Datenerhebung durch Überwachung der Telekommunikation (§ 33a NPOG)	–	Polizei
Geräte- und Standortermittlung, Unterbrechung der Telekommunikation (§ 33b NPOG)	–	Polizei
Auskunftsverlangen (§ 33c NPOG)	–	Polizei
Verdeckter Eingriff in informationstechnische Systeme (§ 33d NPOG)	–	Polizei
Datenerhebung durch längerfristige Observation (§ 34 NPOG)	–	Polizei
Datenerhebung durch den verdeckten Einsatz technischer Mittel außerhalb von Wohnungen (§ 35 NPOG)	–	Polizei

[167] *Ipsen* Rn. 486.

Befugnisse zur Datenerhebung	**Verwaltung** ist berechtigt	**Polizei** ist berechtigt
Datenerhebung in Wohnungen durch den verdeckten Einsatz technischer Mittel (§ 35a NPOG)	–	Polizei
Datenerhebung durch die Verwendung von Vertrauenspersonen (§ 36 NPOG)	–	Polizei
Datenerhebung durch den Einsatz verdeckter Ermittlerinnen und Ermittler (§ 36a NPOG)	–	Polizei
Ausschreibung zur polizeilichen Beobachtung (§ 37 NPOG)	–	Polizei
Rasterfahndung (§ 37a NPOG)	–	Polizei

Abb.: Befugnisse zur Datenerhebung

Dass die Befugnisse zur Datenerhebung doch recht unterschiedlich ausgestattet sind, zeigt die vorangegangene Tabelle nicht nur im Hinblick auf den Umfang, sondern auch bezüglich der Durchführungsbefugnisse. Hier sei noch einmal beispielhaft auf die grundsätzliche Möglichkeit des offenen Einsatzes von Videotechnik nach § 32 NPOG hingewiesen, der der Verwaltungsbehörde allerdings nur nach Abs. 3 Satz 1 die Befugnis zur offenen Bildübertragung an öffentlichen Straßen, Plätzen und anderen öffentlich zugänglichen Orten einräumt, der Polizei dagegen aber auch nach Abs. 3 Satz 3 Aufzeichnungsmöglichkeiten gibt. Ebenso ist das »Thema Bodycam« nach § 32 Abs. 4 NPOG der Polizei vorbehalten und das Tragen den Beamtinnen und Beamten der Ordnungsbehörden im Außendienst nicht erlaubt.[168]

7.4 Verwendung und Veränderung der Daten

Für die Datenspeicherung, -veränderung und -nutzung gilt das **Prinzip der Zweckbildung** (§ 38 Abs. 1 Satz 1 NPOG). Dieses Prinzip soll eine zweckkonforme Weiternutzung der Daten ohne Zweckdurchbrechung ermöglichen.[169] Werden z. B. Daten zum Zwecke der Identitätsfeststellung erhoben, so dürfen sie auch nur zu diesem Zweck gespeichert werden.[170] Dieses grundlegende Prinzip wird im § 39 NPOG in einem gewissen Umfange ausgedehnt.

7.5 Übermittlung

§ 40 NPOG regelt allgemein die Befugnis zur Übermittlung von Daten. **Das Prinzip der Zweckbindung** gilt damit auch für die **Datenübermittlung** (§ 40 Abs. 1 Satz 1 NPOG). Sofern Daten für andere Zwecke übermittelt werden, ist dies aktenkundig zu machen (§ 40 Abs. 1 Satz 2 NPOG). Eine erhebliche praktische Bedeutung spielt der Datenabgleich

---

168 LT-Drs. 18/850, S. 56; *Reichert* in: Saipa, § 32 Rn. 7.

169 BVerfG NJW 2016, S. 1781 [1811].

170 Vgl. *Graf* in: Möstl/Weiner, § 38 Rn. 10.1.

zwischen Verwaltungs- und Polizeibehörden. Nach § 41 NPOG können Verwaltungsbehörden und Polizeibehörden untereinander personenbezogene Daten übermitteln, wenn die Übermittlung zur Erfüllung der Aufgaben der Gefahrenabwehr erforderlich ist.

> Beispiel:
> Das Straßenverkehrsamt übermittelt der Polizei Daten über einen KFZ-Halter.

Dieser Informationsaustausch ist nicht auf den Bereich des Landes Niedersachsen beschränkt (§ 41 Satz 2 NPOG).
Stehen beim Datenabgleich regelmäßig öffentliche Stellen im Vordergrund, so sind doch auch Fallgestaltungen denkbar, in denen eine **Datenübermittlung** an **Personen oder Stellen außerhalb** des **öffentlichen Bereichs** oder eine Bekanntgabe der Daten an die Öffentlichkeit geboten ist. § 44 NPOG legt nun fest, welche Voraussetzungen erfüllt sein müssen, damit personenbezogene Daten den Bereich der Verwaltung bzw. der Polizei verlassen dürfen.

> Beispiel:
> Felix Thiel ist von einem gefährlichen Hund angefallen worden. Seine Jacke wurde zerrissen. Thiel vermutet, wer Hundehalter ist. Um Gewissheit zu erlangen, bittet er die zuständige Stelle um eine entsprechende Information. Da eine Erlaubnis nach § 8 NHundG vorliegt, ist die Behörde berechtigt, die entsprechende Information zu übermitteln (§ 44 Abs. 1 Nr. 2 NPOG i. V. m. § 13 Abs. 1 Satz 1 Nr. 2 NPOG).

7.6 Löschung der Daten

Da die Datenerhebung und Datenspeicherung an bestimmte Zwecke gebunden ist, kann kein Anlass bestehen, die Daten dauerhaft vorzuhalten. Ist eine Speicherung, Veränderung oder Nutzung personenbezogener Daten zu einem der in den §§ 38 f. genannten Zwecke nicht mehr erforderlich, so sind sie regelmäßig zu löschen (§ 39a Satz 1 NPOG; zu den Ausnahmen siehe Sätze 2 und 3). § 47 NPOG sieht, im Interesse der Gewährleistung des Rechts auf informelle Selbstbestimmung, gewisse Prüffristen vor. Die Stelle, die über die Daten verfügt, hat nach Ablauf der Fristen zu prüfen, ob noch die Notwendigkeit besteht, die Daten vorzuhalten. Der § 39a NPOG stellt allerdings diesbezüglich eine Art Grundregel für den Umgang mit den Daten dar. Die DSGVO und das NDSG können ergänzend herangezogen werden, wobei das Verhältnis der § 49 NPOG regelt.

Vertiefungshinweise

RECHTSPRECHUNG

BVerfGE 65, 1 (Volkszählungsurteil)

BVerfGE 120, 378 (automatische KFZ-Kennzeichenerfassung)

OVG Lüneburg NdsVBl. 2008, S. 323 f. (Löschung personenbezogener Daten)

OVG Lüneburg NdsVBl. 2009, S. 135 ff. (Datenspeicherung in einer Verbunddatei)

OVG Lüneburg NdsVBl. 2009, S. 237 f. (Aufenthaltsverbot und Zuständigkeit)

OVG Lüneburg NdsVBl. 2020, S. 72 ff. (Geschwindigkeitskontrolle durch Abschnittskontrollen; siehe hierzu BVerwG NdsVBl. 2020 S. 379)

OVG Lüneburg NdsVBl. 2021, S. 112 ff. (Videoüberwachung öffentlich zugänglicher Räume im Stadtgebiet)

LITERATUR

Frenz, W., Informelle Selbstbestimmung im Spiegel des BVerfG, DVBl. 2009, S. 333 ff.

Mehde, V., Niedersächsisches neues Polizei- und Ordnungsbehördengesetz, NordÖR 2019, S. 273 ff.

Rademacher, T./Pekowski, L., Staatliche Überwachung, neue Technologien und Grundrecht, JuS 2020, S. 713 ff.

Schoch, Das Recht auf informelle Selbstbestimmung, Jura 2008, S. 352 ff.

Starck, C., Das neue Recht polizeilicher Datenerhebung und -verarbeitung in Niedersachsen, NdsVBl, 2008, S. 145 ff.

Vahle, Datenschutz im Spiegel der Rechtsprechung, DVP 2013, S. 183 ff.

Wischnewski, O., Hat die Bodycam eine Zukunft in der Ordnungsverwaltung?, DVP 2022, S. 104 ff.

Wefelmeier, C., Videoaufzeichnungen durch Körperkameras (Bodycams) – zur Verfassungsmäßigkeit von § 32 Abs. 4 NPOG, NdsVBl. 2020, S. 301 ff.

8 KOMMUNALE ZUSTÄNDIGKEITEN

Soll eine Gefahr beseitigt werden, so stellt sich die Frage, wer hierfür zuständig ist. Soll die Polizei, die Gemeinde, der Landkreis, das Ministerium oder eine Sonderbehörde einschreiten? Geprüft wird dies bekanntermaßen nach Auffinden der Rechtsgrundlage innerhalb der formellen Rechtmäßigkeit an erster Stelle (Zuständigkeit, Verfahren, Form).

Unterschieden wird zwischen sachlicher und örtlicher Zuständigkeit. Die sachliche Zuständigkeit gibt an, welche Art von Behörde tätig wird (z. B. der Landkreis, nicht die Gemeinde), die örtliche benennt eine bestimmte örtliche Behörde für ihr Gebiet (z. B. der Landkreis Hildesheim, weil die Gefahr in der kreisangehörigen Gemeinde Diekholzen liegt, und nicht irgendein anderer Landkreis weit weg).
Im Nds. SOG finden sich innerhalb der örtlichen und sachlichen Zuständigkeit jeweils die ordentliche (im Normalfall) und außerordentliche (in besonderen, dort genannten Fällen) Zuständigkeit. Auch besteht bei der sachlichen Zuständigkeit noch die Möglichkeit der Eilzuständigkeit der Polizei. Es ergibt sich die im Folgenden dargestellte Prüfreihenfolge. Lautet die Frage: Welche Behörde ist zuständig?, wird man sie der Reihe nach abprüfen. Lautet die Frage: Ist diese oder jene Behörde zuständig?, wird man sie auf diejenigen Zuständigkeitsregelungen beschränken, die auch eine Zuständigkeit der gefragten Behörde ermöglichen.

8.1 Sachliche Zuständigkeit

8.1.1 EILZUSTÄNDIGKEIT

Zuerst ist eine mögliche Eilzuständigkeit zu prüfen. Eine solche Zuständigkeit prüft man dann zuerst, wenn hierfür Anzeichen erkennbar sind. Dies wird immer dann der Fall sein, wenn die Verwaltungsbehörde aus Sicht der Polizei nicht oder nicht rechtzeitig tätig werden kann. Sie kann sich aus spezialgesetzlichen Normen ergeben, z. B. § 44 Abs. 2 Satz 2 StVO. Im NPOG ist die Eilzuständigkeit in § 1 Abs. 2 Satz 1 ÄNPOG geregelt.

8.1.2 ORDENTLICHE ZUSTÄNDIGKEIT

Grundsätzlich zuständig für alle Aufgaben der Gefahrenabwehr ist gem. § 97 Abs. 1 NPOG die Gemeinde. Sie ist am nächsten an der Gefahr dran, hat die besten Ortskenntnisse und kann schnell und flexibel vor Ort handeln. Allerdings hat sie bei besonders schwierigen oder großen Gefahren oftmals nur begrenzte Mittel zur Abwehr, insbesondere, wenn es sich um kleinere Gemeinden handelt. Daher sind in Spezialnormen auch die Landkreise oder andere Behörden als Gefahrenabwehrbehörde vorgesehen. (Vgl. auch denselben Ansatz in § 2 Abs. 2 und § 3 Abs. 2 NKomVG.). In Kenntnis dieses Grundsatzes wird man zunächst mögliche spezialgesetzliche Ausnahmen suchen, denn erst bei deren Fehlen kann man mit Sicherheit auf den Grundsatz des § 97 Abs. 1 NPOG zurückfallen und eine gemeindliche Zuständigkeit feststellen.

8.1.2.1 Spezialgesetzliche Zuständigkeiten

Zunächst ist zu prüfen, ob eine Zuständigkeit nach spezialgesetzlichen Regelungen besteht. Hier kommen beispielsweise in Betracht: § 57 NBauO: Die Landkreise, die kreisfreien Städte und die großen selbständigen Städte nehmen die Aufgaben der unteren Bauaufsichtsbehörde wahr. § 3 BrandSchG: Die übergemeindlichen Aufgaben des abwehrenden Brandschutzes liegen bei den Landkreisen. § 7 NPsychKG: Landkreise haben Sozialpsychiatrische Dienste. § 2 NKatSG: Der Katastrophenschutz obliegt als Aufgabe des übertragenen Wirkungskreises den Landkreisen und kreisfreien Städten sowie den Städten Cuxhaven und Hildesheim (Katastrophenschutzbehörden). Es gibt noch weitere spezialgesetzliche Zuständigkeiten. Je nach Lage des Falles (z. B. baurechtliches Problem) wird man in Spezialgesetzen bereits nach einer Ermächtigungsgrundlage gesucht haben, man sollte dann auch nach Zuständigkeitsregelungen suchen.

8.1.2.2 ZustVO-NPOG

Findet sich dort nichts, so kann eine spezielle Zuständigkeit in der nach § 97 Abs. 3 NPOG erlassenen Verordnung über Zuständigkeiten auf verschiedenen Gebieten der Gefahrenabwehr (ZustVO-NPOG) festgelegt sein. Hier werden anderen Behörden als den Gemeinden bestimmte Zuständigkeiten zugeordnet. Hier nur einige Beispiele: § 2 Nr. 14 ZustVO-NPOG: die Landkreise und kreisfreien Städte für Aufgaben der GefahrtierVO, § 5 (1) 2. ZustVO-NPOG: die Polizeidirektionen für bestimmte waffenrechtliche Angelegenheiten, § 6d: das Landesamt für Verbraucherschutz und Lebensmittelsicherheit u. a. für bestimmte lebensmittelhygienische Aufgaben. Die ZustVO-NPOG ist mit acht Paragrafen überschaubar.

8.1.2.3 § 97 Abs. 2 NPOG, im Übrigen ausführende Behörde

Gem. § 97 Abs. 2 NPOG kann sich eine Zuständigkeit auch noch daraus ergeben, dass eine Behörde ein Bundes- oder Landesgesetz ausführt und die Einhaltung von dort geregelten Vorschriften durchsetzen will. Wenn der Behörde sowieso die Aufgabenerfüllung nach diesem Gesetz obliegt, sie sich also bestens mit dem Aufgabenbereich auskennt, dann soll sie nach § 97 Abs. 2 NPOG auch für die dazugehörigen Maßnahmen der Gefahrenabwehr zuständig sein, soweit keine andere Regelung besteht. Die Behörde wendet dann Rechtsgrundlagen des NPOG an.

8.1.2.4 § 97 Abs. 1 NPOG, Auffangzuständigkeit der Gemeinde

Lassen sich keine spezialgesetzlichen (inklusive der Verordnungen) Ausnahmen zur sachlichen Zuständigkeit finden, greift die Auffangzuständigkeit der Gemeinde nach § 97 Abs. 1 NPOG. Nach § 97 Abs. 6 handeln sowohl die Gemeinden als auch die (spezialgesetzlich zuständigen) Landkreise im übertragenen Wirkungskreis. Sie unterliegen also nicht nur der Rechts-, sondern auch der Fachaufsicht der übergeordneten Behörde und sind ggf. weisungsgebunden.

8.1.2.5 § 102 NPOG, Außerordentliche Zuständigkeit

Sofern erforderliche Maßnahmen der Gefahrenabwehr von der zuständigen Behörde nicht oder nicht im notwendigen Umfang getroffen werden, obwohl es ihr möglich wäre, oder deren personelle oder sachliche Voraussetzungen nicht ausreichen, kann in Ausnahmefällen auch die außerordentliche Zuständigkeit des § 102 NPOG greifen. Trotzdem die außerordentliche Zuständigkeit ja auch eine Ausnahme zur Auffangzuständigkeit der Gemeinden darstellt, die eigentlich vor Feststellen des § 97 Abs. ? NPOG geprüft werden müsste, steht sie gewöhnlich am Ende der Prüfung, um den Ausnahmecharakter zu betonen. Die Ausnahmen sind überschaubar und können bei Nichtvorliegen schnell (»... sind nicht ersichtlich«) abgehandelt werden.
Gem. § 102 Abs. 1 NPOG kann die Fachaufsicht ihr Selbsteintrittsrecht geltend machen und die Zuständigkeit anstelle und auf Kosten der eigentlich zuständigen Behörde an sich ziehen, wenn dies zur sachgerechten Erfüllung der Aufgabe erforderlich ist. Dies umfasst jedoch nur einzelne Maßnahmen, nicht die komplette Aufgabe. Bei Gefahr im Verzug kann gem. § 102 Abs. 2 NPOG jede (sachlich eigentlich unzuständige) Behörde gefahrenabwehrende Maßnahmen treffen. Gem. § 102 Abs. 3 NPOG kann das Innenministerium in Krisenlagen Aufgaben der Polizeibehörden übernehmen.

8.2 Örtliche Zuständigkeit

Steht die sachliche Zuständigkeit fest, so ist zu klären, welche örtliche Behörde tätig wird. Es ist relativ selbstverständlich, dass dies im Regelfall die sachlich zuständige Behörde sein wird, in deren räumlichem Bereich sich die Gefahr befindet. Auch hier wird zwischen ordentlicher und außerordentlicher Zuständigkeit unterschieden.

8.2.1 § 100 ABS. 1 NPOG, ORDENTLICHE ZUSTÄNDIGKEIT

Gem. § 100 Abs. 1 NPOG ist die Behörde örtlich zuständig, in deren Bezirk die Interessen verletzt oder gefährdet werden. Bezirk der Gemeinde ist das Gemeindegebiet, Bezirk des Landkreises das Kreisgebiet, für die Polizeibehörden vgl. §§ 87 Abs. 2, 90 Abs. 2 NPOG. Wenn eine Gefahr durch eine Person verursacht wird und sich in anderen Bezirken auswirkt, so ist auch die sachlich zuständige Wohnortbehörde der Person örtlich zuständig.

8.2.2 § 100 ABS. 3 NPOG, AUSSERORDENTLICHE ZUSTÄNDIGKEIT

Eine sachlich zuständige Behörde kann auch außerhalb ihres eigentlichen Bezirkes tätig werden. Generell besteht bei Gefahren, die sich in mehreren Bezirken auswirken, eine Mitwirkungspflicht aller betroffenen Behörden zugunsten der sachlich und örtlich zuerst

zuständigen und handelnden Behörde, wobei die schriftlichen Verwaltungsakte die zuständige Behörde stets selbst erlässt.
Bei Gefahr im Verzuge, der Vollendung begonnener Maßnahmen und mit Zustimmung der auch betroffenen, für einen anderen Bezirk zuständigen Behörde kann darüber hinaus die örtlich zuerst zuständige Behörde auch in anderen Bezirken tätig werden. Sie unterrichtet dann unverzüglich die für den anderen Bezirk zuständige Behörde. Dies mag zum Beispiel der Fall sein, wenn sich ein Ölfilm flussabwärts bewegt. Die bereits tätige Behörde wird dann auch Ölsperren über ihre Bezirksgrenzen hinaus legen dürfen.
Wenn von vornherein mehrere Bezirke betroffen sind und die Aufgabe zweckmäßig nur einheitlich erfüllt werden kann, wird gem. § 100 Abs. 4 NPOG die zuständige Behörde durch die Fachaufsicht bestimmt. Dies wäre zum Beispiel der Fall, wenn der Ölfilm von vornherein über mehrere Gemeindegebiete reicht.

Vertiefungshinweise

RECHTSPRECHUNG

OVG Lüneburg NdsVBl. 2009, S. 237 f. (Zuständigkeit Aufenthaltsverbot)

LITERATUR

Saipa, Nds. SOG, Praxis der Kommunalverwaltung, § 3 Rn. 3, Stand Dez. 2012
Schoch, Polizeipflichtigkeit von Hoheitsträgern, Jura 2005, S. 324 ff.
Wilhelm, Vollzug gegen Behörden ist unzulässig – oder doch möglich?, DVP 2012, S. 143 ff.

9 DER VOLLZUG

9.1 Verantwortlichkeit von Verwaltung und Polizei

Nach § 1 Abs. 1 Satz 1 NPOG ist die allgemeine Gefahrenabwehr eine gemeinsame Aufgabe von Verwaltungsbehörden der Gefahrenabwehr und der Polizei. Das NPOG weist der Polizei zudem ergänzend die Aufgabe zu, Straftaten zu verhüten. Um Vollzugsdefizite zu vermeiden, legt das Gesetz aber eine Rangfolge beim Vollzug gefahrenabwehrrechtlicher Anordnungen fest. So liegt die Regelzuständigkeit bei den Verwaltungsbehörden, denn nach § 50 Abs. 1 Satz 1 NPOG vollziehen die Verwaltungsbehörden ihre Aufgaben selbst. Die Verwaltungsbehörden haben die ihnen gesetzlich übertragenen Aufgaben mit eigenen persönlichen und sachlichen Mitteln zu erfüllen.[171] Die Polizeikräfte sind erst dann gefragt, soweit eine Gefahrenabwehr durch die Verwaltungsbehörden nicht oder aber nicht rechtzeitig möglich erscheint (§ 1 Abs. 1 Satz 1 NPOG). Zudem sieht das Gesetz vor, dass die Polizei Vollzugshilfe zu leisten hat, wenn unmittelbarer Zwang anzuwenden ist und die Behörden nicht über die hierzu erforderlichen Dienstkräfte verfügen (vgl. § 51 Abs. 1 NPOG).
Ein kommunaler Vollzug ist aber nur möglich, wenn die Behörden auch über entsprechende Vollzugskräfte verfügen. Nach § 50 Abs. 1 Satz 2 NPOG sind die Verwaltungsbehörden der Gefahrenabwehr verpflichtet, nach Maßgabe der vom Innenministerium erlassenen Verordnung, Vollzugsbeamte[172] zu bestellen. Diese Verordnung ist zwischenzeitlich erlassen worden.[173]

9.2 Verwaltungsvollzugsbeamte

§ 1 Abs. 1 VollzBeaVO regelt, wann die Behörden der Gefahrenabwehr Verwaltungsvollzugsbeamte berufen können bzw. müssen.

---

[171] *Weiner* in: Möstl/Weiner, § 50 Rn. 1.

[172] Zum Begriff des Verwaltungsvollzugsbeamten siehe auch § 2 Ziff. 12 NPOG.

[173] Verordnung über Vollzugsbeamtinnen und Vollzugsbeamte (**VollzBeaVO**) vom 13.3.1995 (Nds. GVBl., S. 60), zuletzt geändert durch Verordnung vom 12.12.2012 (Nds. GVBl., S. 599); abgedruckt in der DVP-Landesausgabe Niedersachsen, GVBl. Ziff. 50.003. Die Verordnung verweist zwar noch auf das NdsSOG, doch sind die Vorschriften des NPOG anzuwenden. Von besonderer Bedeutung ist dies beim § 3 der VO. Es war aber nicht Ziel des Gesetzgebers, die VO faktisch außer Kraft zu setzen. Es handelt sich insoweit durchweg nur um eine redaktionellen und nicht um eine inhaltliche Anpassung.

Verwaltungsvollzugsbeamte

Bestellungspflicht (§ 1 Abs. 1)	**»Kann-Bestellung«** (§ 1 Abs. 2 u. 3)
Beispiele	Beispiele
• Abfallentsorgung	• Hafenaufsicht
• Immissionsschutz	• Überwachung Straßenverkehr
• Bauaufsicht	• Aufgaben nach dem NPOG
• Gewerbeüberwachung	• Jungendschutz
• Obdachlosenunterbringung	• Brandschutz (Abs. 3)

Abb.: Verwaltungsvollzugsbeamte

Die Verordnung listet insgesamt 43 Aufgabenfelder auf, in denen Verwaltungsvollzugsbeamte zum Einsatz kommen können.
Im Regelfall kommen die Verwaltungsvollzugsbeamten aus einer öffentlich-rechtlichen Körperschaft (§ 2 Sätze 1 und 2 VollzBeaVO). Es ist aber nicht zwingend geboten, zu Verwaltungsvollzugsbeamten ausschließlich Beamte im statusrechtlichen Sinne zu bestellen.[174] Soweit die zu bestellende Person nicht aus dem Bereich der bestellenden Körperschaft kommt, ist eine Bestellung nur in engen Grenzen möglich (§ 2 Satz 2 VollzBeaVO). Zu diesen Voraussetzungen zählen:

- die Zustimmung der zu bestellenden Person,
- die Zustimmung der Anstellungskörperschaft der ausgewählten Person und
- Gründe einer sachlichen Aufgabenerfüllung dürfen der Bestellung nicht entgegenstehen.

Dagegen dürfen nur ausnahmsweise Personen, die nicht im öffentlichen Dienst beschäftigt sind, bestellt werden. Zentrale Voraussetzung ist hier, dass ein enger Sachzusammenhang zwischen der hauptberuflichen Tätigkeit und der Vollzugsaufgabe besteht (§ 2 Satz 3 VollzBeaVO).

Mit der Bestellung wachsen den Verwaltungsvollzugsbeamten besondere Befugnisse zu. Zu diesen besonderen Bugnissen zählen nach § 3 VollzBeaVO:

1. Befragung (§ 12 NPOG)
2. Identitätsfeststellung und Prüfung von Berechtigungsscheinen (§ 17 NPOG)
3. Platzverweisung (§ 13 NPOG)
4. Gewahrsamnahme (§ 18 NPOG)
5. Durchsuchung von Personen und Sachen (§§ 22 und 23 NPOG)
6. Durchsuchung von Wohnungen (§ 24 NPOG)
7. Betreten und Durchsuchung von Wohnungen (§ 24 NPOG)
8. Sicherstellung von Sachen (§ 26 NPOG)
9. Datenerhebung (§ 31 Abs. 1 und 3 NPOG)
10. Speicherung, Veränderung und Nutzung personenbezogener Daten (§ 38 Abs. 1 NPOG)

[174] *Weiner* in: Möstl/Weiner, § 50 Rn. 1.

Daneben haben die Verwaltungsvollzugsbeamten bei der Wahrnehmung ihrer Aufgaben auch die allgemeinen Befugnisse der Verwaltungs- und Polizeibehörden nach § 11 NPOG. Die Verwaltungsvollzugsbeamten sind berechtigt, Zwangsmittel (§§ 64 bis 75 NPOG) anzuwenden. Verwehrt ist ihnen aber der Einsatz von Waffen (§ 69 Abs. 8 NPOG). Hierauf weist § 3 Satz 3 VollzBeaVO ausdrücklich hin.

Die Verwaltungsvollzugsbeamten erhalten einen Dienstausweis, aus dem die Vollzugsaufgabe (siehe § 1) und der Umfang der Befugnisse (§ 3) zu ersehen ist (§ 4 Abs. 2 VollzBeaVO). Bei der Bestellung des Vollzugsbeamten ist die Ausübung der nach § 3 möglichen Befugnisse auf den nach Art und Ausmaß der Vollzugsaufgaben erforderlichen Umfang zu beschränken (§ 4 Abs. 1 VollzBeaVO).

Verwaltungsvollzugsbeamte sind keine Hilfspolizisten i. S. d. § 95 NPOG.[175]

9.3 Vollzugshilfe der Polizei

Nach § 51 Abs. 1 NPOG leistet die Polizei (auch) den kommunalen Gefahrenabwehrbehörden Vollzugshilfe. Sie ist hierzu verpflichtet, wenn folgende Voraussetzungen vorliegen:[176]
- Es muss unmittelbarer Zwang (vgl. §§ 71 ff. NPOG[177]) anzuwenden sein.
- Die ersuchende Kommunalbehörde ihre Maßnahme nicht selbst durchsetzen kann, weil sie beispielsweise nicht über die erforderlichen Dienstkräfte verfügt.
- Die ersuchende Behörde für die Handlung zuständig ist.
- Die ersuchende Behörde zur Vornahme der Handlung befugt ist.

Die polizeiliche Vollzugshilfe dient nicht dazu, vorhandene Aufgaben auszudehnen oder aber Maßnahmen vorzeitig zu vollziehen. Dieser Anspruch auf Vollzugshilfe kompensiert nur die tatsächliche, nicht dagegen die rechtliche Unmöglichkeit der ersuchenden Kommunalbehörde.[178] Der Sinn dieser Vorschrift ist es, die Polizei vor Überlastung zu schützen. Eine Inanspruchnahme der Polizei wird so weit beschränkt, wie es im Rahmen der verfassungsrechtlichen Gegebenheiten (vgl. Art. 35 GG) noch möglich ist.[179]
Bei der Frage, wen die Verantwortung für ein fehlerhaftes Verhalten trifft, ist eine differenzierte Betrachtung geboten. So sind die Gefahrenabwehrbehörden für die Rechtmäßigkeit der zu vollziehenden Maßnahme verantwortlich. Die Polizei ist dagegen für die Art und Weise der Durchführung der Vollzugshilfe verantwortlich (§ 51 Abs. 2 NPOG). Handelt sie aufgrund einer rechtwidrigen verwaltungsbehördlichen Anordnung, so trifft die Polizei regelmäßig keine Verantwortung. Soweit die Kommunen über eigene Verwaltungsvollzugsbeamte verfügen, wird eine polizeiliche Vollzugshilfe nur in Ausnahmefällen in Betracht kommen.

---

175 *Weiner* in: Möstl/Weiner, § 50 Rn. 3.

176 In Anlehnung an *Gusy/Eichenhofer*, Rn. 145 f.

177 Siehe dazu Ausführungen zu Kapitel 10. Ziff. 10.2.1.4.

178 Vgl. *Gusy/Eichenhofer*, Rn. 146.

179 Vgl. auch *Tegtmeyer/Vahle*, § 47 Rn. 2.

Die Vollzugshilfe stellt einen besonderen Unterfall der Amtshilfe dar; schließt diese aber nicht aus. Damit kann in den nicht von § 51 NPOG erfassten Fallkonstellationen eine Amtshilfe in Betracht kommen (vgl. § 51 Abs. 3 NPOG und z. B. §§ 4 ff. VwVfG).

Vertiefungshinweise

RECHTSPRECHUNG

OVG Lüneburg, Nds.VBl. 2010, S. 179 f. (Kostenerstattungsanspruch)

LITERATUR

Martens, Polizeiliche Amts- und Vollzugshilfe, JR 1981, S. 353 ff.
Meyer-Teschendorf, Die Amtshilfe, JuS 1981, S. 187 ff.

10 DER VERWALTUNGSZWANG

10.1 Allgemeines, Rechtsgrundlagen und (deren) Anwendbarkeit

Hat die Gefahrenabwehrbehörde einen eingreifenden Verwaltungsakt erlassen, so ist der Adressat verpflichtet, die durch den Verwaltungsakt getroffene Anordnung zu befolgen. Ähnlich verhält es sich, wenn einem begünstigenden Verwaltungsakt eine Auflage (§ 36 Abs. 2 Nr. 4 VwVfG) beigefügt wurde. Kommt der Adressat der ihm auferlegten Verpflichtung freiwillig nicht nach, muss die Möglichkeit bestehen, sie zwangsweise durchzusetzen. **Verwaltungszwang** ist nun die zwangsweise Durchsetzung öffentlich-rechtlicher Verpflichtungen des Bürgers oder eines sonstigen Rechtssubjekts durch die Behörde in einem verwaltungseigenen Verfahren.[180] Die Verwaltung schafft sich durch den (Grund-) Verwaltungsakt ihren eigenen Vollstreckungstitel.

Dabei ist zu unterscheiden, ob es sich um die Beitreibung einer öffentlich-rechtlichen Geldforderung oder um die Durchsetzung einer Anordnung handelt, die auf eine sonstige Handlung, Duldung oder Unterlassung gerichtet ist.

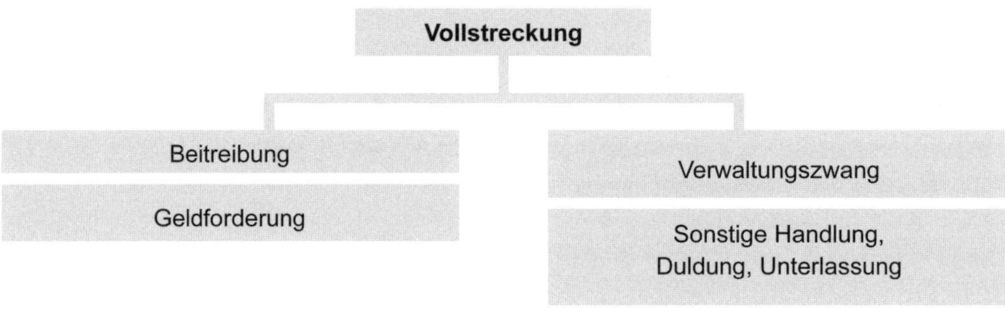

Abb.: Verwaltungsvollstreckung

Da die **Vollstreckung** eines Verwaltungsakts einen – gegenüber dem Grundverwaltungsakt – **zusätzlichen Eingriff** in die Rechtssphäre des Betroffenen begründet, unterliegt die gesamte Vollstreckung dem Vorbehalt des Gesetzes.[181] Der Landesgesetzgeber hat mit dem **Niedersächsischen Verwaltungsvollstreckungsgesetz (NVwVG)** und den **§§ 64 ff. NPOG** die **zentralen Rechtsgrundlagen** geschaffen.

---

[180] Siehe nur *Waldhoff*, JuS 2009, S. 368 (Urteilsanm.); grundlegend zum Verwaltungszwang siehe *Vahle*, DVP 2012, S. 266 ff.

[181] Einzelheiten zum Vorbehalt des Gesetzes siehe *Suckow/Weidemann/Barthel*, Rn. 30 ff.

Nach § 1 Abs. 1 NVwVG regelt dieses Gesetz die **Vollstreckung** von Ansprüchen des Landes, einer Kommune oder einer sonstigen der Aufsicht des Landes unterstehenden Körperschaft, Anstalt oder Stiftung des öffentlichen Rechts aus Vollstreckungsurkunden über **Geldforderungen**[182] sowie Verwaltungsakten und öffentlich-rechtlichen Verträgen, soweit sich daraus Verpflichtungen zur Vornahme einer Handlung, zur Duldung oder zur Unterlassung ergeben (§§ 70 bis 72). In engen Grenzen können auch Geldforderungen, die sich aus dem Vollzug bundesrechtlicher Vorschriften ergeben,[183] nach diesem Gesetz beigetrieben werden. In Einzelfällen ist sogar die behördliche Beitreibung privatrechtlicher Geldforderungen möglich.[184] Soweit es dagegen um **Verwaltungsakte** geht, die auf die Vornahme einer **sonstigen Handlung** oder **Duldung** oder **Unterlassung** gerichtet sind, wird auf die §§ 64 ff. NPOG zurückgegriffen. Die Vorschriften des NPOG kommen auch dann zum Tragen, wenn es um Verwaltungsakte geht, die auf die Herausgabe von Sachen gerichtet sind (§ 70 Abs. 1 NVwVG).

	Beispiele
Handlungs-pflicht	• Beseitigung eines baurechtswidrigen Wochenendhauses • Pflicht, in eine Schank- und Speisewirtschaft eine Fluchttür einzubauen • Entfernung eines abgemeldeten Kraftfahrzeuges aus dem öffentlichen Straßenraum
Unterlassungs-pflicht	• Pflicht, das ohne Erlaubnis ausgeübte Bewachungsgewerbe nicht weiter auszuüben • Pflicht, den unzumutbaren Lärm zu unterbinden • Nutzungsuntersagung für ein ohne Genehmigung errichtetes Wochenendhaus
Duldungs-pflicht	• Pflicht, das Betreten eines Grundstücks zu dulden • Pflicht des Mieters, die Beseitigung des Wochenendhauses zu dulden

Abb.: Bereiche des Verwaltungszwangs

Sonderregelungen gehen aber den allgemeinen Vollstreckungsbestimmungen voraus. Soweit es sich um Forderungen der Finanzbehörden handelt, werden die §§ 1 bis 69 NVwVG durch die Bestimmungen der Abgabenordnung (siehe 6. Teil der AO [§§ 249 ff.]) verdrängt. Mitunter weist das Sonderordnungsrecht des Bundes vollstreckungsrechtliche Annexregelungen auf (z. B. §§ 57 ff. AufenthaltG; § 73b Abs. 5 AsylG). Zudem enthalten einzelne Standardmaßnahmen des NPOG eine eigene Vollstreckungsregelung (siehe z. B. die §§ 13 Abs. 2; 22, 23 und 26[185]). Die Anwendung von Zwang ist diesen Standardmaßnahmen immanent. Damit begründen die Tatbestände der Eingriffsnormen zugleich die

[182] Siehe insoweit § 2 Abs. 1 Ziff. 1 bis 4 NVwVG.

[183] Siehe § 1 Abs. 2 NVwVG; eine eher geringe praktische Bedeutung kommt dem § 1 Abs. 2 Nr. 2 NVwVG zu.

[184] Siehe dazu § 2 Abs. 3 NVwVG und § 1 der Verordnung zur Durchführung des Niedersächsischen Verwaltungsvollstreckungsgesetzes (DVO-NVwVG) vom 18.12. 2012 (Nds. GVBI 2012, S. 602), zuletzt geändert durch Verordnung vom 5.7.2019 (Nds. GVBl., S. 155).

[185] A. A. wohl *Mehde* in: Hartmann/Mann/Mehde, § 4 Rn. 168.

Rechtsgrundlage für den Vollzug.[186] Nach den §§ 64 ff. NPOG werden im Übrigen auch diejenigen Verwaltungsakte durchgesetzt, die nicht der Gefahrenabwehr dienen, soweit sie nicht unter § 2 Abs. 1 NVwVG fallen (§ 70 Abs. 1 NVwVG).

Im **Vordergrund** der nachstehenden Darstellungen steht die zwangsweise Durchsetzung gefahrenabwehrrechtlicher Anordnungen und damit auf die §§ 64 ff. NPOG gestützten Zwangsmaßnahmen.

10.2 Zwangsmittel

10.2.1 ARTEN

Zwangsmittel, mit denen Verwaltungsakte durchgesetzt werden können, sind nach § 65 Abs. 1 Nr. 1 NPOG die **Ersatzvornahme**, das **Zwangsgeld** und der **unmittelbare Zwang**. Das Verwaltungsvollstreckungsrecht des NPOG ist durch einen numerus clausus der Zwangsmittel gekennzeichnet.[187]

10.2.1.1 Ersatzvornahme

Ersatzvornahme ist die Ausführung einer zu erzwingenden vertretbaren Handlung durch die Behörde selbst (sog. Selbstvornahme) oder durch einen beauftragten Dritten (sog. Fremdvornahme) auf Kosten des Verantwortlichen (vgl. §§ 65 Abs. 1, 66 NPOG). Rechtsgrundlage für die Kostenregelung ist insoweit § 66 NPOG i. V. m. §§ 70, 73 NVwVG. Vertretbar ist eine Handlung, wenn nicht nur der Betroffene persönlich, sondern auch ein anderer sie vornehmen kann, ohne dass ihr Inhalt dadurch geändert wird. Damit können weder die Unterlassung noch die Duldung mit diesem Zwangsmittel erzwungen werden, denn diese Forderungen sind höchstpersönlicher Natur.[188]

Beispiele:

a) Der Betreiber einer Schank- und Speisewirtschaft weigert sich, die nach § 5 Nds. Gaststättengesetz geforderte Fluchttür einzubauen. Die zuständige Behörde beauftragt den Unternehmer Felix-Meyer-GmbH, den Einbau der Fluchttür vorzunehmen. (sog. Fremdvornahme). Zwischen der Stadt und dem Unternehmer ist ein privatrechtlicher Vertrag geschlossen worden. Zwischen dem Ordnungspflichtigen Sauer und dem Unternehmer entstehen keine direkten Rechtsbeziehungen. Er handelt gegenüber dem Pflichtigen lediglich als Erfüllungsgehilfe.
b) Der Hauseigentümer Heribert Sprengler kommt der vollziehbaren Anordnung des Ordnungsamtes, die morsche Kastanie auf seinem Grundstück zu entfernen, nicht nach. Als Zwangsmittel ist die Ersatzvornahme angedroht worden. Mitarbeiter des Bauhofes fällen nun diesen Baum (sog. Selbstvornahme).

[186] Vgl. nur *Selmer/Gersdorf*, S. 26 ff. und 30.

[187] *Heinemann* in: Mästl/Weiner, § 66 Rn. 3.

[188] Vgl. *Ipsen* Rn. 626.

Der Anspruch auf Kostenerstattung folgt aus § 66 Abs. 1 NPOG. Der Erstattungsanspruch ist durch gesonderten Leistungsbescheid festzusetzen. Rechtsgrundlage für diesen Leistungsbescheid ist § 66 Abs. 1 NPOG. Die Kosten der Ersatzvornahme können im Verwaltungszwangsverfahren beigetrieben werden (§ 66 Abs. 2 Satz 2 NPOG). Die Beitreibung setzt diesen Leistungsbescheid voraus (vgl. auch § 1 NVwVG). Überschreiten die Kosten der Ersatzvornahme die im Androhungsverfahren veranschlagten Kosten, so verbleibt der Behörde gleichwohl der volle Kostenerstattungsanspruch.[189]
Nach § 66 Abs. 2 Satz 1 NPOG kann bestimmt werden, dass die betroffene Person die voraussichtlichen Kosten der Ersatzvornahme im Voraus zu zahlen hat. Nach § 66 Abs. 3 NPOG ruhen die Kosten der Ersatzvornahme wegen einer Handlungspflicht, die den Pflichtigen nach § 66 Abs. 1 aufgegeben wurden, als öffentliche Last auf Grundeigentum (z. B. Grundstück, Wohnungseigentum).

10.2.1.2 Zwangsgeld

Zwangsgeld liegt nach §§ 65 Abs. 1 Nr. 2, 67 NPOG vor, wenn die Behörde eine Geldleistung für den Fall verlangt, dass der Verantwortliche die ihm auferlegte Pflicht nicht erfüllt. Es kommt sowohl bei einem Gebot als auch bei einem Verbot in Betracht.[190] Damit ist das Zwangsmittel nicht auf die Durchsetzung sog. unvertretbarer Handlungen beschränkt. Das Zwangsmittel ist ein Beugemittel. Aus dieser Einordnung folgt, dass es verschuldensunabhängig ist und das Verbot der Doppelbestrafung (Art. 103 Abs. 3 GG) nicht greift. Die Betreibung eines Zwangsgeldes unterbleibt, wenn die Anordnung des Grundverwaltungsakts befolgt worden ist. Das Zwangsmittel hat seine Funktion erfüllt. Probleme können nun dort auftreten, wo ein einmaliges Handeln, Dulden oder Unterlassen durchgesetzt werden soll. Wird vom Adressaten des Verwaltungsakts die Anordnung nicht fristgerecht, gleichwohl aber vor Beitreibung des Zwangsgeldes befolgt, hat auch hier eine Fortsetzung des Beitreibungsverfahrens zu unterbleiben.[191]
Das NPOG gibt einen Rahmen für die Höhe eines möglichen Zwangsgeldes vor. Dieser Rahmen bewegt sich nach § 67 Abs. 1 Satz 1 NPOG zwischen (mindestens) 10 und (höchstens) 100.000 Euro. Bei der Bemessung des Zwangsgeldes sind auch die wirtschaftlichen Interessen an der Nichtbefolgung des Verwaltungsakts zu berücksichtigen (§ 67 Abs. 1 Satz 2 NPOG).

Die Androhung eines Zwangsgeldes »für jeden Fall der Zuwiderhandlung« ist nicht von der Ermächtigungsgrundlage der §§ 65 Abs. 3, 70 Abs. 3 Satz 2 NPOG gedeckt.[192]

---

[189] BVerwG, DVBl. 1984, S. 1172; zurückhaltend OVG Lüneburg, DÖV 1970, S. 789 ff.

[190] Zur Vertiefung: *Henneke*, Verwaltungszwang mittels Zwangsgeld (I), Jura 1989, 7 ff.

[191] Vgl. OVG Lüneburg, NdsVBl. 2009, S. 345 f.; *Lisken/Denninger*, Kap. F Rn. 946; a. A. OVG Münster, DVBl. 1992, S. 783 mit dem Hinweis, dass ansonsten das Zwangsmittel ins Leere laufen würde.

[192] *Mehde* in: Hartmann/Mann/Mehde, § 4 Rn. 197.

10.2.1.3 Zwangshaft

Kann das festgesetzte Zwangsgeld nicht beigetrieben werden, kann unter bestimmten Voraussetzungen **(Ersatz-)Zwangshaft** in Betracht kommen (§ 68 Abs. 1 Satz 1 NPOG). Das Zwangsgeld ist uneinbringbar, wenn es im Wege des Verwaltungszwangs nicht beigetrieben werden kann oder davon auszugehen ist, dass die Vollstreckung in das bewegliche Vermögen des Betroffenen erfolglos bleiben würde.[193] Die Zwangshaft ist kein selbstständiges Zwangsmittel, sondern verschärft nur das Beugemittel Zwangsgeld. Die Zwangshaft beträgt mindestens einen Tag, höchstens zwei Wochen (§ 68 Abs. 1 Satz 2 NPOG). Sie wird auf Antrag der Behörde durch das Amtsgericht festgesetzt (§ 68 Abs. 2 NPOG), wenn ohne Erfolg versucht worden ist, das Zwangsgeld beizutreiben, oder wenn feststeht, dass die Beitreibung keinen Erfolg haben wird. Zwangsgeld und Ersatzhaft werden als sog. indirekte Zwangsmittel eingestuft, da ihre Anwendung nicht zur Durchsetzung der Grundverfügung führt. Hier ist weiterhin die Mitwirkung des Vollstreckungsschuldners gefordert.

10.2.1.4 Unmittelbarer Zwang

Kommen andere Zwangsmittel nicht in Betracht oder führen sie nicht zum Erfolg, kann die Vollstreckungsbehörde **unmittelbaren Zwang** anwenden (§§ 65 Abs. 1 Nr. 3, 69, 71 ff. NPOG). Unmittelbarer Zwang ist die Einwirkung auf Personen oder Sachen durch Gewalt, und zwar durch körperliche Gewalt, durch Hilfsmittel der körperlichen Gewalt und durch Waffen (§ 69 Abs. 1 NPOG).

Körperliche Gewalt ist dabei jede unmittelbare körperliche Einwirkung auf Personen oder Sachen (§ 69 Abs. 2 NPOG).

> Beispiele:
> Wegführen einer Person am Arm, Wegtragen einer Sache

Zu den Hilfsmitteln der körperlichen Gewalt zählen insbesondere Fesseln, Wasserwerfer, technische Sperren, Diensthunde, Dienstpferde und Dienstfahrzeuge, Reiz- und Betäubungsstoffe sowie Sprengmittel (vgl. § 69 Abs. 3 NPOG). Folgende Waffen sind zugelassen: Schlagstock, Pistole, Revolver, Gewehr und Maschinenpistole (§ 69 Abs. 4 NPOG).

Damit ist dieses Zwangsmittel gegenüber dem Zwangsgeld und der Ersatzvornahme **subsidiär** anzuwenden (§ 69 Abs. 6 NPOG).

10.2.2 ABGRENZUNG DES UNMITTELBAREN ZWANGS VON DER ERSATZVORNAHME

Unmittelbarer Zwang liegt vor, wenn der von der Behörde bezweckte Erfolg unmittelbar dadurch herbeigeführt werden soll, dass Gewalt angewendet wird. Die **Ersatzvornahme** ist demgegenüber vor allem dadurch gekennzeichnet, dass die Behörde entweder selbst (sog. Selbstvornahme) oder aber durch Beauftragung eines Dritten (sog. Fremdvornahme), stellvertretend für die pflichtige Person, handelt.[194] Entscheidend für die Abgrenzung ist

[193] *Heinemann* in: Möstl/Weiner, § 68 Rn. 2.

[194] *Vahle*, DVP 2012, S, 266 [268].

dabei, ob die Behörde in gleicher Weise wie ein Pflichtiger vorgeht oder ob sie in einer Art und Weise gewaltsam auf die Sache einwirkt, wie dies der Betroffene nicht tun würde.[195] Da die Ersatzvornahme naturgemäß nicht geeignet ist, Unterlassungen zu erzwingen, wird unmittelbarer Zwang gegen Personen insbesondere angewendet, um ein Verbot durchzusetzen, wenn der herbeizuführende Erfolg mit Zwangsgeld nicht erreicht werden kann.

Beispiele:

a) Die einen Wohnungsbrand bekämpfende freiwillige Feuerwehr der Stadt muss in die noch unversehrte Nachbarwohnung eindringen, um den Brand wirkungsvoll bekämpfen zu können. Da sich in der Nachbarwohnung niemand aufhält, bricht ein befugter Feuermann[196] mit einem Beil die Haustür auf (unmittelbarer Zwang gegen Sachen).[197]

b) Der Pflichtige Bernhard Bolte kommt der Anordnung der Kreisabfallbehörde, die auf seinem Grundstück illegal lagernden Abfälle zu beseitigen, nicht nach. Die Behörde beauftragt nun einen privaten Abfallentsorger, die notwendigen Entsorgungsarbeiten auszuführen. Hier wird durch den Abfallentsorger eine dem Verantwortlichen obliegende vertretbare Handlung ausgeführt (Ersatzvornahme).

Während mit der Ersatzvornahme bezweckt wird, die auferlegte Handlung auf Kosten des Verantwortlichen vorzunehmen, ist dies beim unmittelbaren Zwang nicht der Fall. Im Gegensatz zur Ersatzvornahme stellt der unmittelbare Zwang nicht schon selbst das z. B. zur Abwehr einer Gefahr gebotene Verhalten dar. Das Aufbrechen der Haustür (Beispiel a) stellt körperliche Gewalt gegen eine Sache dar. Es liegt unmittelbarer Zwang vor, da diese Zwangshandlung nicht mit der unmittelbaren Brandbekämpfung identisch ist. Im Beispiel b nimmt dagegen der von der Behörde beauftragte Unternehmer die vom Pflichtigen geschuldete Handlung vor.

10.3 Abgrenzung des Zwangsgeldes vom Bußgeld

Mit **Zwangsmitteln (z. B. das Zwangsgeld**) werden Handlungen, Duldungen oder Unterlassungen für die Zukunft erzwungen. Es handelt sich damit um ein sog. Beugemittel. Sie können so lange wiederholt und gewechselt werden, bis der Grundverwaltungsakt befolgt worden ist oder sich auf andere Weise erledigt hat (§ 65 Abs. 3 NPOG). Wenn der Verwaltungsakt befolgt worden ist oder sich auf andere Weise erledigt hat, dürfen Zwangsmittel nicht mehr angewendet werden; anderenfalls würde sich das Zwangsgeld in ein Ahndungsmittel wandeln.

Mit **Ahndungsmitteln (Strafen, Geldbußen**) werden in der Vergangenheit liegende, rechtswidrig und schuldhaft (nach dem OWiG vorwerfbar) begangene Handlungen gesühnt. Wie sich der Betroffene künftig verhalten wird, ist dabei ohne Bedeutung.

---

[195] Vgl. VGH München, JA 2009, S. 911 f. m. Anm. von *Durner*.

[196] Siehe insoweit auch § 1 Abs. 3 Vollzugsbeamtenverordnung.

[197] Weiterer Anwendungsfall: Die Versiegelung von Räumen, um die weitere unzulässige Gewerbenutzung zu unterbinden, wird als unmittelbarer Zwang angehen; vgl. *Mehde* in: Hartmann/Mann/Mehde, § 4 Rn. 174.

Da mit dem Zwangsgeld und der Geldbuße **unterschiedliche Ziele** verfolgt werden, können sie auch nebeneinander eingesetzt werden (§ 65 Abs. 3 NPOG).

> Beispiel:
> Marc Peuder erhält von der zuständigen Behörde eine Vorladung zur Teilnahme am Verkehrsunterricht (§ 48 StVO). Kommt er dieser Vorlage ohne sachlichen Grund nicht nach, handelt er ordnungswidrig (§§ 24 Abs. 1 StVG, 49 Abs. 4 Nr. 6 StVO). Diese Ordnungswidrigkeit kann mit einer Geldbuße von 5 € bis 1.000 € geahndet werden (§§ 24 Abs. 2 StVG, 17 Abs. 1 OWiG). Die Straßenverkehrsbehörde ist zudem berechtigt, zur Durchsetzung der Vorladung (Grundverfügung) – neben einer Geldbuße – ein Zwangsgeld anzudrohen und ggf. festzusetzen. Die Zwangsgeldhöhe bewegt sich zwischen 10 € und 100.000 € (§ 67 Abs. 1 NPOG).

Eine **Reihenfolge** – etwa derart, dass ein Zwangsmittel erst angewendet werden darf, wenn ein Ahndungsmittel ohne Erfolg geblieben ist – ist nicht festgelegt. Mit der Festsetzung eines Ahndungsmittels wird allenfalls mittelbar darauf hingewirkt, dass die Verpflichtung künftig erfüllt wird.

	Zwangsgeld	**Geldbuße**
Zweck	Beugemittel	Ahndungsmittel
Befolgung (Grundverwaltungsakt)	Beitreibung regelmäßig nicht mehr möglich	Beitreibung möglich

Abb.: Abgrenzung

10.4 Rechtmäßigkeit einer Vollstreckungsanordnung

10.4.1 AUSWAHL DER ZWANGSMITTEL

Das **im Einzelfall** in Betracht kommende **Zwangsmittel** ist nach der **Art der zu erzwingenden Handlung** und unter **Beachtung des Grundsatzes der Verhältnismäßigkeit auszuwählen**. Ersatzvornahme kommt begrifflich nur infrage, wenn eine vertretbare Handlung erzwungen werden soll. Dieses Zwangsmittel scheidet mithin bei einem auf eine unvertretbare Handlung gerichteten Verwaltungsakt aus. Eine vertretbare Handlung kann dagegen mit der Ersatzvornahme oder dem Zwangsgeld erzwungen werden. Anders als im Bundesrecht[198] hat das Land Niedersachsen darauf verzichtet, der Ersatzvornahme gegenüber dem Zwangsgeld eine Vorrangstellung einzuräumen.[199] Dort, wo Zwangsgeld oder Ersatzvornahme in Betracht kommen, hängt es von den konkreten Umständen im Einzelfall ab, welches Zwangsmittel am ehesten geeignet ist, um den Zweck, den Grund-

[198] Siehe § 11 Abs. 1 Satz 2 VwVG.

[199] Andererseits hat Bayern im § 32 Abs. 1 Satz 2 BayVZG bestimmt, dass die Ersatzvornahme nur zulässig ist, wenn ein Zwangsgeld keinen Erfolg erwarten lässt.

verwaltungsakt durchzusetzen, zu erreichen.[200] Auswahlaspekte können z. B. Dringlichkeit der Umsetzung, Bedeutung des Schutzgutes, Zahlungsfähigkeit des Pflichtigen sein. Der unmittelbare Zwang ist der schärfste Eingriff. Er darf nur angewendet werden, wenn der herbeizuführende Erfolg oder der gesetzmäßige Zustand auf andere Weise nicht erreicht werden können.

10.4.2 ARTEN DES VERWALTUNGSZWANGSVERFAHRENS

Der **Verwaltungszwang** kennt im Grundsatz zwei **unterschiedliche Fallkonstellationen**:

a) das sog. **gestreckte Verfahren** und
b) den **sofortigen Vollzug**[201].

Beim sog. **gestreckten Verfahren** handelt es sich um ein **mehrstufiges, aufeinanderfolgendes Verfahren.** Zunächst muss ein vollstreckbarer und wirksamer Grundverwaltungsakt (§ 64 Abs. 1 NPOG) vorliegen. Auf der zweiten Stufe folgt (regelmäßig) die Androhung des konkreten Zwangsmittels (§§ 70, 74 NPOG). Daran schließt sich die Festsetzung des Zwangsmittels an. Den Abschluss bildet dann die Anwendung des Zwangsmittels. Sowohl die Androhung eines Zwangsmittels wie auch die Zwangsmittelfestsetzung sind als Verwaltungsakt i. S. d. § 35 Satz 1 VwVfG einzustufen. So weist die Zwangsmittelandrohung den geforderten Regelungscharakter[202] auf, da für ein konkretes Vollstreckungsverfahren ein Zwangsmittel ausgesucht und verbindlich festgeschrieben wird.[203] Wird das Zwangsgeld ausgewählt, wird zudem festgelegt, welche konkrete Zwangsgeldhöhe in diesem Vollstreckungsverfahren zum Tragen kommen soll (vgl. § 67 Abs. 1 NPOG).

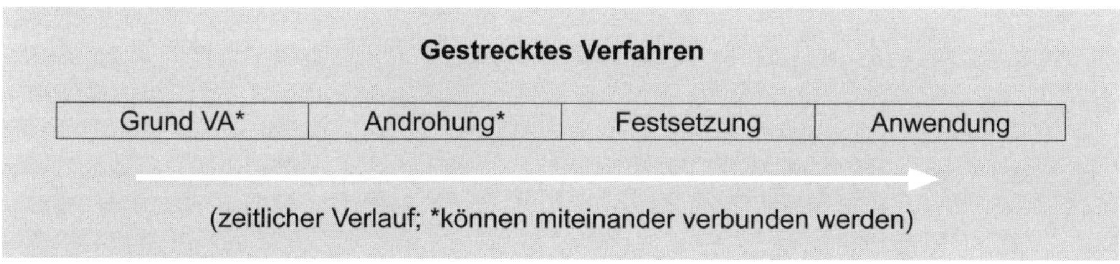

Abb.: Gestrecktes Verfahren

Demgegenüber kennt der **Sofortvollzug** (§ 64 Abs. 2 NPOG) **nur** die **Anwendung des Zwangsmittels.** Grundverwaltungsakt, Anordnung und Festsetzung des Zwangsmittels entfallen hier (s. u.).

---

200 A. A. wohl *Heinemann* in: Möstl/Weiner, § 65 Rn. 5, der an der im Gesetz vorgenommenen Reihenfolge eine steigende Intensität der Zwangsmittel sehen will. Dieser Ansatz ist aber wenig überzeugend und wird auch den Anforderungen der Praxis nicht hinreichend gerecht. Wenn der Gesetzgeber eine bestimmte Reihenfolge der Zwangsmittel festlegen wollte, hätte er dies ausdrücklich im Gesetz bestimmen müssen.

201 Einzelheiten hierzu siehe Kapitel 10 Ziff. 10.4.2.2.

202 Siehe zum VA-Begriff *Suckow/Weidemann/Barthel*, Rn. 88 ff.; konkret zum Regelungsbegriff Rn. 94 bis 97 a. m. N.

203 Vgl. nur OVG Schleswig NVwZ-RR 1992, S. 444; OVG Koblenz NVwZ 1994, S. 715, VGH Mannheim NVwZ-RR 1997, S. 444.

10.4.2.1 Rechtmäßigkeit der Vollstreckung einer Gefahrenabwehrverfügung im gestreckten Verfahren

10.4.2.1.1 Vollstreckbarer Titel

Grundvoraussetzung für das gestreckte Verfahren ist das Vorliegen eines vollstreckbaren Titels, also eines Grundverwaltungsakts, der auf die Vornahme einer Handlung, Duldung oder Unterlassung gerichtet ist (§ 64 Abs. 1 NPOG). Verwaltungsakte, die einen anderen Regelungskern aufweisen, sind damit nicht vollstreckungsfähig.

Beispiele:

a) Der Heizungsbaumeister Sönke Köhler hat in der Stadt Bassum einen Anhänger direkt auf dem Seitenstreifen am Ortseingang abgestellt. Der Anhänger weist eine auffällige Werbeschrift auf und steht bereits mehrere Tage an dieser Stelle. Da es sich hier um eine Sondernutzung (§ 18 Abs. 1 NStrG) handelt, die erforderliche Genehmigung aber nicht vorliegt, ordnet die Stadt die Beseitigung des Werbeanhängers an[204] und droht für den Fall der Nichtbefolgung der Anordnung die Ersatzvornahme an. Der Grundverwaltungsalt ist vollstreckungsfähig, da von Köhler eine Handlung gefordert wird.

b) Felix Haufe erhielt im Jahre 2019 die Erlaubnis, das Bewachungsgewerbe auszuüben (§ 34a GewO). Nunmehr stellt die zuständige Behörde fest, dass Haufe in den vergangenen drei Jahren weder die erforderlichen Steuern noch die Sozialabgaben für seine vier Mitarbeiter gezahlt hat. Dieses Fehlverhalten begründet die Unzuverlässigkeit des Gewerbetreibenden. Die Behörde hebt daraufhin, gestützt auf § 49 Abs. 2 Satz 1 Nr. 3 VwVfG, im März 2023 die Erlaubnis auf. Einer Zeitungsnotiz vom Mai entnimmt der zuständige Verwaltungsmitarbeiter, dass Haufe das Bewachungsgewerbe weiter ausübt. Ein Zwangsmitteleinsatz kommt nicht in Betracht, da die Aufhebungsentscheidung als rechtsgestaltender Verwaltungsakt einzustufen ist und kein Unterlassungsgebot i. S. d. § 64 Abs. 1 NPOG darstellt.

Zudem muss der **Grundverwaltungsakt wirksam** sein. Nach § 43 Abs. 1 Satz 1 VwVfG erlangt der Verwaltungsakt mit der Bekanntgabe seine (äußere) Wirksamkeit, und er wird mit dem Inhalt wirksam, mit dem er bekanntgegeben worden ist (§ 43 Abs. 1 Satz 2 VwVfG; innere Wirksamkeit). Wurde der Verwaltungsakt nicht bekanntgegeben[205] oder aber greift in zeitlicher Hinsicht die Regelungswirkung noch nicht, kommt eine Vollstreckung nicht in Betracht.

Weitere Voraussetzung für die Vollstreckung ist, dass der Grundverwaltungsakt **entweder unanfechtbar** ist **oder** aber einem **Rechtsbehelf keine aufschiebende Wirkung** zukommt (§ 64 Abs. 1 NPOG). Unanfechtbar ist der Verwaltungsakt regelmäßig, wenn die Rechtsbehelfsfrist verstrichen ist (vgl. § 74 VwGO) und ein Wiedereinsetzungsgrund (§ 60 VwGO)

---

[204] Siehe hierzu die Fallbearbeitung von *Drape/Gobisch/Weidemann*, DVP 2006, S. 427 ff.

[205] Beispiel: Entscheidet sich die Verwaltung, den Verwaltungsakt per Einschreiben (§§ 1 Abs. 1 NVwZG; 4 VwZG) bekannt zu geben, und der Postbote trifft den Empfänger nicht an, so scheitert die Bekanntgabe, wenn der Empfänger von dem Serviceangebot der Post, das Dokument bei der Post abzuholen, keinen Gebrauch macht.

nicht vorliegt, der Betroffene auf die Einlegung von Rechtsmitteln verzichtet oder aber der Rechtsweg erschöpft ist. Keine aufschiebende Wirkung hat die Anfechtungsklage[206] dagegen, wenn eine der in § 80 Abs. 2 VwGO genannten Fallkonstellationen in Betracht kommt. Im Bereich des Gefahrenabwehrrechts kommen insbesondere die Nr. 2 bis 4 in Betracht.[207] So entfällt nach § 80 Abs. 2 Nr. 2 VwGO die aufschiebende Wirkung eines Rechtsbehelfs bei unaufschiebbaren Anordnungen und Maßnahmen von Polizeivollzugsbeamten. Erfasst wird aber hier nur die Tätigkeit von polizeilichen Vollzugsbeamten.[208] Eine Anwendung dieser Vorschrift auf Anordnungen der Verwaltungsvollzugsbeamten scheidet damit aus. Nach § 80 Abs. 2 Nr. 2 VwGO entfällt die aufschiebende Wirkung auch in anderen durch Bundesgesetz oder für das Landesrecht durch Landesgesetz vorgeschriebenen Fällen. Hier werden Sachverhalte des besonderen Ordnungsrechts erfasst, in denen der Gesetzgeber ausdrücklich eine Ausnahme von § 80 Abs. 1 VwGO normiert hat.

Beispiele:
§ 45 Abs. 5 Waffengesetz; § 84 Abs. 1 Aufenthaltsgesetz; § 75 Abs. 1 Asylverfahrensgesetz; § 64 Abs. 4 NPOG

Erhebliche praktische Bedeutung hat § 80 Abs. 2 Nr. 4 VwGO. Hier kann die Behörde in den Fällen, in denen die sofortige Vollziehung im öffentlichen Interesse oder aber im überwiegenden Interesse eines Beteiligten ist, besonders anordnen.[209] Eine besondere Betrachtung erfordern **Verkehrszeichen**, soweit sie Regelungscharakter haben, Parkuhren und Parkscheinautomaten. Es handelt sich auch hier um Verwaltungsakte.[210] Sie werden nicht unmittelbar von den Fallgruppen des § 80 Abs. 2 VwGO erfasst. Es ist aber allgemein anerkannt, dass diese Zeichen und Verkehrseinrichtungen in analoger Anwendung des § 80 Abs. 2 Nr. 2 VwGO stets sofort vollziehbar sind.[211]
Zudem endet die **aufschiebende Wirkung** einer Anfechtungsklage nach § 80b Abs. 1 Satz 1 VwGO, wenn diese im ersten Rechtszug abgewiesen worden ist, drei Monate nach Ablauf der gesetzlichen Begründungsfrist des gegen die abweisende Entscheidung gegebenen Rechtsmittels. Damit endet die aufschiebende Wirkung der Anfechtungsklage, obgleich noch keine abschließende gerichtliche Entscheidung vorliegt. Dagegen verbleibt es bei der aufschiebenden Wirkung eines Rechtsbehelfs, wenn die Vollziehung durch die Behörde ausgesetzt oder die aufschiebende Wirkung durch das Gericht wiederhergestellt oder ausgesetzt worden ist (vgl. auch § 80b Abs. 1 Satz 2 VwGO).

Nicht erforderlich ist, dass die **Unanfechtbarkeit** bzw. deren **sofortige Vollziehbarkeit** bereits im **Zeitpunkt** der **Androhung eines Zwangsmittels** vorliegt. Sie muss aber spätes-

[206] Im Regelfall kommt das Widerspruchsverfahren nicht mehr in Betracht; Einzelheiten siehe Kapitel 11 Ziff. 11.2.2.
[207] Zum gesetzlichen Ausschluss der aufschiebenden Wirkung eines Rechtsbehelfs siehe *Barthel/Weidemann*, DVP 2022, 489 ff.
[208] *Kopp/Schenke*, § 80 Rn. 64; kritisch *Rühle*, S. 227 f.
[209] Vertiefung zur behördlichen Anordnung der sof. Vollziehung siehe *Barthel/Weidemann*, DVP 2023, S. 301 ff.
[210] Siehe nur BVerwG NVwZ 1988, S. 38; S. 623; OVG Koblenz NVwZ-RR 1989, S. 299; OVG Bremen DÖV 1991, 473; VG Kassel NVZ 1999, S. 56.
[211] Siehe auch *Kopp/Schenke*, § 80 Rn. 64.

tens im Zeitpunkt der Anwendung des Zwangsmittels gegeben sein. Soweit eine Festsetzung des Zwangsmittels geboten ist, müssen diese Voraussetzungen bei deren Erlass vorliegen.[212]

Kontrovers wird die **Frage beantwortet**, ob **nur** ein **rechtmäßiger Grundverwaltungsakt** mit **Zwangsmitteln durchgesetzt** werden kann.[213] Hier stehen die beiden grundlegenden, das Verwaltungsrecht beherrschenden **Prinzipien** der **Wirksamkei**t und der **Gesetzmäßigkeit** in einem **Spannungsverhältnis**. Grundsätzlich fordert Art. 20 Abs. 3 GG, dass die Verwaltung bei ihrem Handeln Recht und Gesetz zu beachten hat (Grundsatz der Gesetzmäßigkeit). Nach dem Wirksamkeitsprinzip bleibt der Verwaltungsakt wirksam, solange und soweit er nicht zurückgenommen, widerrufen, anderweitig aufgehoben wird oder sich durch Zeitablauf oder auf andere Weise erledigt hat (§ 43 Abs. 2 VwVfG). Eine andere Betrachtung ist nur dann gegeben, wenn der Verwaltungsakt an einem so schwerwiegenden Rechtsfehler leidet, dass er nichtig ist (§§ 43 Abs. 3, 44 VwVfG). Damit entfaltet ein rechtswidriger, nicht nichtiger Verwaltungsakt regelmäßig Rechtswirkungen. Das Wirksamkeitsprinzip trägt auch dem Umstand Rechnung, dass dem Betroffenen umfangreiche Rechtsschutzmöglichkeiten zur Verfügung stehen.

Für Niedersachsen zeichnet sich im Hinblick auf die vom Gesetzgeber mit § 64 Abs. 5 NPOG vorgenommene Klarstellung[214] und der (aktuellen) Rechtsprechung[215] folgende Situation ab:

So bestimmt § 64 Abs. 5 NPOG ausdrücklich, dass Einwendungen gegen die Rechtmäßigkeit eines Verwaltungsakts, der mit Zwangsmitteln durchgesetzt werden soll, auch wenn diese nach Eintritt der Unanfechtbarkeit eingetreten sind, **außerhalb des Verfahrens** zu dessen Durchsetzung mit den hierfür gegeben Rechtsmittel zu verfolgen sind. Der Gesetzgeber hat damit noch einmal deutlich die Trennung zwischen dem Grundverwaltungsakt und seiner Vollstreckung mit Blick auf den Rechtschutz und die Überprüfung seiner Rechtmäßigkeit noch einmal deutlich hervorgehoben.[216] Es gilt der Grundsatz des Vollstreckungsrechts, dass es für die Beurteilung der Rechtmäßigkeit einer Vollstreckungsmaßnahme auf die Rechtmäßigkeit der Grundverfügung nicht ankommt.[217]

Ist die **Grundverfügung unanfechtbar** geworden, berührt ein **möglicher Rechtsfehler** damit, sofern er nicht die Nichtigkeit des Verwaltungsakts begründet, die **Rechtmäßigkeit der Vollstreckung nicht**.[218] Hier ist insbesondere zu berücksichtigen, dass es der Betroffene in der Hand hatte, durch Einlegung eines Rechtsbehelfs die Rechtmäßigkeit der Grundverfügung durch unabhängige Gerichte überprüfen zu lassen. Verzichtet er auf die (gerichtliche) Überprüfung des Verwaltungsakts, muss er die Konsequenzen, die sich aus der Bestandkraft heraus ergeben, tragen und bedarf insoweit keines besonderen Schutzes. Dies stellt auch ausdrücklich das Bundesverwaltungsgericht fest, indem es die Wirksam-

[212] Vgl. nur OVG Schleswig NVwZ-RR 1992, S. 444 [445].

[213] Siehe nur *Mehde* in: Harmann/Mann/Mehde, § 4 Rn. 181 ff.; *Heinemann* in: *Möstl/Weiner*, § 64 Rn. 6; *Götz/Geis*, § 20 Rn. 10 f.; *Schmidt*, Rn. 934 m. N.; *Schwerdtfeger/Ahlheid*, NdsVBl. 2021, S. 153 ff.

[214] *Schwertfeger/Alheid*, NdsVBl. 2021, S. 153.

[215] Siehe OVG Lüneburg, NdsVBl. 2023, S. 276 ff.

[216] Vgl. *Mehde* in: Hartmann/Mann/Mehde, § 14 Rn. 181.

[217] Vgl. OVG Lüneburg, NdsVbl. 2023, S. 276 ff. [277].

[218] Wohl die h. M.; siehe nur *Götz* § 13 Rn. 8; *Schenke/Baumeister*, NVwZ 1993, S. 1 f. m. N.

keit und nicht die Rechtmäßigkeit vorausgegangener Verwaltungsakte als Bedingung für die Rechtmäßigkeit der folgenden Akte und letztlich der Anwendung des Zwangsmittels ansieht.[219] Anderenfalls würde das im Interesse der Rechtssicherheit bestehende Institut der Bestandskraft faktisch außer Kraft gesetzt werden. Erkennt dagegen die Behörde die Rechtswidrigkeit des Grundverwaltungsakts, hat sie diese Erkenntnis angemessen im Rahmen der Ermessensbetätigung zu würdigen.

Das OVG Lüneburg hat aber anerkannt, dass auch unterhalb der Schwelle der Nichtigkeit eines Verwaltungsakts eine Rechtswidrigkeit eines Grundverwaltungsakts zu einem Vollstreckungshindernis führen kann. Diese Situation ist insbesondere dann gegeben, wenn der Grundverwaltungsakt wegen inhaltlicher Unbestimmtheit nicht vollstreckungsfähig ist.[220]

Ein **nichtiger Verwaltungsakt** kann ebenfalls nicht Grundlage einer rechtmäßigen Vollstreckung sein.

Es darf zudem **keine Vollstreckungshindernisse** geben. So dürfen durch Zwangsmaßnahmen nur solche Handlungen erzwungen werden, die allein vom Pflichtigen abhängen.[221] Ein Hindernis könnte dagegen gegeben sein, wenn ansonsten in die Rechte Dritter eingegriffen werden müsste. Dies führt aber nicht zur Rechtswidrigkeit der Grundlagenverfügung. Das Vollzugshindernis könnte durch eine vollziehbare Duldungsverfügung ausgeräumt werden.

Die **Anwendung eines Zwangsmittels** setzt darüber hinaus (selbstverständlich) voraus, dass die durch den Verwaltungsakt angeordnete **Verpflichtung** zu dem Zeitpunkt, in dem Vollstreckungsmaßnahmen ergriffen werden, **nicht bereits erfüllt ist**.

Die Frage, ob die Verwaltung Maßnahmen der Zwangsvollstreckung ergreift, stellt eine **Ermessensentscheidung** dar (vgl. §§ 64 Abs. 1, 5 NPOG). Die Ermessensausübung hat sich an § 40 VwVfG zu orientieren. Die Entscheidung erstreckt sich dabei auf das »Ob« des Zwangsmitteleinsatzes (sog. Entschließungsermessen) und das »Wie« des Zwangsmitteleinsatzes (sog. Auswahlermessen). Hier geht es beispielsweise um Fragen nach der Art des Zwangsmittels, die gesetzte Frist und beim Zwangsgeld um die mögliche Höhe eines Zwangsgeldes. Der Zwangsmitteleinsatz muss dem Grundsatz der Verhältnismäßigkeit (vgl. § 4 NPOG) entsprechen. Bereits bei der Auswahl des Zwangsmittels muss die Behörde berücksichtigen, dass sie das Zwangsmittel auswählt, das für den Betroffenen und die Allgemeinheit den geringsten Eingriff begründet (Stichwort: Erforderlichkeit). Sofern ein bestimmtes Zwangsmittel ausgewählt worden ist, räumt die Rechtsprechung[222] der Behörde für den weiteren Vollzug (z. B. der Zwangsgeldfestsetzung) **intendiertes Ermessen** ein. Daher sind die maßgeblichen Ermessenserwägungen, die das gesamte Vollstreckungsverfahren betreffen, bereits bei der Frage **der Zwangsgeldandrohung** einzustellen.

---

219 BVerwG NJW 1984, S. 2591 [2592]; ferner NVwZ 2009, S. 122; OVG Lüneburg, NVwZ 1984, S. 323.

220 OVG Lüneburg, NdsVBl. 2023, S. 276 ff.

221 *Vahle*, DVP 2012, S. 266 [271].

222 Siehe nur OVG Lüneburg, NdsVBl. 2022, S. 95 ff. [96 f.].

10.4.2.1.2 Ausgewählte Aspekte der formellen Rechtmäßigkeit[223]

Für die Anwendung von Zwangsmitteln ist nach § 64 Abs. 4 Satz 1 NPOG die **Verwaltungs- und Polizeibehörde zuständig**, die für den Erlass des Grundverwaltungsakts zuständig ist. Die Zwangsmittelanwendung folgt damit der allgemeinen Zuständigkeitszuordnung.

Beispiel:
Da Marcel Lautermeyer, ohne im Besitz der erforderlichen Erlaubnis nach § 34a GewO zu sein, in der Landeshauptstadt Hannover das Bewachungsgewerbe ausübt, ordnet die Landeshauptstadt, gestützt auf § 15 Abs. 2 GewO, die Schließung des Gewerbebetriebes an. Als Zwangsmittel wird ein Zwangsgeld in Höhe von 2.500 € angedroht. Da Lautermeyer die Untersagungsanordnung nicht befolgt, kommt es zur Zwangsgeldfestsetzung. Die Landeshauptstadt Hannover ist nach § 1 Abs. 1 ZuVO-Wirtschaft i. V. m. der Anlage 1 Ziff. 1 und den Erl. sachlich und nach § 100 Abs. 1 Satz 2 NPOG örtlich zuständig für den Erlass der Grundlagenverfügung, und damit ist sie zugleich nach § 64 Abs. 4 Satz 1 NPOG für Zwangsmittelanwendung zuständig.

Nach § 28 Abs. 1 VwVfG ist regelmäßig vor Erlass eines Verwaltungsakts, der in die Rechte eines Beteiligten eingreift, diesem Gelegenheit zur Stellungnahme zu geben, sofern nicht eine Ausnahme nach § 28 Abs. 2 oder 3 VwVfG zum Tragen kommt (**notwendiges Anhörungsverfahren**). Zwangsgeldandrohung und Zwangsgeldfestsetzung stellen Verwaltungsakte i. S. d. § 35 Satz 1 VwVfG dar. Der mögliche Rechtseingriff könnte in der Einschränkung der allgemeinen Handlungsfreiheit (Art. 2 Abs. 1 GG) und u. U. in das Eigentumsrecht (Art. 14 GG) beim Zwangsgeld gesehen werden. Hier könnte aber eine Ausnahme nach § 28 Abs. 2 Nr. 5 VwVfG in Betracht kommen. Danach kann von der Anhörung bei Maßnahmen, die in der Verwaltungsvollstreckung getroffen werden sollen, abgesehen werden, wenn sie nach den Umständen des Einzelfalls nicht geboten ist. Zwangsmittelandrohung und -festsetzung zählen zu den Maßnahmen der Verwaltungsvollstreckung.[224] Damit hat die Behörde eine Ermessensentscheidung zu treffen, ob sie im konkreten Fall von der Durchführung einer Anhörung absehen will. Wird nun ein Grundverwaltungsakt vorbereitet und ist es notwendig, vor Erlass dieses Basisverfügung zunächst ein Anhörungsverfahren durchzuführen, wird es nur schwer zu begründen sein, warum in dieses Anhörungsverfahren nicht eine angedachte Zwangsmittelandrohung einbezogen wird. Anders wird die Situation dagegen wohl zu beurteilen sein, wenn die Zwangsmittelandrohung eigenständig erlassen werden soll. Ebenso kann bei der Zwangsmittelfestsetzung regelmäßig auf ein vorausgehendes Anhörungsverfahren verzichtet werden.

Nach § 37 Abs. 2 VwVfG verbleibt der Verwaltung regelmäßig die Entscheidungsfreiheit darüber, in welcher Form sie den Verwaltungsakt erlassen wird. § 70 Abs. 1 Satz 1 NPOG schränkt diese Entscheidungsfreiheit ein. Danach hat die **Zwangsmittelandrohung möglichst schriftlich** zu erfolgen.

Nach § 39 Abs. 1 Satz 1 VwVfG ist ein schriftlicher oder elektronisch erlassener Verwaltungsakt zu begründen, sofern keine Ausnahme nach § 39 Abs. 2 VwVfG vorliegt (**Begrün-**

[223] Dazu *Suckow/Weidemann/Barthel*, Rn. 23 ff.

[224] Vgl. Nur VGH Kassel, DVBl. 1977, S. 255.

dungspflicht). Soweit die Begründungspflicht greift, sind die wesentlichen tatsächlichen und rechtlichen Gründe zu nennen, zudem sind die Ermessenserwägungen darzulegen (§ 39 Abs. 1 Sätze 2 und 3 VwVfG). Regelmäßig wird eine knappe, die zentralen Begründungselemente aufgreifende Begründung ausreichend sein.[225]

10.4.2.1.3 Die Zwangsmittelandrohung

Das **Zwangsmittel** muss dem Pflichtigen gegenüber regelmäßig **zuvor schriftlich angedroht** werden (§ 70 Abs. 1 Satz 1 NPOG). Dem Pflichtigen ist (bei Geboten) nach § 70 Abs. 1 Satz 2 NPOG eine **angemessene Frist** zu bestimmen, innerhalb derer die Verpflichtung zu erfüllen ist. Verlangt wird eine kalendermäßig eindeutig bestimmte Frist. Bei der Fristbemessung sind die Dringlichkeit der konkreten Fallgestaltung und die tatsächliche Handlungsmöglichkeit des Betroffenen zu berücksichtigen.[226] Die Fristbestimmung ist nicht Bestandteil des erlassenen Gebots, sondern Bestandteil der Zwangsmittelandrohung. Die Fristsetzung mit dem zu erfüllenden Gebot zu verbinden, verbietet sich auch deshalb, weil der durchzusetzende Verwaltungsakt nach § 43 Abs. 2 VwVfG durch Ablauf der Frist erledigt wäre. Das unwirksam gewordene Gebot müsste dann erneut erlassen werden. Dagegen braucht eine Frist nicht bestimmt zu werden, wenn eine Duldung oder Unterlassung erzwungen werden soll. Die Androhung des Zwangsmittels kann nach § 70 Abs. 2 NPOG mit dem Verwaltungsakt verbunden werden; sie soll mit ihm verbunden werden, wenn die sofortige Vollziehung angeordnet worden ist oder aber der Rechtsbehelf keine aufschiebende Wirkung hat. Die Androhung muss sich auf bestimmte Zwangsmittel beziehen. Werden mehrere Zwangsmittel angedroht, so ist anzugeben, in welcher Reihenfolge sie angewendet werden sollen (§ 70 Abs. 3 NPOG). Unzulässig ist es dagegen, dem Pflichtigen anzudrohen, dass die Behörde sich vorbehält, zwischen mehreren Zwangsmitteln zu wählen.

Von der **Androhung** eines Zwangsmittels kann dagegen nach § 70 Abs. 1 Satz 3 NPOG **abgesehen werden**, wenn die Umstände sie nicht zulassen, insbesondere wenn die sofortige Anwendung des Zwangsmittels zur Abwehr einer gegenwärtigen Gefahr notwendig ist.

Für die **einzelnen Zwangsmittel** formuliert das NPOG dann **spezifische Anforderungen**. So ist das **Zwangsgeld** in bestimmter Höhe anzudrohen (§ 70 Abs. 4 NPOG). Die Bandbreite einer möglichen Zwangsgeldhöhe richtet sich nach § 67 Abs. 1 NPOG. Sie bewegt sich zwischen 5 und 50.000 €. Bei der Festlegung der Zwangsgeldhöhe ist auch das wirtschaftliche Interesse der betroffenen Person an der Nichtbefolgung des Verwaltungsaktes zu berücksichtigen. Regelmäßig wird bei der erstmaligen Zwangsgeldandrohung nicht der Höchstbetrag genommen. Der Behörde verbleibt so die Möglichkeit, durch die Androhung und ggfs. Festsetzung eines erhöhten Zwangsgeldes den Vollzugsdruck auf den Betroffenen zu erhöhen.

Wird eine **Ersatzvornahme** angedroht, so ist in der Androhung der Kostenbetrag vorläufig zu veranschlagen (§ 70 Abs. 4 NPOG). Das Recht auf Nachforderung bleibt aber unberührt, wenn die Ersatzvornahme höhere als die veranschlagten Kosten verursacht. Soweit **unmittelbarer Zwang** zur Anwendung kommen soll, sind neben § 70 NPOG zusätzlich die Vorgaben des § 74 NPOG zu beachten (§ 70 Abs. 6 NPOG).

---

[225] Siehe *Globisch/Moldenhauer/Suslin/Weidemann*, Muster 6 und 10, S. 55 ff. und 71 ff.

[226] *Heinnemann* in: Möstl/Weiner, § 70 Rn. 3.

Androhung und Fristsetzung zählen zu den **materiellen Erfordernissen** einer rechtmäßigen Vollstreckungsmaßnahme.[227]

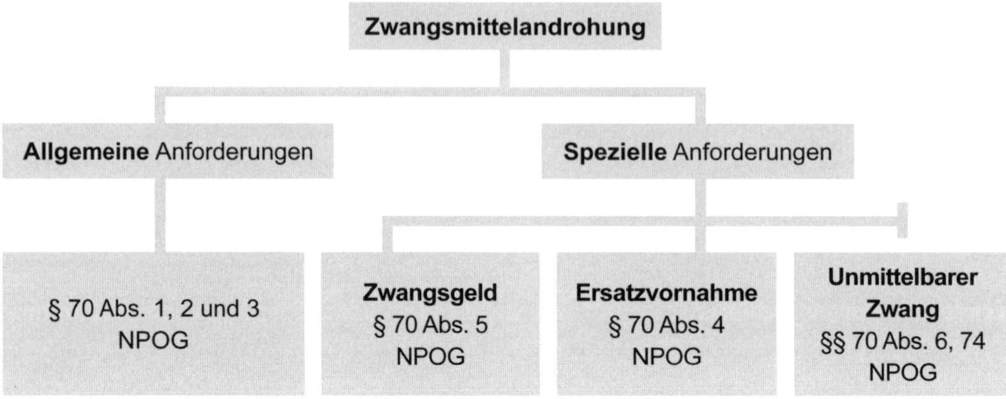

Abb.: Rechtsgrundlagen der Zwangsmittelandrohung

10.4.2.1.4 Die Zwangsmittelfestsetzung

Das **angedrohte Zwangsmittel** wird, bevor es angewendet wird, **regelmäßig förmlich festgesetzt**. Das NPOG sieht jedoch eine Festsetzung nicht allgemein, sondern nur für das Zwangsgeld zwingend vor (§ 67 Abs. 1 Satz 1 NPOG). Regelmäßig erfolgt nach der Zwangsgeldandrohung eine gesonderte schriftliche Festsetzung des Zwangsgeldes. Es ist aber nicht ausgeschlossen, dass auch bei den anderen Zwangsmitteln eine Festsetzung erfolgt.[228] Die Festsetzung bedeutet die Erklärung der Behörde, dass das Zwangsmittel nunmehr anzuwenden ist (Vollstreckungsanordnung); sie wird dem Pflichtigen durch einen besonderen Verwaltungsakt bekannt gegeben. Auch hier genügt, dass die Regelung wirksam, also nicht nichtig ist. Im pflichtigen Bereich (siehe das Zwangsgeld) ist die Festsetzung nur ausnahmsweise entbehrlich. Hat der Betroffene ernstlich und endgültig erklärt, dass er der Grundverfügung nicht Folge leisten werde, so hat er dadurch praktisch auf den Schutz der Festsetzung verzichtet.[229]

10.4.2.1.5 Die Anwendung des Zwangsmittels

Wird die Grundverfügung, trotz Zwangsmittelanwendung nicht befolgt, kommt es zur **Anwendung des Zwangsmittels**. Bei der Ersatzvornahme werden die notwendigen Maßnahmen ausgeführt. Das festgesetzte Zwangsgeld wird beigetrieben, soweit es nicht freiwillig bezahlt wird. Im Bereich des unmittelbaren Zwangs kommt es zur staatlich legitimierten Gewalt gegenüber Sachen oder aber Person.

[227] *Mehde* in: Hartmann/Mann/Mehde, § 4 Rn. 196.
[228] OVG Rheinland-Pfalz, DÖV 1986, 1030.
[229] BVerwG NVwZ 1997, 381 [382].

10.4.2.2 Die Rechtmäßigkeit des sofortigen Vollzugs

Es sind Gefahrensituationen denkbar, in denen die Behörde nicht erst das gestreckte Verfahren initiieren kann, um die Gefahrensituation zu beseitigen.

Beispiele:

a) Im Stadtpark läuft ein Rottweiler ohne Begleitung eines Verantwortlichen herum. Er sieht krank aus und droht, so die Einschätzung des städtischen Vollzugsbeamten, in der Nähe spielende Kinder anzugreifen und zu verletzen. Hier ist ein sofortiges Einschreiten der Behörde geboten, um die Gefahr zu beseitigen. In Betracht kommen das Einfangen oder aber das Einschläfern des Hundes.

b) Unmittelbar vor der Grundstückszufahrt zum Betriebsgelände der Freiwilligen Feuerwehr in Syke ist ein Personenwagen im Halteverbot abgestellt worden. Die Feuerwehrausfahrt ist so blockiert, dass kein Feuerwehrfahrzeug den Betriebshof verlassen kann. Ein Umsetzen ist geboten, um den Brandschutz in der Stadt aufrecht erhalten zu können.

Das NPOG eröffnet mit § 64 Abs. 2 die Möglichkeit, in bestimmten Fällen Zwang anwenden, ohne vorher einen Verwaltungsakt erlassen sowie das in Betracht kommende Zwangsmittel androhen und ggf. festsetzen zu müssen. Es handelt sich dann um den **»sog. sofortigen Vollzug«**. Dieses besondere Verfahren der Zwangsanwendung ist strikt zu unterscheiden von der behördlichen Anordnung der sofortigen Vollziehung, die nach § 80 Abs. 2 Nr. 4 VwGO unter bestimmten Voraussetzungen angeordnet werden kann. Sie hat zur Folge, dass ein Verwaltungsakt, trotz eines dagegen erhobenen Rechtsbehelfs (Widerspruch, ggfs. Anfechtungsklage), vor Eintritt der Unanfechtbarkeit (vgl. § 64 Abs. 1 NPOG) vollzogen werden kann.

Sofortiger Vollzug (§ 64 Abs. 2 NPOG)	**Sofortige Vollziehung** (§ 80 Abs. 2 Nr. 4 VwGO)
Zwangsmitteleinsatz	Maßnahme betrifft die Wirkungen eines Rechtsbehelfs

Abb.: Abgrenzung

§ 64 Abs. 2 NPOG enthält keine Bestimmungen darüber, **welche Zwangsmittel** im Rahmen des sofortigen Vollzugs angewendet werden können. Als Zwangsmittel kommen jedoch nur die **Ersatzvornahme** und der **unmittelbare Zwang** in Betracht. Das Zwangsgeld scheidet aus, da es nicht unmittelbar die Gefahr beseitigt, sondern dazu dient, den Willen des Betroffenen zu beugen.

So können Zwangsmittel rechtmäßig nach § 64 Abs. 2 NPOG ohne vorherigen Verwaltungsakt angewendet werden, wenn die folgenden **Voraussetzungen** vorliegen:

- Abwehr einer gegenwärtigen Gefahr

oder

- Durchsetzung gerichtlich angeordneter Maßnahmen, die der Verwaltungsbehörde oder Polizei obliegen
- Maßnahmen gegen Verantwortliche nach §§ 6 bis 8 nicht oder nicht rechtzeitig möglich sind

oder

keinen Erfolg versprechen

und

- die Verwaltungsbehörde oder Polizei innerhalb ihrer Befugnisse handelt.

Nach § 2 Nr. 1 NPOG liegt eine **gegenwärtige Gefahr** bei einer Gefahrenlage vor, bei der die Einwirkung des schädigenden Ereignisses bereits begonnen hat oder aber diese Einwirkung unmittelbar oder in allernächster Zeit mit einer an Sicherheit grenzenden Wahrscheinlichkeit bevorsteht.[230] Notwendig ist somit der sofortige Vollzug dann, wenn es im Normalverfahren (»gestreckten Verfahren«) nicht oder nicht rechtzeitig gelingt, die rechtswidrige Tat zu verhindern oder die drohende Gefahr abzuwehren.
Die **Behörde handelt innerhalb ihrer gesetzlichen Befugnisse**, wenn sie über die speziellen Anforderungen des § 64 Abs. 2 NPOG hinaus die allgemeinen Anforderungen an die Rechtmäßigkeit ihres Handelns erfüllt. Die Behörde müsste also berechtigt gewesen sein, von dem Betroffenen im gestreckten Verfahren das zu verlangen, was sie jetzt erzwingt. Sie müsste u. a. im Rahmen ihrer sachlichen und örtlichen Zuständigkeit gehandelt und ihr Ermessen rechtmäßig ausgeübt haben. Zudem müsste sie im gestreckten Verfahren berechtigt gewesen sein, einen entsprechenden Grundverwaltungsakt zu erlassen. Anders als im »sog. gestreckten Verfahren« wird hier aber vorausgesetzt, dass der (fiktive) Verwaltungsakt rechtmäßig ist. Außerdem müsste die Anwendung des Zwangsmittels rechtmäßig sein.

> Beispiel:
> In einer Samtgemeinde sind zwei Mitgliedgemeinden zu einer Gemeinde verschmolzen worden. Ein nicht unerheblicher Teil der Bevölkerung der ehemaligen eigenständigen Gemeinde Süstedt steht diesem Zusammenschluss äußerst skeptisch gegenüber. Die bevorstehende Bürgermeisterwahl wird nun von Teilen der Fusionsskeptiker genutzt, um zum Wahlboykott aufzurufen. So wollen sie ihr Missfallen zum Ausdruck bringen. Am Wahltag hängen großflächige Boykottaufrufe unmittelbar neben dem Eingang zum Wahlbüro. Die verantwortlichen Personen sind nicht zu erreichen. Dieser Aufruf widerspricht § 33 Abs. 2 NKWG. Hiernach ist während der Wahlzeit jede Beeinflussung der Personen durch Schrift im unmittelbaren Eingangsbereich des Wahllokals verboten. Dieser Rechtsverstoß stellt eine gegenwärtige Gefahr dar, die die Zwangsmittelanwendung im Wege des sofortigen Vollzugs

[230] Einzelheiten siehe Kapitel 2 Ziff. 2.1.2.

rechtfertigt. Da es um das Abhängen der Plakate geht, kommt als Zwangsmittel die Ersatzvornahme in Betracht.

Rechtmäßigkeit des sofortigen Vollzugs (materielle Voraussetzungen)

Rechtsgrundlage: § 64 Abs. 2 NPOG
Voraussetzungen:

- Abwehr einer gegenwärtigen Gefahr oder Durchsetzung gerichtlich angeordneter Maßnahmen
- Inanspruchnahme von verantwortlichen Personen im gestreckten Verfahren nicht oder nicht rechtzeitig oder nicht Erfolg versprechend
- Handeln innerhalb der Befugnisse
  - Rechtmäßigkeit des fiktiven Verwaltungsakts

    Ermächtigungsgrundlage
    Formelle Anforderungen
    (insbesondere Handeln im Rahmen der Zuständigkeitsordnung)
    Materielle Anforderungen
    (Tatbestand und zutreffende Rechtsfolge)

  - Rechtmäßigkeit der Anwendung des Zwangsmittels (u. a. Auswahl Zwangsmittel, Ermessensausübung)

Abb.: Rechtmäßigkeit sof. Vollzug (Prüfungsschritte)

In den Fällen des § 64 Abs. 2 Nr. 1 NPOG kann das Zwangsmittel der Ersatzvornahme auch gegen eine nach § 7 verantwortliche juristische Person des öffentlichen Rechts angewendet werden, sofern diese dadurch nicht an der Erfüllung ihrer öffentlichen Aufgaben gehindert wird.

10.4.2.3 Das verkürzte Verfahren

Nun sind Fallgestaltungen denkbar, in denen zwar bereits ein Grundverwaltungsakt vorliegt, aber zwischenzeitlich die zeitliche Dringlichkeit, den Grundverwaltungsakt zu befolgen, sich so erhöht hat, dass die Durchführung eines Zwangsmittelverfahrens im sog. gestreckten Verfahren nicht mehr möglich ist.

Beispiel:
Thomas Caruso, Eigentümer einer baufälligen Scheune, ist von der Bauaufsichtsbehörde mit Bescheid vom März d. J. aufgefordert worden, diese abzureißen. Der form- und fristgerecht eingelegte Rechtsbehelf ist noch nicht beschieden worden. Auf die Anordnung der sofortigen Vollziehung ist aber verzichtet worden. Am

9. September kommt es zu einem – für diese Jahreszeit – unerwarteten heftigen Sturm. Ein Mitarbeiter des Bauordnungsamtes stellt vor Ort nun fest, dass mit hoher Wahrscheinlichkeit dieser Sturm das Gebäude in Kürze zum Einsturz bringen wird. Gebäudeteile drohen auf die vorbeiführende Kreisstraße zu fallen und damit den Straßenverkehr zu gefährden. Sach- und Personenschäden sind nicht ausgeschlossen. Da ein Verantwortlicher nicht zu erreichen ist, muss die Behörde sofort handeln. Sie kann die Vollstreckbarkeit der Grundverfügung nicht mehr abwarten. Sie wird im Wege der Ersatzvornahme die Beseitigung des Gebäudes unverzüglich vornehmen.

Beim **»verkürzten Verfahren«** liegt ein Verwaltungsakt zwar vor; weil es dringlich geworden ist, ihn durchzusetzen, verzichtet die Behörde aber darauf, abzuwarten, bis die Unanfechtbarkeit eingetreten ist, oder die Vollstreckbarkeit des Verwaltungsaktes durch Anordnung der sofortigen Vollziehung herbeizuführen, und wendet das Zwangsmittel an, ohne es – ggf. mit Fristsetzung – anzudrohen und festzusetzen.
Weil das sog. verkürzte Verfahren im NPOG nicht ausdrücklich geregelt ist, werden die Vorschriften über den sofortigen Vollzug entsprechend angewendet. Begründet wird das damit, dass ein Zwangsmittel nach Erlass des Verwaltungsaktes erst recht angewendet werden dürfe, wenn die Behörde sogar ganz auf den vorausgehenden Verwaltungsakt verzichten könnte.[231] Die Behörde darf also, wenn die Vollstreckung eilbedürftig ist, unter den Voraussetzungen, unter denen sofortiger Vollzug rechtmäßig ist, jederzeit vom gestreckten Verfahren zum sofortigen Vollzug übergehen.

10.5 Rechtsnatur der Maßnahmen in der Zwangsvollstreckung

Zwangsmittelandrohung und **Zwangsmittelfestsetzung** sind als **Verwaltungsakt** i. S. d. § 35 Satz 1 VwVfG einzustufen.[232] In beiden Fällen ist der nach § 35 Satz 1 VwVfG geforderte Regelungsgehalt gegeben. Im Falle der Androhung wird ein bestimmtes Zwangsmittel ausgewählt und beim Zwangsgeld zudem die Höhe eines Zwangsgeldes bestimmt. Die Festsetzung konkretisiert die nächste Stufe der Vollstreckung und schafft die Grundlage für die Anwendung des Zwangsmittels. Dagegen wird die **Anwendung** eines **Zwangsmittels** überwiegend als **Realakt** eingestuft.[233]

10.6 Sonderfall: Verkehrszeichen – Abschleppen von Kraftfahrzeugen

Eine **erhebliche Bedeutung** in der **Praxis** kommt der **Entfernung von Kraftfahrzeugen** aus dem öffentlichen Verkehrsraum zu. Auf welcher rechtlichen Basis die Verwaltung die Entfernung des Fahrzeuges anordnen und durchsetzen kann, hängt von unterschiedlichen Faktoren ab. Zunächst ist zu klären, ob es sich um ein grundsätzlich verkehrstaugliches und verkehrsbereites Fahrzeug handelt. Hieran fehlt es beispielsweise, wenn es abgemeldet worden ist. Sodann ist zu klären, ob die gefahrenabwehrrechtliche Maßnahme vorliegend

231 *Habermehl*, Rn. 835.
232 Vgl. nur BVerwGE 49, 169 [170 f.]; BVerwG DVBl. 1989, S. 362 f.
233 VGH Kassel NVwZ 1982, S. 514; *Ipsen*, Rn. 619 m. N.

verkehrlichen Zwecken dient. Dagegen rückt der verkehrliche Aspekt in den Hintergrund, wenn unmittelbar von dem Fahrzeug eine Gefahr ausgeht oder aber die Beschädigung des Fahrzeugs durch Dritte droht. Je nach Fallgestaltung können die Ersatzvornahme, u. U. sogar im Rahmen des Sofortigen Vollzugs, oder aber die Sicherstellung nach § 26 NPOG in Betracht kommen. Damit sind die rechtlichen Grundlagen für die Beseitigung von Fahrzeugen nicht ganz übersichtlich.[234]

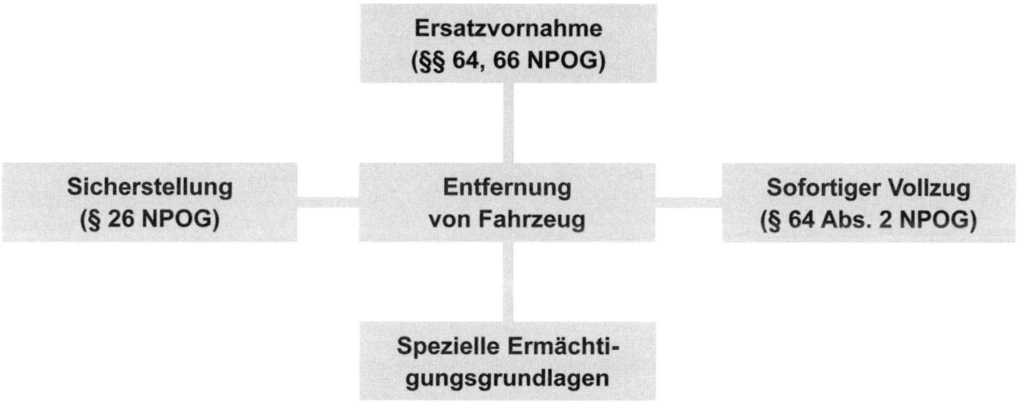

Abb.: Entfernung von Kraftfahrzeugen – Rechtsgrundlagen[235]

Ein entscheidender Punkt ist, dass die **Spruchpraxis des Bundesverwaltungsgerichts** darauf abstellt, dass das jeweilige Ge- und Verbotszeichen den zwangsweise durchzusetzenden Verwaltungsakt darstellt, wenn dieses konkrete Zeichen vom Verkehrsteilnehmer nicht beachtet wird. Ein Umsetzen des Kraftfahrzeuges stellt damit dann eine **Ersatzvornahme** dar.[236] Fehlt es dagegen an einem entsprechenden Verkehrszeichen, so fehlt auch der (nicht beachtete) Grundverwaltungsakt, der mit Zwangsmitteln durchgesetzt werden soll. Dies ist die Fallkonstellation, auf die die Behörde im **Wege des sofortigen Vollzuges** reagieren kann. Dies ist beispielsweise dann anzunehmen, wenn zwar gegen allgemeine Verhaltensvorschriften des Straßenverkehrsrechts verstoßen worden ist, ohne dass diese Pflicht durch ein ausdrücklich angeordnetes Verkehrszeichen besonders zu begründen wäre. Dagegen kommt eine **Sicherstellung** des Fahrzeuges nach § 26 NPOG dann in Betracht, wenn die Anordnung gerade dazu dienen soll, das Kraftfahrzeug zu sichern, um so den Besitz Dritter zu verhindern.[237]

---

[234] Vgl. nur *Rühle, G.*, Rn. 72 m. N.; ferner *Tegtmeyer/Vahle*, § 43 Rn. 10 ff.; *Suckow/Hoge*, Rn. 406 ff.

[235] Eine umfangreiche Übersicht über typische Abschleppsituationen und ihre rechtliche Bewertung in der Rechtsprechung geben *Tegtmeyer/Vahle*, § 43 Rn. 10 m. umfangreichen N.; siehe ferner *Götz/Geis*, § 17 Rn. 61 ff.; § 20 Rn. 28 f.; § 21 Rn. 27 ff.

[236] Siehe nur *Rühle, G.*, Rn. 73.

[237] Zum Begriff vgl. auch *Mehde*, § 4 Rn. 105 m. N.; Einzelheiten zu den tatbestandlichen Voraussetzungen siehe ebenda.

Beispiele:

a) Das zugelassene Kraftfahrzeug steht seit einer Stunde im Halteverbot (Zeichen). Da es sich hier um eine schmale Gemeindestraße in einem historischen Stadtkern handelt, kommt es zur Behinderung des fließenden Verkehrs. Ermittlungen, den Fahrzeugführer zu erreichen, waren nicht erfolgreich. Da hier gegen einen Grundverwaltungsakt verstoßen wird, kommt als Vollzugmaßnahme die Ersatzvornahme in Betracht.

b) Die Grundstückszufahrt des Arztes Max Bauer ist durch einen Personenwagen blockiert worden. Der Arzt kann praktisch das Grundstück nicht mehr verlassen. Notfalleinsätze, die die Nutzung seines Personenwagens erfordern, sind nicht mehr möglich. Hier fehlt es an der Konkretisierung einer straßenverkehrsrechtlichen Verhaltenspflicht durch ein vollziehbares Verkehrszeichen. Da der für die Vollziehung im gestreckten Verfahren erforderliche Grundverwaltungsakt fehlt, liegt hier ein Fall des sofortigen Vollzugs (§ 64 Abs. 2 NPOG) vor.

c) In der Nähe eines Fußballstadions hat Ferdinand Bolte seinen PKW abgestellt und sich zum Spiel begeben. Die kommunale Ordnungskraft sieht, dass eine Seitenscheibe eingeschlagen worden ist und die Gefahr besteht, dass Unbefugte Wertsachen (z. B. Autoradio) aus dem Auto entfernen. Hier ist das Ziel der Entfernung des Fahrzeuges, Dritte von einem (unberechtigtem) Zugriff abzuhalten. Damit ist allein die Inobhutnahme das Ziel der behördlichen Reaktion. Hier kommt eine Sicherstellung, gestützt auf § 26 NPOG, in Betracht.

Zudem sind Fallgestaltungen denkbar, in denen eine **straßenrechtliche Ermächtigungsgrundlage** (z. B. § 22 NStrG) greifen könnte.

Beispiel:

Auf einem öffentlichen Parkplatz wird in den Wintermonaten ein Wohnmobil abgestellt. Da es für die Wintermonate »abgemeldet worden ist«, kann es nicht mehr unmittelbar am Straßenverkehr teilnehmen. Das nicht verkehrsbereite Wohnmobil ist straßenrechtlich als Sondernutzung einzustufen. Damit kann hier auch auf eine straßenrechtliche Befugnisnorm zurückgegriffen werden.

Schließlich kann auch eine **Beseitigung eines Fahrzeuges** nach **Abfallrecht** in Betracht kommen.[238]

Sofern sich die Behörde zur Beseitigung der Fahrzeuge **privater Abschleppunternehmer** bedient, so werden diese als **sog. Verwaltungshelfer**[239] der anordnenden Behörden tätig.[240]

[238] *Rühle, G.*, Rn. 73.

[239] Zum Begriff siehe *Maurer/Waldhoff*, § 23 Rn. 59.

[240] BGH NJW 2006, S. 1804.

10.7 Prüfungsmuster – Zwangsmittelandrohung

Zwangsmittelandrohung
Prüfungsmuster: Erstentscheidung[241]

A. Bestimmung des Arbeitsziels
(Auswahl des Zwangsmittels, bei Entscheidung für Zwangsgeld auch Höhe des angedrohten Zwangsgeldes vorsehen)

B. Ermächtigungsgrundlage: §§ 70 Abs. 1, 64 Abs. 1, 65 Abs. 1 NPOG[242]

C. Formelle Rechtmäßigkeitsvoraussetzungen
Zuständigkeit: § 64 Abs. 3 NPOG[243]

D. Materielle Rechtmäßigkeitsvoraussetzungen
(• Tatbestandliche Voraussetzungen)

I. Verwaltungsakt auf Vornahme einer Handlung, Duldung oder Unterlassung (§ 64 Abs. 1 NPOG)[244]
II. Gesetzlich vorgesehenes und bestimmtes Zwangsmittel (§§ 65 Abs. 1, 70 Abs. 3 Satz 1 NPOG);
im Falle eines Zwangsgeldes Androhung auch in bestimmter Höhe (§ 70 Abs. 5 NPOG)
III. Fristsetzung bei Verpflichtung zur Vornahme einer Handlung (§ 70 Abs. 1 Satz 2 NPOG)
IV. Ggf. spezielle Anforderungen des gewählten Zwangsmittels;
z. B. bei Androhung der Ersatzvornahme: Vertretbarkeit der Handlung (§ 66 Abs. 1 Satz 1 NPOG), Höhe der voraussichtlichen Kosten (§ 70 Abs. 4 NPOG), beim unmittelbaren Zwang (§§ 70 Abs. 6, 74 NPOG)

(• Rechtsfolge: §§ 64 Abs. 1 »... kann ...«, 5 NPOG)
V. Ermessensausübung (§ 40 VwVfG): ermessensfehlerfreie Auswahl des Zwangsmittels (bei Zwangsgeld auch die Höhe des Zwangsgeldes; Beachtung des Grundsatzes der Verhältnismäßigkeit)

E. Entscheidungsvorschlag mit Ausführungen zu
- Verfahren (Anhörung kann nach § 28 Abs. 2 Nr. 5 VwVfG regelmäßig entfallen)
- Form: möglichst schriftlich (§ 70 Abs. 1 Satz 1 NPOG)

---

[241] In Anlehnung an die Aufbaumuster für die Bearbeitung verwaltungsrechtlicher und privatrechtlicher Fälle, verfasst vom NSI/ HSVN, Stand April 2023, S. 5; dabei wird **vorausgesetzt**, dass die Androhung nicht entbehrlich ist (vgl. § 70 Abs. 1 Satz 3 Nds. SOG).

[242] Bei Verwaltungsakten, die nicht der Gefahrenabwehr dienen: § 70 Abs. 1NVwVG i. V. m. §§ 70 Abs. 1, 64 Abs. 1, 65 Abs. 1 NPOG.

[243] Bei Verwaltungsakten, die nicht der Gefahrenabwehr dienen: § 70 Abs. 2 NVwVG.

[244] Unanfechtbarkeit oder sofortige Vollziehbarkeit des Verwaltungsakts sind bei der Androhung nicht zu prüfen (Argument aus § 70 Abs. 2 NPOG).

- Begründung (§ 39 Abs. 1, Abs. 2 VwVfG); Begründungsanforderungen ergeben sich aus § 39 Abs. 1 Sätze 2 und 3 VwVfG
- bei Androhung von Zwangsgeld: falls erforderlich, Hinweis auf Ersatzzwangshaft (§ 68 Abs. 1 Satz 1 NPOG)

Soweit die Androhung nicht mit dem Grundverwaltungsakt verbunden wird, sind zudem noch folgende Punkte anzusprechen
- Rechtsbehelfsbelehrung (§ 37 Abs. 6 VwVfG)
- Wirksamkeit, Bekanntgabe (§§ 43 Abs. 1, 41 Abs. 5 VwVfG; § 1 Abs. 1 NVwZG, §§ 2 und 3 VwZG)

Vertiefungshinweise

RECHTSPRECHUNG

BVerwGE 90, 189 (Abschleppen eines Kraftfahrzeugs)
BVerwG NVwZ 1997, S. 381 ff. (Festsetzung des Zwangsgeldes bei Ersatzvornahme)
BVerwG DVP 2009, S. 392 (Erledigung eines Verwaltungsakts nach der Vollstreckung)
OVG Schleswig-Holstein NVwZ 2000, S. 821 f. (Zwangsgeld)
OVG Lüneburg, NdsVBl. 1998, S. 141 f. (Ersatzvornahme und Abbruch Haus)
OVG Lüneburg, NdsVBl. 2009, S. 345 ff. (Beitreibung Zwangsmittel)
OVG Lüneburg, NVwZ-RR 2006, S. 322 (Versiegelung eines Gebäudes)
OVG Bautzen, NVwZ-RR 2013, S. 868 Ls. (Maßgeblicher Zeitpunkt einer Zwangsgeldfestsetzung)
VGH Kassel, NVwZ-RR 2014, S. 505 ff. (Zwangsgeldhöhe)
OVG Münster, BauR 2014, S. 678 (Zwangsgeldandrohung und Mittellosigkeit)
OVG Münster, DVP 2018, S. 76 f. (Zwangsgeldfestsetzung und Androhung eines weiteren neuen Zwangsgelds)
OVG Lüneburg, NdsVBl. 2019, S. 123 f. (Vollstreckungsbefugnis bei einem Prozessvergleich)
OVG Lüneburg, DVP 2020, S. 36 ff. (Androhung der Festsetzung erhöhter Zwangsgelder bei tierschutzrechtlichen Verstößen)
OVG Münster, DVP 2021, S. 70 f., (Abschleppen eines stillgelegten Fahrzeugs im Sofortvollzug)
OVG Lüneburg, NdsVBl. 2022, S. 95 ff. (Intendiertes Ermessen bei einer Zwangsgeldfestsetzung)
OVG Münster, DVP 2022, S. 481 f. (Anhörung bei Maßnahmen der Verwaltungsvollstreckung)
OVG Lüneburg, NdsVBl. 2023, S. 58 f. (Vollstreckung einer Bauaufsichtsverfügung gegen eine Wohnungseigentümerversammlung)
VG Oldenburg, NJW 1988, S. 580 f. (Verhältnis unmittelbarer Zwang und Ersatzhaft)
VG Koblenz, DVP 2006, S. 171 f. (Angemessenheit Zwangsgeld)
VG Düsseldorf, DVP 2023, S. 252 f. (Ersatzvornahme beim PKW mit laufendem Motor; mit Anm. von *J. Vahle*)

LITERATUR

App, M., Einführung in das Verwaltungsvollstreckungsrecht, JuS 2004, S. 786 ff.
Finger, T., Die Kostentragungspflicht des Anscheinsstörers in der Verwaltungsvollstreckung am Beispiel eines Abschleppfalles, DVP 2006, S. 361 ff.
Klomfaß, R., Übungsfall zum Verwaltungsvollstreckungsrecht, DVP 2013, S. 32 ff.
Lange, G., Die sturmgeschädigte Kastanie, DVP 2014, S. 343 ff. (Fallbearbeitung)
Mann/Figuccio, Das doppelte Zwangsgeld, Nds.VBl. 2022, S. 160 ff. (Fallbearbeitung)
Michaelis, L.O., Das Abschleppen von Kraftfahrzeugen, Jura 2003, S. 298 ff.
Vahle, J., Der Verwaltungszwang, DVP 2012, S. 266 ff.
Weser, E., Polizeiliches Abschleppen verkehrswidrig in der Fußgängerzone geparkter KfZ, DVP 2014, S. 96 ff.
Weidemann, Grundverfügung und Vollstreckungsverfahren; Anm. zu OVG Lüneburg, Beschl. v. 23.4.2009, DVP 2011, S. 209 ff.
Wilhelm, H., Vollzug gegen Behörden unzulässig – oder doch möglich?, DVP 2012, S. 143 ff.

11 RECHTSSCHUTZ GEGEN MASSNAHMEN DER GEFAHRENABWEHRBEHÖRDEN

11.1 Maßnahmen der kommunalen Ordnungsbehörde

Der Bürger ist nicht verpflichtet, behördliche Maßnahmen kritiklos hinzunehmen. So bestimmt Art. 19 Abs. 4 Satz 1 GG, dass jedermann der Rechtsweg offensteht, wenn er durch die öffentliche Gewalt in seinen Rechten verletzt wird. Die verfassungsrechtlich verankerte Rechtsweggarantie gehört zu den fundamentalen Pfeilern eines demokratisch verfassten Rechtsstaates. Durch einen Impuls des Bürgers werden unabhängige Gerichte eingeschaltet, die behördliche Maßnahme auf ihre Rechtmäßigkeit hin zu überprüfen. Die Frage, welches Gericht angerufen und welcher Rechtsbehelf eingelegt werden muss, hängt entscheidend u. a. davon ab, welche Rechtsqualität die strittige Maßnahme hat und wer die Maßnahme getroffen hat.

Beispiele:

a) Die Stadt Syke fordert den Grundeigentümer Gerd Jahnke auf, die morsche Kastanie auf seinem Grundstück innerhalb der nächsten zwei Wochen zu beseitigen. Diese Anordnung sei notwendig, so die Stadt, da bei einem Umstürzen Passanten verletzt werden könnten. Diese Anordnung stellt einen Verwaltungsakt dar. Jahnke muss also, will er die Entscheidung nicht hinnehmen, den Verwaltungsrechtsweg beschreiten (§ 40 Abs. 1 VwGO).

b) Max Liebermann, glühender Fan von Hannover 96, gehört einer Gruppe von Hooligans an, die an Spielwochenenden die Konfrontation mit der Polizei und gegnerischen Fans sucht. Die Polizei nimmt Liebermann nun bei jedem Heimspiel für die Dauer von 6 Stunden, gestützt auf § 18 Abs. NPOG, in Gewahrsam. Will Liebermann diese polizeiliche Maßnahme überprüfen lassen, muss er, obgleich es sich um eine öffentlich-rechtliche Streitigkeit handelt, das zuständige Amtsgericht anrufen (§ 19 Nds. SOG).

Zu den Maßnahmen der Gefahrenabwehrbehörden[245] zählen

- Verwaltungsakte
- Rechtsverordnungen
- Realakte.

Die Frage, welcher Rechtsbehelf (z. B. Widerspruch oder Klage) hängt maßgeblich von dem Rechtscharakter der Maßnahme der Gefahrenabwehrbehörde und dem Ziel des Rechtsbehelfs ab. So muss der Bürger bei Verwaltungsakten die Anfechtungs- oder aber Verpflich-

---

[245] Einzelheiten siehe Ausführungen im Kapitel 3.

tungsklage (siehe Ziff. 11.2.2) anstrengen, um seine Rechtsposition klären zu lassen. Soll eine Rechtsverordnung überprüft werden, so ist das verwaltungsgerichtliche Normenkontrollverfahren (siehe Ziff. 11.2.3) einzuleiten. Ist ein Realakt im Streit, so ist regelmäßig die allgemeine Leistungsklage (siehe Ziff. 11.2.4) einzureichen. Zudem ist zu berücksichtigen, dass es mitunter Sonderregelungen gibt. So handelt es sich beim Bußgeldbescheid zwar um einen Verwaltungsakt, gleichwohl ist nicht der Verwaltungsrechtsweg eröffnet.

> Beispiel:
> Die Taubenverordnung der Stadt Braunschweig enthält das Verbot, Tauben auf öffentlichen Plätzen zu füttern. Ein Verstoß gegen diese Bestimmung kann mit einer Geldbuße geahndet werden. Da der Rentner Georg Meyer wiederholt gegen dieses Verbot verstoßen hat, setzt die Stadt eine Geldbuße in Höhe von 150 € fest. Tauber muss, will er die Entscheidung nicht hinnehmen, Einspruch einlegen, über den dann das Amtsgericht entscheidet (§§ 67 ff. OwiG).

11.2 Gerichtlicher Rechtsschutz

11.2.1 DER VERWALTUNGSRECHTSWEG

Nach § 40 Abs. 1 Satz 1 VwGO ist in allen öffentlich-rechtlichen Streitigkeiten nichtverfassungsrechtlicher Art der Verwaltungsrechtsweg gegeben, soweit die Streitigkeit nicht durch Bundesgesetz einem anderen Gericht zugewiesen wurde. Auf Landesebene können öffentlich-rechtliche Streitigkeiten auf dem Gebiet des Landesrechts auch durch Gericht einem anderen Gericht zugewiesen werden. Bei den gefahrenabwehrrechtlichen Maßnahmen der Kommune handelt es sich im Regelfall um öffentlich-rechtliche Streitigkeiten. Auch wenn häufig Grundrechtsbeeinträchtigungen nicht ausgeschlossen werden können, handelt es sich doch nicht um verfassungsrechtliche Streitigkeiten. Damit ist, sofern nicht eine andere gesetzliche Zuweisung[246] gegeben ist, bei Streitigkeiten der Verwaltungsrechtsweg eröffnet.[247]

11.2.2 ANFECHTUNGS- UND VERPFLICHTUNGSKLAGE

Nach § 42 Abs. 1 VwGO kann durch die Anfechtungsklage die Aufhebung eines Verwaltungsakts sowie durch die Verpflichtungsklage die Verurteilung zum Erlass eines abgelehnten oder unterlassenen Verwaltungsakts begehrt werden. Damit ist bei beiden Klagearten der Streitgegenstand ein Verwaltungsakt. Zu den Verwaltungsakten in der Gefahrenabwehr zählen insbesondere die klassische Ordnungsverfügung, die Zwangsmittelandrohung[248],

---

[246] Siehe nur Ausführungen zu Ziff. 11.1.

[247] Im Bereich des besonderen Gefahrenabwehrrechts kann es mitunter eine sog. aufdrängende Zuständigkeit zum Verwaltungsgericht geben; z. B.: § 12 Handwerksordnung.

[248] Siehe nur BVerwG, NVwZ-RR 1989, S. 337; VGH München, NJW 1982, S. 460.

die Zwangsmittelfestsetzung, aber auch die ordnungsrechtliche Erlaubnis[249]. Regelmäßig ist nach § 68 Abs. 1 Satz 1 und Abs. 2 VwGO diesen beiden Klagearten ein Vorverfahren, das Widerspruchsverfahren, vorgeschaltet. Nach § 68 Abs. 1 Satz 2 Hs. 1 kann jedoch durch Gesetz bestimmt werden, dass dieses Vorverfahren entfällt. Das Land Niedersachsen hat von dieser Regelungskompetenz Gebrauch gemacht. Nach § 80 Abs. 1 und 3 Nds. Justizgesetz (NJG) ist regelmäßig weder vor der Anfechtungs- noch vor der Verpflichtungsklage zuvor ein Vorverfahren durchzuführen, da das Gefahrenabwehrrecht **nicht** in den Kreis der Ausnahmen nach § 80 Abs. 2 NJG aufgenommen worden ist. Eine andere Beurteilung ist aber dort geboten, wo sich die Androhung von Zwangsmitteln unmittelbar auf Verwaltungshandlungen bezieht, die vom Ausnahmekatalog des § 80 Abs. 3 NJG erfasst werden. In diesen Fällen ist ausnahmsweise ein Vorverfahren erforderlich.

Beispiele:

a) Die zuständige Behörde ordnet die Beseitigung eines morschen Baumes an und stützt diese Entscheidung zu Recht auf § 11 NPOG. Als Zwangsmittel wird die Ersatzvornahme angedroht. Hier ist sowohl gegen die Hauptregelung wie auch die Zwangsmittelandrohung unmittelbar die verwaltungsgerichtliche Klage zu erheben, da die Ausnahme des § 80 Abs. 1 NJG greift und das NPOG nicht vom § 80 Abs. 2 NJG erfasst wird.

b) Die zuständige Behörde ordnet, gestützt auf § 79 Abs. 1 NBauO, den Weiterbau der Gewerbehalle an, da die erforderliche Baugenehmigung fehlt. Für den Fall der Nichtbefolgung dieser Bausperre wird ein Zwangsgeld angedroht. Wendet sich der Bauherr gegen die Zwangsgeldandrohung, so ist der Anfechtungsklage nach § 68 Abs. 1 Satz 1 VwGO ein Vorverfahren vorgeschaltet, da eine Ausnahme nach § 68 Abs. 1 Satz 2 VwGO nicht greift. So bestimmt § 80 Abs. 4 Nr. 1 NJG, dass bei einer Zwangsgeldandrohung, die sich auf Verfahren erstreckt, die im § 80 Abs. 2 NJG erfasst werden, ein Vorverfahren – abweichend von § 80 Abs. 1 NJG – durchzuführen ist. § 80 Abs. 2 Nr. 4a NJG sieht vor, dass § 80 Abs. 1 NJG nicht zum Tragen kommt, wenn ein Verwaltungsakt nach den Vorschriften der NBauO ergeht. Das ist hier der Fall.

Die Klage ist erfolgreich, wenn neben den allgemeinen[250] und besonderen[251] Sachurteilvoraussetzungen die Begründetheit der Klage gegeben ist. So ist die Anfechtungsklage begründet, soweit der angefochtene Verwaltungsakt rechtswidrig ist und der Klage dadurch in seinen Rechten verletzt ist (§ 113 Abs. 1 VwGO) und es keinen Aufhebungsausschluss

---

[249] Siehe beispielsweise § 1 Abs. 2 der Gefahrtier-Verordnung. So ist es nach § 3 Abs. 1 dieser Verordnung verboten, nicht gewerblich Giftschlangen einschließlich der Natter der Gattung Dispholidus und Thelotornis, Giftechsen, tropische Giftspinnen und giftige Skorpione zu halten. Nach § 3 Abs. 2 kann nun der Landkreis oder die kreisfreie Stadt unter bestimmten Voraussetzungen **Ausnahmen** von diesem Verbot **genehmigen**.

[250] Zu den allgemeinen Sachurteilsvoraussetzungen zählen: Dt. Gerichtsbarkeit, Verwaltungsrechtsweg, Zuständiges Verwaltungsgericht, Beteiligtenfähigkeit, Prozessfähigkeit, Statthaftigkeit der Klage, ordnungsgemäße Klageerhebung, Fehlen anderweitiger Rechtshängigkeit, Fehlen einer rechtskräftigen Entscheidung und das allgemeine Rechtsschutzbedürfnis. Vertiefung: *Suckow/Weidemann/Barthel*, S. 408 ff.

[251] Welche besonderen Sachurteilsvoraussetzungen vorliegen müssen, beurteilt sich nach der jeweils angestrengten Klageart. Anfechtungs- und Verpflichtungsklage: Klagebefugnis und Klagefrist; Vertiefung siehe *Suckow/Weidemann/Barthel*, Rn. 410 ff.

nach § 46 VwVfG gibt. Das Gericht führt damit eine reine Rechtmäßigkeitskontrolle durch. Zur Rechtmäßigkeitsprüfung des Gerichts gehört es auch, vorhandene Ermessensentscheidungen auf ihre Rechtmäßigkeit hin zu überprüfen (§ 114 Satz 1 VwGO). In engen Grenzen ist die beklage Behörde aber berechtigt, ihre Ermessenserwägungen hinsichtlich des Verwaltungsakts auch noch im verwaltungsgerichtlichen Verfahren zu ergänzen.[252] Bei der Verpflichtungsklage geht es nicht um die Aufhebung eines strittigen Verwaltungsakts, sondern um den Erlass des begehrten Verwaltungsakts. Ausfluss der Gewaltenteilung ist aber, dass das Gericht nicht den begehrten Verwaltungsakt erlassen kann. Stellt das Gericht nun fest, dass die Ablehnung des Verwaltungsakts rechtswidrig war und der Kläger dadurch in seinen Rechten verletzt ist, spricht es die Verpflichtung gegenüber der Verwaltungsbehörde aus, den VA zu erlassen (§ 113 Abs. 5 Satz 1 VwGO). Voraussetzung für diese Entscheidung ist aber, dass die Angelegenheit spruchreif ist. Fehlt diese Spruchreife, so spricht das Gericht nach § 113 Abs. 5 Satz 2 VwGO ein sog. Bescheidungsurteil aus. In diesem Fall hebt das Gericht die Ablehnung auf und verpflichtet die Behörde, den Kläger unter Beachtung der Rechtsauffassung des Gerichts neu zu bescheiden.
Hat sich der strittige Verwaltungsakt dagegen vor Erlass der gerichtlichen Entscheidung erledigt, kann die vorhandene Klage in eine sog. Fortsetzungsfeststellungsklage »umgestellt« werden. Ist die Erledigung bereits vor Klageerhebung eingetreten, ist unmittelbar die Fortsetzungsfeststellungsklage zu erheben. Geregelt ist die Fortsetzungsfeststellungsklage in § 113 Abs. 1 Satz 4 VwGO.[253]

> Beispiel:
> Da Peter Jahnke (Beispiel a, Seite 110) den Baum nicht beseitigte, nahm die Stadt die erforderlichen Arbeiten vor (Ersatzvornahme in Form der Selbstvornahme). Die Ersatzvornahme war zuvor mit der Grundverfügung angeordnet worden. Jahnke hält die Beseitigung des Baumes für rechtswidrig und hält die form- und fristgerecht eingereichte Anfechtungsklage aufrecht. Mit der Beseitigung des Baumes hat sich aber der Grundverwaltungsakt erledigt. Das Ziel der Anfechtungsklage, die Aufhebung der Beseitigungsanordnung zu erwirken, ist nicht mehr zu erreichen. Die Klage ist daher in eine Fortsetzungsfeststellungsklage umzuwandeln.

Mit der Fortsetzungsfeststellungsklage kann die Feststellung begehrt werden, dass der strittige Verwaltungsakt rechtswidrig gewesen ist. Als besondere Zulässigkeitsvoraussetzung muss der Kläger aber geltend machen, dass ein berechtigtes Interesse an der Feststellung der Rechtswidrigkeit besteht. Dieses sog. **Feststellungsinteresse** wird in folgenden **Fallgruppen** anerkannt:

- bei Wiederholungsgefahr
- bei Rehabilitationsinteresse
- beim sog. Präjudizinteresse; d. h. der Kläger begehrt die verwaltungsgerichtliche Entscheidung als Vorentscheidung für einen Amtshaftungsprozess.

---

[252] Einzelheiten siehe *Koop/Schenke*, § 114 Rn. 49 ff.

[253] Obgleich die Fortsetzungsfeststellungsklage vom Gesetzgeber ausdrücklich nur für die Anfechtungssituation vorgesehen wurde, ist doch anerkannt, dass diese Vorschrift auch entsprechend für die Verpflichtungsklage gilt; Einzelheiten siehe *Pietzner/Ronellenfitsch*, § 11 Rn. 333 ff.

11.2.3 DAS NORMENKONTROLLVERFAHREN

Rechtsschutz gegen Rechtsnormen ist nur im Wege des Normenkontrollverfahrens möglich. So bestimmt § 47 Abs. 1 Nr. 2 VwGO, dass das Oberverwaltungsgericht im Rahmen seiner Gerichtsbarkeit auf Antrag über die Gültigkeit von im Rang unter dem Landesgesetz stehenden Rechtsvorschriften entscheidet, sofern das Landesrecht dies vorsieht. Diese landesrechtliche Regelung ist mit § 75 NJG geschaffen worden. Damit können in Niedersachen gefahrenabwehrrechtliche Rechtsverordnungen durch das Oberverwaltungsgericht Lüneburg auf ihre Gültigkeit hin überprüft werden.

11.2.4 DIE ALLGEMEINE LEISTUNGSKLAGE UND DIE FESTSTELLUNGSKLAGE

Nun sind durchaus auch Maßnahmen der Gefahrenabwehrbehörde denkbar, die von der Rechtsqualität nicht als Verwaltungsakt zu qualifizieren sind.

> Beispiele:
> Anwendung der Zwangsmittel, Einfangen eines Hundes, Aufstellung eines Warnhinweises, Streifengänge des kommunalen Ordnungsdienstes[254]

Mit der **allgemeinen Leistungsklage** kann sowohl die Vornahme einer nicht als Verwaltungsakt zu qualifizierenden öffentlich-rechtlichen Amtshandlung der Verwaltung wie auch die Unterlassung einer öffentlich-rechtlichen Amtshandlung begehrt werden.[255] Die Klageart ist zwar nicht ausdrücklich in der VwGO normiert, wird aber praktisch vorausgesetzt.[256] Gegenstand dieser Klage sind damit öffentlich-rechtliche Handlungen bzw. Unterlassungen, die nicht die Rechtsqualität eines Verwaltungsakts haben.
Geht es dagegen um die Feststellung des Bestehens oder des Nichtbestehens eines Rechtsverhältnisses, so kann diese Feststellung mit der **Feststellungsklage** begehrt werden (§ 43 Abs. 1 VwGO).

> Beispiel:
> Feststellung, dass ein bestimmtes Gewerbe ohne behördliche Erlaubnis betrieben werden darf.

Die allgemeine Feststellungklage ist aber nur dann der statthafte Rechtsbehelf, wenn zum einen ein feststellungsfähiges Rechtsverhältnis i. S. d. § 43 Abs. 1 VwGO vorliegt und zum anderen der Subsidiaritätsklausel des § 43 Abs. 2 Satz 1 VwGO entsprochen wird. Hiernach kann die Feststellung nicht begehrt werden, wenn der Kläger seine Rechte durch Gestaltungs- bzw. Leistungsklage (z. B. Anfechtungs- oder Verpflichtungslage) verfolgen kann bzw. hätte verfolgen können. Eine Ausnahme von der Subsidiaritätsklausel gibt es für die Nichtigkeitsfeststellungsklage (§ 43 Abs. 1, 2 Satz 2 VwGO).

---

[254] Weitere Beispiele siehe Kapitel 3.

[255] Vgl. *Kopp/Schenke*, Vorb § 40 Rn. 8a; die h. M. sieht es wohl auch als zulässig an, das Unterlassen eines Verwaltungsakts mittels allgemeiner Leistungsklage erwirken zu können (ebenda).

[256] Vgl. auch *Kopp/Schenke*, Vorb § 40 Rn. 4; Vertiefung zur Zulässigkeit und Begründetheit einer möglichen allgemeinen Leistungsklage siehe *Gersdorf*, S. 62 ff.

11.2.5 DER VORLÄUFIGE RECHTSSCHUTZ

Nach § 80 Abs. 1 VwGO entfaltet die Anfechtungsklage aufschiebende Wirkung.[257] Für eine bestimmte Zeit darf der strittige Verwaltungsakt damit nicht vollzogen werden. Regelmäßig endet nach § 80b Abs. 1 Satz VwGO die aufschiebende Wirkung der Anfechtungsklage mit der Unanfechtbarkeit oder, wenn die Anfechtungsklage im ersten Rechtszug abgewiesen worden ist, drei Monate nach Ablauf der gesetzlichen Begründungsfrist des gegen die abweisende Entscheidung gegebenen Rechtsmittels. Für die Dauer der aufschiebenden Wirkung ist es damit der Gefahrenabwehrbehörde verwehrt, den Verwaltungsakt umzusetzen. Nun kann es aus unterschiedlichen Gründen heraus nicht immer hingenommen werden, dass erst die aufschiebende Wirkung entfällt, ehe die Behörde für den Vollzug der Anordnung sorgt.

> Beispiel:
> Martin Köhler nimmt seit einigen Wochen mit seinem tiefer gelegten Sportwagen in der Kreisstadt an illegalen Autorennen teil. Diese finden im Industriegebiet in der Zeit von 22.00 bis 4.00 Uhr statt. Die Polizei versucht, diese sog. Tuning-Szene auszudünnen. Fahrer, die namhaft gemacht werden können, erhalten von der zuständigen Ordnungsbehörde ein mehrmonatiges Aufenthaltsverbot für diesen Bereich der Stadt. Das von Köhler angestrengte Klageverfahren würde nun dazu führen, dass die Ordnungsbehörde für einen längeren Zeitraum das Aufenthaltsverbot nicht durchsetzen könnte. Die durch die illegalen Autorennen entstehenden erheblichen Gesundheitsgefahren für die Fahrer, aber auch unbeteiligte Dritte, könnten nicht unterbunden werden.

Dies kann aber nicht hingenommen werden. Die Rechtsordnung sieht daher vor, dass in bestimmten Fällen die aufschiebende Wirkung der Anfechtungsklage entfällt. In § 80 Abs. 2 VwGO sind vier Fallgruppen benannt, in denen es Ausnahmen vom Suspensiveffekt gibt:

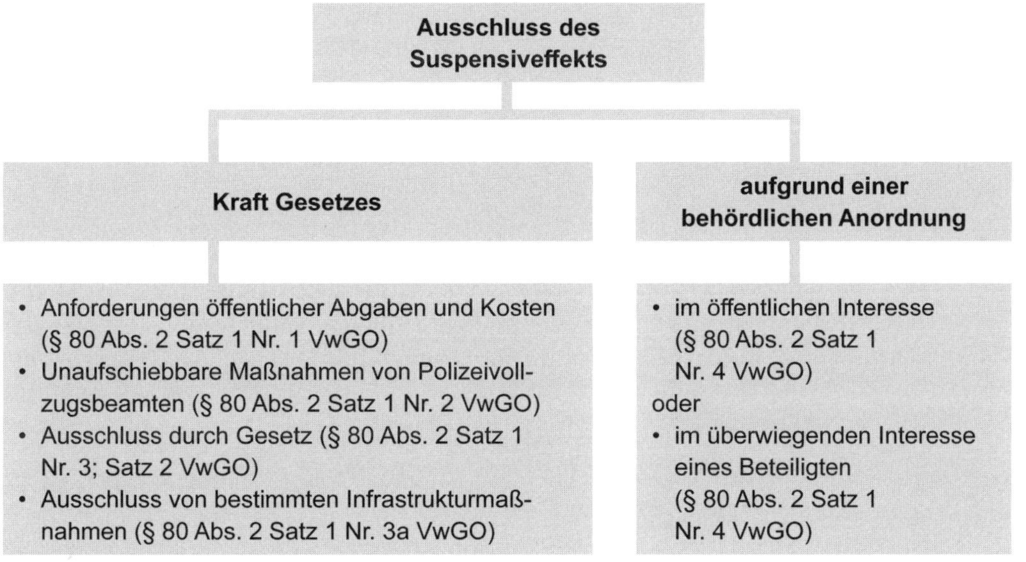

Abb.: Wirkungen eines Rechtsbehelfs

[257] Einzelheiten siehe *Barthel/Weidemann*, DVP 2022, S. 313 ff.

Im Bereich des Gefahrenabwehrrechts kommt der behördlichen Anordnung der sofortigen Vollziehung ein erhebliches Gewicht zu. Gerade die Abwehr von konkreten Gefahrensituationen erfordert häufig ein sofortiges Einschreiten.[258] Diese Anordnung kann zusammen mit dem Grundverwaltungsakt ausgesprochen werden. Es ist der Behörde aber nicht verwehrt, wenn sich die Situation im Nachherein verändert hat, die sofortige Vollziehung nachzuschieben. Im Regelfall ist die behördliche Anordnung besonders zu begründen (siehe § 80 Abs. 3 VwGO). Ausdrücklich bestimmt zudem § 64 Abs. 1 Satz 1 NPOG, dass Rechtsbehelfe gegen die Androhung und Festsetzung von Zwangsmaßnahmen keine aufschiebende Wirkung entfalten. Insoweit hat der Landesgesetzgeber von der Ermächtigung nach Nr. 3 Gebrauch gemacht. Bei § 80 Abs. 2 Nr. 2 VwGO ist zu berücksichtigen, dass diese Regelung nur greift, wenn ein sofortiges Eingreifen polizeilicher Vollzugsbeamten erforderlich ist. Nicht unter § 80 Abs. 2 Nr. 1 fallen Zwangsgelder.[259] Sie dienen gerade nicht zuvorderst der (allgemeinen) Finanzierung des Staatsapparates.

Eine besondere Situation ist für Verkehrszeichen gegeben. Sie werden nicht unmittelbar von § 80 Abs. 2 VwGO erfasst. Gerade im gefahrengeneigten Straßenverkehr kann es aber nicht hingenommen werden, dass Rechtsbehelfe dazu führen würden, dass die Kläger diese Anordnungen nicht beachten müssen. Die h. M. wendet § 80 Abs. 2 Nr. 2 VwGO auf Verkehrszeichen, die einen Regelungscharakter i. S. d. § 35 Satz 1 VwVfG aufweisen, also ein Ge- oder Verbot enthalten, und Parkuhren analog an.[260]

Aber auch dort, wo die aufschiebende Wirkung der Anfechtungsklage entfällt, ist der Bürger nicht schutzlos. Grundsätzlich stehen dem Bürger zwei Wege[261] zur Verfügung, um zu erreichen, dass die Vollziehung ausgesetzt wird.

- Überprüfung im Verwaltungsverfahren (§ 80 Abs. 4 Satz 1 VwGO)

So kann die Behörde, die den Verwaltungsakt erlassen oder über den Widerspruch zu entscheiden hat, in den Fällen des § 80 Abs. 2 VwGO die Vollziehung aussetzen, sofern bundesrechtlich nicht etwas anderes bestimmt ist. Stellt der Betroffene einen Antrag, hat die Behörde die Überprüfung vorzunehmen.[262]

- Überprüfung durch das Gericht

Das Gericht der Hauptsache kann nach § 80 Abs. 5 VwGO auf Antrag des Betroffenen die aufschiebende Wirkung in den Fällen, in denen gesetzlich die aufschiebende Wirkung entfällt (Nr. 1 bis 3), ganz oder teilweise anordnen und im Falle des § 80 Abs. 2 Satz 1 Nr. 4 VwGO ganz oder teilweise wiederherstellen (sog. vorläufiger Rechtsschutz). Bei diesem Verfahren handelt es sich um ein sog. Eilverfahren. Das Gericht nimmt regelmäßig nur eine summarische Prüfung vor; trifft aber eine eigene Abwägungsentscheidung. Diese Abwägungsentscheidung rückt das Interesse des Betroffenen an der Aussetzung der sofortigen Vollziehung und das öffentliche Interesse an einer sofortigen Vollziehung des Verwaltungsakts in das Zentrum gerichtlicher Betrachtung. Dabei werden zunächst die

---

[258] Einzelheiten zur behördlichen Anordnung der sofortigen Vollziehung siehe *Barthel/Weidemann*, DVP 2023, S. 301 ff.

[259] Vgl. nur OVG Schleswig, NVwZ-RR 2001, S. 586.

[260] Vgl. nur BVerfG NJW 2009, S. 3642; ferner *Suckow/Weidemann/Barthel*, Rn. 104 und 532 f. m. N.; *Weidemann/Barthel*, JA 2014, S. 115 ff.

[261] Ausnahme siehe § 80 Abs. 5 Satz 1 VwGO.

[262] Einzelheiten zur behördlichen Überprüfung siehe *Rheindorf/Weidemann*, DVP 2016, S. 419 ff.

Erfolgsaussichten des Rechtsbehelfs in der Hauptsache (Anfechtungsklage) beleuchtet. Ist der Verwaltungsakt offensichtlich rechtmäßig, überwiegt das Vollzugsinteresse. Ist dagegen der Verwaltungsakt offensichtlich rechtswidrig, überwiegt das Aussetzungsinteresse, denn die Öffentlichkeit kann regelmäßig kein Interesse am Vollzug eines rechtswidrigen Verwaltungsakts haben. Kann im Rahmen der summarischen Prüfung nicht festgestellt werden, ob der Verwaltungsakt offensichtlich rechtswidrig oder aber rechtmäßig ist, trifft das Gericht eine eigene Ermessensentscheidung.
Strengt der Betroffene dagegen eine vorläufige Regelung bei den anderen Klagearten (z. B. Verpflichtungssituation) an, richtet sich der vorläufige Rechtsschutz nach § 123 VwGO.

11.2.6 RECHTSSCHUTZ IN ORDNUNGSWIDRIGKEITENVERFAHREN

In weiten Bereichen des besonderen Ordnungsrechts sind Bußgeldtatbestände normiert. Kommt es zu Rechtsverstößen, so sind die zuständigen Behörden dann berechtigt, Geldbußen festzusetzen.

Beispiele:

a) Sabine Hillerskamp hat, ohne im Besitz der erforderlichen Baugenehmigung zu sein, mit der Ausführung der Arbeiten zur Errichtung eines Schweinemaststalles begonnen. Nach § 80 Abs. 1 Nr. 10 NBauO handelt ordnungswidrig, wer eine Baumaßnahme ohne die erforderliche Baugenehmigung ausführt. Die zuständige Behörde erlässt daraufhin einen Bußgeldbescheid. Die Höhe der Geldbuße soll 1.500 € betragen. Hillerskamp will diese Entscheidung nicht hinnehmen.
b) In der Stadt Braunschweig verbietet die kommunale Taubenverordnung das Füttern von Tauben im öffentlichen Raum in der Innenstadt. Wird dieses Gebot nicht beachtet, so kann die Stadt, gestützt auf eine entsprechende Ermächtigung in der Rechtsverordnung, eine Geldbuße bis maximal 1.000 € festsetzen. Der Rentner Erwin Teubler setzt sich wiederholt über das Taubenfütterungsverbot hinweg. Die Stadt erlässt daraufhin einen Bußgeldbescheid (Höhe 150 €). Teubler will sich gegen diese Entscheidung zur Wehr setzen.

Nach § 67 Abs. 1 Satz 1 des Gesetzes über Ordnungswidrigkeiten (OwiG) kann der Betroffene **gegen** einen **Bußgeldbescheid Einspruch** einlegen. Der Einspruch ist bei der Behörde, die den Bußgeldbescheid erlassen hat, schriftlich oder zur Niederschrift einzulegen (§ 67 Abs. 1 Satz 1 OwiG). Die Einspruchsfrist beträgt zwei Wochen nach Zustellung[263] des Bußgeldbescheides. Für die Fristberechnung ist auf die Vorschriften der Strafprozessordnung zurückzugreifen (vgl. § 46 OwiG i. V. m. §§ 42 und 43 StPO). Zunächst obliegt es dann der Verwaltungsbehörde, sich mit dem Einspruch auseinanderzusetzen (sog. Zwischenverfahren, siehe § 69 OwiG). Im Grunde sind drei Fallgestaltungen denkbar:

- Die Behörde erkennt, dass der **Einspruch unzulässig** ist.
- Die Behörde hält den zulässigen **Einspruch** in der Sache für **begründet.**
- Die Behörde hält den zulässigen **Einspruch** in der Sache für **unbegründet**.

[263] Eingehend zum Thema Zustellung siehe *Weidemann*, VwZG, Einf. Ziff. 1 ff.

Geht die Behörde von der Unzulässigkeit des Einspruchs aus, so verwirft sie ihn durch Bescheid (§ 69 Abs. 1 Satz 1 OwiG). Ist der Einspruch dagegen zulässig, so prüft die Verwaltungsbehörde, ob sie den Bußgeldbescheid aufrechterhält oder ihn aufhebt (§ 69 Abs. 2 Satz 1 OwiG). Unerheblich ist es, aus welchen Gründen heraus es zu einer Aufhebung des Bußgeldbescheides kommt. Mit der Aufhebungsentscheidung ist das Verfahren beendet. Verwirft dagegen die Verwaltungsbehörde den Einspruch nicht als unzulässig und hebt sie ihn nicht auf, so übersendet sie die Akten über die zuständige Staatsanwaltschaft an das Amtsgericht (§ 69 Abs. 3 Satz 1 OwiG). Sobald die Akten bei der Staatsanwaltschaft eingehen, gehen die Aufgaben der Verfolgungsbehörde auf die Staatsanwaltschaft über (§ 969 Abs. 4 Satz 1 OwiG). Kommt es nicht zur Einstellung des Verfahrens durch die Staatsanwaltschaft, so legt diese die Akten dem Richter beim Amtsgericht vor (§ 69 Abs. 4 Satz 2 OwiG).[264]

Vertiefungshinweise

RECHTSPRECHUNG

BVerwG NVwZ 2000, S. 63 ff. (Reichweite Feststellungsklage)

LITERATUR

Ries, Walter, Die Durchführung von Bußgeldverfahren und deren wesentliche Unterschiede zum Verwaltungsverfahren, DVP 2023, S. 125 ff.

Vahle, J., Der Verwaltungsprozess, DVP 2007, S. 1 ff.

Weidemann/Barthel, Das unerwünschte Überholverbot, DVP 2013, S. 339 ff. (Fallbearbeitung)

Weidemann/Barthel, Rechtsschutz gegen Verkehrszeichen – Ausgewählte Fragen zur Zulässigkeit eines Rechtsbehelfs, JA 2014, S. 115 ff.

Wienbracke, Kurzfälle zur Zulässigkeit verwaltungsgerichtlicher Klage, VR 2015, S. 93 ff.

[264] Vertiefung zum gerichtlichen Verfahren sowie zu weiteren Rechtsbehelfen und zur möglichen Vollstreckung des Bußgeldbescheides siehe *Rosenkötter/Louis*, S. 326 ff. m. N.

12 FALLBEARBEITUNGEN

12.1 Die ordnungsrechtliche Erstentscheidung – »Herabstürzende Äste«

12.1.1 SACHVERHALT

STADT BURGDORF
– Fachbereich Recht und Ordnung –

Burgdorf, im Oktober 2023

1. Vermerk:
Gartengrundstück, Celler Straße 25, Herr Müller
Herr Müller ist Eigentümer des Gartengrundstücks Celler Straße 25. Dieses Grundstück grenzt unmittelbar an den Sportplatz des Vereins FC Burgdorf. Direkt hinter dem Vereinsheim des Sportvereins befindet sich auf der Grundstücksseite des Herrn Müller eine Reihe von vier Bäumen, es handelt sich dabei um groß gewachsene Buchen. Die genaue Lage der betroffenen Bäume sowie der Zustand der Baumkronen ergibt sich aus den beiliegenden Fotos (vom Abdruck wurde hier abgesehen).
Alle vier Buchen weisen ein stark beschädigtes Astwerk auf. An jedem der Bäume sind die Äste, die in Richtung auf das Vereinsheim zeigen, nahezu abgebrochen und hängen lose herunter. Nach Auskunft der Mitarbeiter unseres Grünflächenamtes drohen die Äste demnächst vollends abzubrechen und könnten dann auf den Eingangsbereich des Sportvereins stürzen. Dabei könnte erheblicher Schaden angerichtet werden.
Meine Ermittlungen haben ergeben, dass der Zustand der Bäume auf das Verhalten von Zuschauern eines Fußballspiels zurückzuführen ist. Beim letzten Heimspiel des FC Burgdorf haben die Anhänger des Gastvereins aus Wut über eine Schiedsrichterentscheidung begonnen zu randalieren. Die Fußballanhänger sind auf die Bäume des Herrn Müller geklettert und haben versucht, die Äste abzubrechen, um das Vereinsheim des FC Burgdorf zu beschädigen. Die herbeigerufene Polizei kam leider zu spät. Es wurden keine Personalien der Randalierer festgestellt. Gegenüber Herrn Müller sollte verfügt werden, die schadhaften Äste zu entfernen, um möglichen Gefahren vorzubeugen.
Mit Herrn Müller ist bis jetzt noch nicht über diesen Sachverhalt gesprochen worden. Von einer Anhörung kann meines Erachtens auch abgesehen werden, da die Ausgangslage klar ist.

Schröder

2. Frau Köhnken zur weiteren Veranlassung

Aufgabe:
Prüfen Sie gutachtlich, ob die geplante Maßnahme rechtmäßig angeordnet werden kann, und unterbreiten Sie einen Entscheidungsvorschlag.

Bearbeitungshinweis:
Burgdorf hat 22.400 Einwohner und liegt in der Region Hannover.

12.1.2 FALLBEARBEITUNG[265]

A. Arbeitszielbestimmung:
Es ist zu untersuchen, ob die Stadt Burgdorf rechtmäßig gegenüber Herrn Müller die Anordnung treffen kann, die schadhaften Äste an den vier Bäumen zu beseitigen.

B. Gutachtliche Prüfung
Die Stadt Burgdorf hat bei der geplanten Maßnahme den Grundsatz der Gesetzmäßigkeit (Art. 20 Abs. 3 Grundgesetz) zu beachten.

I. Vorbehalt des Gesetzes
Dies bedeutet, dass sie rechtseingreifende Maßnahmen auf eine Ermächtigungsgrundlage stützen muss (Vorbehalt des Gesetzes). Hier soll ein rechtseingreifender Verwaltungsakt erlassen werden. Durch die Beseitigungsanordnung wird in das Eigentumsrecht nach Art. 14 GG eingegriffen. Rechtsgrundlage für die Anordnung, die der Gefahrenabwehr i. S. d. § 3 Abs. 1 Nr. 1 NPOG dient, ist § 11 NPOG, weil weder eine besondere Regelung der Gefahrenabwehr außerhalb des Nds. SOG noch eine spezielle Ermächtigung innerhalb des NPOG den Eingriff zulässt.

II. Vorrang des Gesetzes
Ferner muss der geplante Verwaltungsakt in formeller und materieller Hinsicht der Rechtsordnung entsprechen (Vorrang des Gesetzes).

1. Formelle Rechtmäßigkeitsvoraussetzungen
a) Zuständigkeit
Die Stadt Burgdorf ist als Gemeinde i. S. d. § 14 Abs. 2 NKomVG sachlich zuständig gem. § 97 Abs. 1 NPOG, da keine besondere Zuständigkeitsregelung eingreift. Sie ist örtlich zuständig gem. §§ 100 I 2 NPOG, da die zu schützenden Interessen im Stadtgebiet und damit im Bezirk der Stadt Burgdorf verletzt werden.

b) Verfahren
Gem. § 28 Abs. 1 VwVfG ist, bevor ein Verwaltungsakt erlassen wird, der in die Rechte des Beteiligten eingreift, diesem Gelegenheit zu geben, sich zu den für die Entscheidung erheblichen Tatsachen zu äußern, sofern nicht eine Ausnahme nach den Abs. 2 oder 3 greift. Die zu treffende Maßnahme stellt einen VA i. S. d. § 35 Satz 1 VwVfG dar. Herr Müller ist Beteiligter gem. § 13 Abs. 1 Nr. 2 VwVfG, da die Behörde den VA an ihn richten will. Ein

[265] Der Prüfungsaufbau orientiert sich an dem Aufbaumuster – Prüfung der Rechtmäßigkeitsvoraussetzungen einer eingreifenden Erstentscheidung aus Aufbaumuster NSI/HSVN, Stand April 2023, S. 1.

Eingriff in seine Rechte ist ebenfalls beabsichtigt, da seine vorhandene Rechtsstellung zu seinem Nachteil verändert werden soll, weil ihm eine rechtliche Verpflichtung, nämlich ein Tun, auferlegt wird. Betroffenes Rechtsgut ist (u. a.) Art. 2 Abs. 1 GG. Gründe, von einer Anhörung gem. § 28 Abs. 2 oder 3 VwVfG abzusehen, sind nicht ersichtlich. Die Auffassung des Sachbearbeiters, dass die Ausgangslage klar sei, ist unerheblich. Bisher wurde die Sachlage mit Herrn Müller noch nicht besprochen. Er hatte noch keine Gelegenheit, eine Stellungnahme abzugeben. Um die Verfahrensvoraussetzungen einzuhalten, müsste die Behörde in Bezug auf Herrn Müller noch ein Anhörungsverfahren durchführen.

c) Zwischenergebnis
Der Verwaltungsakt wäre, soweit das Anhörungsverfahren ordnungsgemäß durchgeführt würde, insoweit dann formell rechtmäßig.

2. Materielle Rechtmäßigkeitsvoraussetzungen
a) Tatbestandliche Voraussetzungen
Es müsste eine Gefahr i. S. d. § 2 Nr. 1 NPOG vorliegen. Danach besteht eine Gefahr, wenn hinreichend wahrscheinlich ist, dass im Einzelfall und in absehbarer Zeit ein Schaden für die öffentliche Sicherheit eintreten wird. Die **öffentliche Sicherheit** umfasst u. a. den Schutz der Individualgüter wie Leben, Gesundheit und das Eigentum des Einzelnen. Dadurch, dass die Äste von den Bäumen herabstürzen können, könnten sie das Leben und die Gesundheit der Besucher des Vereinsgeländes verletzen. Außerdem könnte auch das Vereinsheim, also das Eigentum, beschädigt werden. Die öffentliche Sicherheit ist also berührt. Es müsste ein **Schaden** möglich sein. Ein Schaden ist jede nicht unerhebliche objektive Minderung eines tatsächlich vorhandenen Bestandes von Schutzgütern durch regelwidrige äußere Einflüsse. Bei den zu erwartenden Schädigungen werden die Schutzgüter nicht nur unerheblich verletzt, außerdem handelt es sich um regelwidrige äußere Einflüsse, da sie für die potenziell Geschädigten nicht beherrschbar sind. Es ist also ein Schaden möglich. Der Eintritt des Schadens muss **hinreichend wahrscheinlich** sein. Das bedeutet, der Schaden für ein Rechtsgut muss weder gewiss sein noch unmittelbar bevorstehen. Ausreichend ist vielmehr, dass diese Möglichkeit nicht von vornherein ausgeschlossen ist. Die Äste der Buchen sind abgebrochen und hängen nur noch lose an Baumstamm. Bei dieser Ausgangslage ist erkennbar die Möglichkeit gegeben, dass die Äste vollends abbrechen werden und es zu den oben genannten Schädigungen kommen wird. Der Schadenseintritt ist also hinreichend wahrscheinlich. Der Schaden muss **in absehbarer Zeit** eintreten, d. h., mit dem Schadenseintritt muss in überschaubarer Zukunft gerechnet werden. Bei der vorliegenden Situation muss bereits demnächst, also in überschaubarer Zukunft, mit dem Schadenseintritt gerechnet werden. Der Schaden tritt also in absehbarer Zeit ein. Es müsste ein **Einzelfall** vorliegen. Das ist der Fall, wenn es sich um einen räumlich-zeitlich bestimmten Fall handelt. Im Fall geht es ausschließlich um die Gefährdung, die von den vier Buchen ausgeht, und zwar vom aktuellen Zustand der Bäume, also um einen bestimmten Fall, der räumlich und zeitlich begrenzt ist. Somit ist ein Einzelfall gegeben.
Die Tatbestandsvoraussetzungen des § 2 Nr. 1 NPOG sind erfüllt, es liegt also eine Gefahr vor, und damit ist auch der Tatbestand des § 11 NPOG erfüllt.

b) **Richtige Rechtsfolge**

Die Rechtsfolge sieht Ermessen vor. Gem. § 5 Abs. 1 NPOG treffen die Behörden ihre Maßnahmen nach pflichtgemäßem Ermessen, wobei sie § 40 VwVfG zu beachten haben. Danach hat die Behörde zunächst den Zweck der Ermächtigung zu beachten. Zweck des § 11 NPOG ist es, der Behörde die Möglichkeit zu geben, zur Gefahrenabwehr einzuschreiten. Da sich die Behörde ausschließlich von diesen Überlegungen bei ihrer Entscheidung leiten lässt, also keine sachfremden Erwägungen anstellt, beachtet sie den Zweck der Ermächtigung. Außerdem muss sie die Grenzen des Ermessens einhalten.

Die Grenzen ergeben sich aus den §§ 6, 7, 8 NPOG: Die Behörde muss ihr Ermessen in Bezug auf den **Verantwortlichen** richtig ausüben. Herr Müller könnte Verantwortlicher gem. § 7 Abs. 1 NPOG sein. Dann müsste von einer Sache eine Gefahr ausgehen. Unter dem Begriff der Sache ist jeder bewegliche oder unbewegliche Gegenstand zu verstehen (AB NGefAG zu § 7; 7.1). Die vier Buchen sind unbewegliche Gegenstände, also kann von ihnen die Gefahr ausgehen. Die Gefahr kann von der Beschaffenheit der Sache ausgehen oder von ihrer Lage im Raum (AB NGefAG zu § 7; 7.1). Hier geht die Gefahr von dem Zustand der Bäume, also von der Beschaffenheit der Sache aus. Weitere Voraussetzung ist, dass Herr Müller die tatsächliche Gewalt über die Sache innehat. Das ist die Person, die im Zeitpunkt der Inanspruchnahme tatsächlich auf die Sache einwirken kann (AB NGefAG zu § 7; 7.1). Herr Müller ist Besitzer des Gartengrundstücks und hat die tatsächliche Einwirkungsmöglichkeit auf das Grundstück und somit auch auf die schadhaften Bäume. Er hat damit die tatsächliche Gewalt inne und ist somit Verantwortlicher. Da die randalierenden Personen, die gem. § 6 Abs. 1 NPOG ebenfalls verantwortlich sind, nicht ermittelt wurden, wird die Behörde mit Herrn Müller den richtigen Verantwortlichen heranziehen.

Eine weitere Grenze des Ermessens liegt darin, dass die Behörde das richtige Mittel auswählen muss. Das Mittel ist dann das richtige Mittel, wenn die Behörde nicht gegen den Grundsatz der Verhältnismäßigkeit verstößt. Dieser Grundsatz wird beachtet, wenn das Mittel geeignet, erforderlich und angemessen ist, § 4 Abs. 1 und 2 NPOG. **Geeignet** ist ein Mittel, wenn es den Erfolg herbeiführen kann, den Erfolg also zumindest fördert. Indem Herrn Müller aufgegeben wird, die schadhaften Äste zu entfernen, wird die Gefahr, die von diesen ausgeht, beseitigt und der Erfolg damit erreicht. Das Mittel ist also geeignet. **Erforderlich** ist das Mittel, wenn die Behörde von mehreren möglichen und geeigneten Maßnahmen diejenige trifft, die den Einzelnen und die Allgemeinheit voraussichtlich am wenigsten beeinträchtigt, § 4 Abs. 1 NPOG. Ein anderes Mittel, um die Gefahr zu beseitigen, wäre das Gebot, die vier Buchen zu entfernen. Dieses Mittel würde aber zu einer stärkeren Beeinträchtigung für den Adressaten führen. Das geplante Mittel ist also das mildeste und deshalb erforderlich. **Angemessen** ist das Mittel, wenn es nicht zu einem Nachteil führt, der zu dem erstrebten Erfolg erkennbar außer Verhältnis steht, § 4 Abs. NPOG. Ein erkennbares Missverhältnis würde vorliegen, wenn die Privatinteressen des Herrn Müller höher zu bewerten wären als die öffentlichen Interessen. Die Privatinteressen liegen lediglich darin, dass Herr Müller in Bezug auf die Bäume nichts unternehmen möchte, entweder aus finanziellen Gründen oder aus Gründen der Bequemlichkeit. Die öffentlichen Interessen liegen in der Absicht, Gefahren abzuwenden. Da es hier um höherwertige Schutzgüter geht, nämlich Leib und Leben, ist das öffentliche Interesse höher zu bewerten, da Herr Müller keine besonders schützenswerte Rechtsposition hat, die ein Absehen von der geplanten Maßnahme erfordert. Ein erkennbares Missverhältnis liegt nicht vor. Das Mittel

ist angemessen. Die Behörde hat also das richtige Mittel gewählt und damit die Grenzen des Ermessens eingehalten.
Also hat die Behörde die richtige Rechtsfolge gewählt. Der Verwaltungsakt wäre auch materiell rechtmäßig.

C. Ergebnis
Der geplante Verwaltungsakt mit dem Inhalt, die schadhaften Äste (siehe anliegendes Foto) zu entfernen, soll erlassen werden.

D. Entscheidungsvorschlag:
Die Stadt Burgdorf wird, sofern sich aus dem noch durchzuführenden Anhörungsverfahren keine neuen Erkenntnisse ergeben, gegenüber Herrn Müller anordnen, die schadhaften Äste an den vier Bäumen auf seinem Grundstück in der Celler Str. 25 zu entfernen.
Vor Erlass der Verfügung ist jedoch noch ein Anhörungsverfahren durchzuführen.
Aus Beweissicherungsgründen sollte die Verfügung schriftlich ergehen, § 37 Abs. 2 VwVfG.
Da die Behörde einen schriftlichen Verwaltungsakt erlassen will, ist dieser nach § 39 Abs. 1 Satz 1 VwVfG zu begründen, da die Ausnahmen des § 39 Abs. 2 VwVfG nicht eingreifen. Die Begründung muss den Anforderungen des § 39 Abs. 1 Sätze 2 und 3 VwVfG genügen. Die äußere Gestaltung des Verwaltungsakts muss den Anforderungen des § 37 Abs. 3 VwVfG genügen.
Dem Bescheid ist gem. § 37 Abs. 6 VwVfG eine ordnungsgemäße Rechtsbehelfsbelehrung i. S. d. § 58 Abs. 1 VwGO beizufügen. Richtiger Rechtsbehelf ist hier die Anfechtungsklage gem. §§ 68 I 1, 42 Abs. 1 Alt. 1 VwGO, § 35 Satz 1 VwVfG, § 68 I 2 VwGO, § 80 Abs. 1 NJG, da keine Ausnahme nach § 80 Abs. 2 und 3 NJG greift.
Zu seiner Wirksamkeit bedarf der Verwaltungsakt der Bekanntgabe (§ 43 Abs. 1 VwVfG). Der VA soll mit ZU zugestellt und damit bekannt gegeben werden, gem. § 41 Abs. 5 VwVfG, § 1 Abs. 1 NVwZG, § 2 und 3 VwZG.

12.2 Androhung eines Zwangsmittels – »Unzulässiges Wochenendhaus«

12.2.1 SACHVERHALT

Landkreis Holzminden
Fachbereich Recht und Ordnung
- Bauordnungsamt -

Holzminden, 2. August 2023

1. Vermerk:
Bauvorhaben, Stahler Str. 14, Herr Kruse

Herr Kruse ist Eigentümer des Gartengrundstücks Stahler Str. 15, in der zu unserem Landkreis gehörenden Gemeinde Bevern. Herr Kruse beabsichtigt, auf dem Grundstück ein kleines Wochenendhaus zu errichten, und hat vor ein paar Tagen damit begonnen, die Baumaßnahme einzuleiten, indem er kleinere Planierungsmaßnahmen durchgeführt hat. Aufgrund eines Hinweises aus der Nachbarschaft ist unsere Behörde darauf aufmerksam geworden und hat eine Überprüfung vorgenommen. Es stellte sich heraus, dass Herr Kruse nicht im Besitz der erforderlichen Baugenehmigung ist und dieses Bauvorhaben zurzeit nicht den baurechtlichen Anforderungen entspricht. Dieser Sachverhalt ist unstreitig. Es soll daher gegenüber Herrn Kruse eine Verfügung gem. § 79 Abs. 1 Satz 1, 2 Nr. 1 NBauO erlassen werden, mit dem Inhalt, dass er die Bauarbeiten einzustellen hat. Die Verfügung soll des Weiteren die Androhung eines Zwangsgeldes beinhalten.

2. Herrn Lemke,
mit der **Bitte zu prüfen**, ob die Androhung eines Zwangsgeldes rechtmäßig ist.

12.2.2 FALLBEARBEITUNG

A. Arbeitszielbestimmung:[266]
Es ist zu untersuchen, ob der Landkreis Holzminden rechtmäßig die Androhung eines Zwangsgeldes in Bezug auf die baurechtliche Verfügung durchführen kann.

B. Ermächtigungsgrundlage
Rechtsgrundlage für die Androhung eines Zwangsgeldes sind §§ 70 Abs. 1, 64 Abs. 1, 65 Abs. 1 Nr. 2 NPOG.

[266] Der Prüfungsaufbau orientiert sich an dem Aufbaumuster ? Prüfung der eine Zwangsmittelandrohung aus Aufbaumuster NSI/HSVN, Stand April 2023, S. 5.

C. Formelle Rechtmäßigkeitsvoraussetzungen

a) Zuständigkeit

Gem. § 64 Abs. 3 Satz 1 NPOG ist für die Anwendung von Zwangsmitteln die Verwaltungsbehörde zuständig, die für den Erlass des Verwaltungsaktes zuständig ist. Der Landkreis Holzminden ist für den Erlass der baurechtlichen Verfügung zuständig gem. §§ 58 Abs. 2, 57 Abs. 1 NBauO und daher auch zuständig für die Androhung des Zwangsgeldes.

c) Zwischenergebnis

Die Zwangsgeldandrohung kann insoweit formell rechtmäßig erlassen werden.

D. Materielle Rechtmäßigkeitsvoraussetzungen

Tatbestand

Die Androhung eines Zwangsmittels setzt gem. § 64 Abs. 1 NPOG voraus, dass ein Verwaltungsakt vorliegt, der auf die Vornahme einer Handlung oder auf Duldung oder Unterlassung gerichtet ist. Die baurechtliche Einstellungsverfügung hat den Inhalt, dass Herr Kruse seine Baumaßnahme nicht fortsetzen darf, es wird also ein Unterlassen gefordert. Es liegt daher ein Verwaltungsakt vor, der auf die Unterlassung einer Handlung gerichtet ist.

Gem. § 70 Abs. 3 Satz 1 NPOG muss sich die Androhung auf ein **bestimmtes Zwangsmittel** beziehen, wobei dies gem. § 65 Abs. 1 NPOG gesetzlich vorgesehen sein muss. Der Landkreis Holzminden wird ausdrücklich das Zwangsmittel des Zwangsgeldes androhen, welches gem. § 65 Abs. 1 Nr. 2 NPOG gesetzlich vorgesehen und damit zulässig ist.

Gem. § 70 Abs. 5 NPOG muss das Zwangsgeld in **bestimmter Höhe** angedroht werden, d. h. es muss ein genauer Geldbetrag genannt werden. Das Zwangsgeld wird gem. § 67 Abs. 1 Satz 1 NPOG auf mindestens 5 und auf höchstens 50.000 € festgesetzt. Bei der Bemessung muss der Landkreis Holzminden gem. § 67 Abs. 1 Satz 2 NPOG das wirtschaftliche Interesse der betroffenen Person an der Nichtbeachtung des Verwaltungsaktes berücksichtigen. Unter Berücksichtigung dieser Umstände sollte hier ein Zwangsgeld in Höhe von 1.000 € angedroht werden.

Eine Frist muss gem. § 70 Abs. 1, Hs. 2 NPOG nicht gesetzt werden, da eine Unterlassung erzwungen werden soll.

Der tatbestandlichen Voraussetzungen sind damit erfüllt.

Die **Rechtsfolge sieht Ermessen** vor, welches die Behörde gem. §§ 40 VwVfG, 5 NPOG ordnungsgemäß ausüben muss.

Gem. § 40 VwVfG hat die Behörde ihr Ermessen entsprechend dem **Zweck der Ermächtigung** auszuüben. Zweck der §§ 70 Abs. 1, 64 Abs. 1. 65 Abs. 1 NPOG ist es, der Behörde die Möglichkeit zu geben, ein Zwangsmittel anzudrohen, wenn es notwendig erscheint, einen Verwaltungsakt eventuell zwangsweise durchzusetzen zu müssen. Der Landkreis Holzminden lässt sich bei seiner Entscheidung nur von diesen Überlegungen leiten, stellt keine sachfremden Erwägungen an, beachtet daher den Zweck der Ermächtigung. Die Behörde muss weiterhin die **Grenzen des Ermessens** einhalten. Die Grenzen des Ermessens ergeben sich aus dem Grundsatz der Verhältnismäßigkeit, § 4 Abs. 1, Abs. 2 NPOG. Danach muss das Mittel geeignet, erforderlich und angemessen sein. **Geeignet** ist ein Mittel, wen es den gewünschten Erfolg herführen kann, diesen also zumindest fördert. Der gewünschte Erfolg ist hier, dass die Bauarbeiten des Herrn Kruse eingestellt werden. Die Androhung eines Zwangsgeldes in Höhe von 1.000 € wird diesen Erfolg erreichen, weil die Behörde dann die Möglichkeit hat, die baurechtliche Regelung zwangsweise durchzusetzen. Das Mit-

tel ist also geeignet. Das Mittel muss **erforderlich** sein. Das ist der Fall, wenn die Behörde von mehreren möglichen und geeigneten Maßnahmen diejenige trifft, die den Einzelnen und die Allgemeinheit voraussichtlich am wenigsten beeinträchtigt, § 4 Abs. 1 NPOG. Da hier von Herrn Kruse ein Unterlassen gefordert wird, also keine vertretbare Handlung vorliegt, kommt eine Ersatzvornahme gem. § 66 NPOG nicht in Betracht. Um die Unterlassungspflicht durchzusetzen, käme als weiteres Zwangsmittel noch der unmittelbare Zwang in Betracht, § 69 Abs. 1 NPOG. Der unmittelbare Zwang kann gem. § 69 Abs. 6 NPOG nur angewendet werden, wenn andere Zwangsmittel nicht in Betracht kommen oder keinen Erfolg versprechen. Da das hier zur Anwendung kommende Zwangsgeld aber ein geeignetes Mittel ist, kommt das Zwangsmittel des unmittelbaren Zwangs nicht in Betracht. Die Androhung des Zwangsmittels Zwangsgeld ist daher das mildeste Mittel. Die Höhe des Zwangsgeldes ist unter Berücksichtigung des § 67 Abs. 1 NPOG nicht zu beanstanden Die Androhung eines Zwangsgeldes in Höhe von 1.000 € ist daher das erforderliche Mittel. Das Mittel müsste außerdem **angemessen** sein. Angemessen ist das Mittel, wenn es nicht zu einem Nachteil führt, der zu dem erstrebten Erfolg erkennbar außer Verhältnis steht, § 4 Abs. 2 NPOG. Ein erkennbares Missverhältnis würde vorliegen, wenn das Privatinteresse des Herrn Kruse höher zu bewerten wäre als das öffentliche Interesse. Das Interesse des Herrn Kruse liegt darin, einen Bescheid ohne Zwangsmittelandrohung zu erhalten, weil dann keine negativen Folgen auf ihn zukämen, wenn er die baurechtliche Verfügung nicht beachtet. Das öffentliche Interesse liegt darin, die baurechtliche Verfügung zwangsweise durchsetzen zu können, wenn Herr Kruse die Regelung des Verwaltungsakts nicht befolgt. Das öffentliche Interesse ist höher zu bewerten, weil die Behörde die Aufgabe hat, die baurechtliche Rechtsordnung durchzusetzen. Außerdem ist eine zwangsweise Durchsetzung der Verfügung erforderlich, damit Herr Kruse keine vollendeten baulichen Tatsachen schaffen kann. Herr Kruse hat keine besonders schützenswerte Rechtsposition, weil er die Durchführung des Verwaltungszwanges abwenden kann, wenn er die baurechtliche Verfügung beachtet und seine Bauarbeiten auf dem Grundstück einstellt. Die öffentlichen Interessen überwiegen die Privatinteressen, es besteht kein erkennbares Missverhältnis zwischen Mittel und Erfolg. Die Androhung des Zwangsgeldes ist daher angemessen. Der Grundsatz der Verhältnismäßigkeit wird eingehalten. Die Grenzen des Ermessens werden beachtet, das Ermessen wird gem. § 40 VwVfG richtig ausgeübt
Die **Androhun**g des Zwangsgeldes wäre auch **materiell rechtmäßig**.

E. Entscheidungsvorschlag:
Der Landkreis Holzminden soll gegenüber Herrn Kruse schriftlich ein Zwangsgeld in Höhe von 1.000 € androhen.

- Verfahren

Ein Anhörungsverfahren gem. § 28 Abs. 1 VwVfG ist nicht erforderlich, da hier die Ausnahmevorschrift des § 28 Abs. 2 Nr. 5 VwVfG eingreift. Danach kann von der Anhörung abgesehen werden, wenn eine **Maßnahme in der Verwaltungsvollstreckung** getroffen werden soll. Bei der Androhung eines Zwangsgeldes handelt es sich um eine solche Maßnahme, deshalb kann die Anhörung unterbleiben.

- Form

Gem. § 70 Abs. 1 Satz 1 NPOG sind Zwangsmittel möglichst schriftlich anzudrohen. Gem. § 70 Abs. 2 Satz 1 kann die Androhung mit dem Verwaltungsakt verbunden werden. Der Landkreis wird die Zwangsgeldandrohung schriftlich verfügen und in die baurechtliche Einstellungsverfügung aufnehmen.
Die Zwangsgeldandrohung soll gem. § 70 Abs. 2 Satz 1 NPOG mit dem Verwaltungsakt verbunden werden.
Die Androhung muss gem. § 39 Abs. 1 VwVfG begründet werden, da Ausnahmen nach § 39 Abs. 2 VwVfG nicht vorliegen. Die Begründung muss den Anforderungen des § 39 Abs. 1 Sätze 2 und 3 VwVfG entsprechen.
Die Verfügung soll den Hinweis enthalten, dass auf Antrag des Landkreises Holzminden das Amtsgericht die Ersatzzwangshaft anordnen kann, wenn das Zwangsgeld uneinbringlich ist, § 68 Abs. 1 Satz 1 NPOG.

- Bekanntgabe

Es empfiehlt sich, aus Beweissicherungsgründen, die Zwangsmittelandrohung zuzustellen nach § 1 Abs. 1 Nds. VwZG i. V. m. §§ 2 ff. VwZG. Hier kommt als Zustellungsart die Zustellungsurkunde nach § 3 VwZG in Betracht.

12.3 Häufige Fehler/Fehlervermeidung

In Fallbearbeitungen im Rahmen von ordnungsrechtlichen Klausuren kommen wiederkehrend bestimmte vergleichbare inhaltliche Fehler oder auch Ungenauigkeiten vor. Zumeist haben diese Fehler ihre Ursachen in deutlich werdenden Schwächen im Hinblick auf systematische Grundzusammenhänge des Ordnungsrechts. Die folgenden Ausführungen sollen dazu dienen, derartige – typische – Fehlerquellen aufzuzeigen, um sie zukünftig zu vermeiden.

12.3.1 SCHUTZGÜTER DER ÖFFENTLICHEN SICHERHEIT

In Fällen, in denen es um die Verletzung der Rechtsordnung als betroffenes Schutzgut geht, wird von Klausurbearbeitern mitunter nach der Bearbeitung und abschließenden Feststellung, dass die Rechtsordnung Schaden nehmen könnte, zusätzlich auf mögliche Schäden am Schutzgut von Individualinteressen prüfend eingegangen. Dies erscheint in den meisten Fällen jedenfalls entbehrlich und damit zumindest überflüssig. Denn wenn es um einen Verstoß gegen die Rechtsordnung geht, sollen in der Regel durch den betroffenen Rechtssatz bestimmte Individualinteressen geschützt werden. Dies zusätzlich herauszuarbeiten, dürfte wenig effizient sein. Wenn z. B. gegen eine Spielplatzsatzung verstoßen wird, indem gegen das dort normierte Rauchverbot verstoßen wird, erübrigt sich ein Eingehen darauf, dass dadurch gesundheitliche Interessen der Kinder auf dem Spielplatz betroffen sind.
Auffällig sind insoweit auch Inkonsequenzen in der Bearbeitung der Frage der Gefahr hinsichtlich der betroffenen Schutzgüter der öffentlichen Sicherheit. So kommt es in Klausuren oft vor, dass am Anfang der Bearbeitung zutreffend auf die Betroffenheit der Rechtsordnung abgestellt wird und dann jedoch im Weiteren allerdings unreflektiert auf den wahrscheinlichen Schaden an einem Individualgut abgestellt wird. Nach der Feststellung, dass durch

den Verstoß gegen eine Satzung zur Anleinpflicht von Hunden im Stadtpark die Rechtsordnung betroffen ist, wäre es unsystematisch, die weiteren Überlegungen (nur) auf mögliche Schäden, die der unangeleinte Hund anderen Passanten zufügen könnte, anzustellen.
Diese aufgezeigten Schwächen könnten durch die Einhaltung konsequenter Systematik leicht vermieden werden.

12.3.2 ÖFFENTLICHE ORDNUNG

Immer wieder wird in Klausuren im Rahmen des Gefahrenbegriffs eine Gleichsetzung von Verstoß gegen die Rechtsordnung mit Verstoß gegen die öffentliche Ordnung vorgenommen. Hierbei verkennen die Verfasser, dass durch einen Verstoß gegen die Rechtsordnung die öffentliche Sicherheit in ihren Schutzgütern betroffen ist und gerade **nicht** die öffentliche Ordnung. Dies ist ein Fehler im Grundverständnis und könnte durch näheres Hinsehen sicher leicht vermieden werden.

12.3.3 HINREICHENDE WAHRSCHEINLICHKEIT

Zu den Anforderungen an einen hinreichend wahrscheinlichen Schadenseintritt an der öffentlichen Sicherheit (oder Ordnung) werden immer wieder Schwächen in Grundzusammenhängen sichtbar, die im Ergebnis auch leicht zu vermeiden wären.
Die hinreichende Wahrscheinlichkeit in absehbarer Zeit stellt eine Prognose dar und muss insofern einen Bezug zu einem zu benennenden Ereignis (nämlich Schaden am Schutzgut) haben. Es handelt sich um eine in die Zukunft gerichtete Prognose, die dem Gefahrenbegriff zugrundliegt.
Fallbearbeitungen, die in der Prüfung der Gefahr mit der »hinreichenden Wahrscheinlichkeit« beginnen, ohne im Hinblick auf die öffentliche Sicherheit oder Ordnung den denkbaren Schaden zu benennen, können insoweit im Zusammenhang sicherlich wenig überzeugend sein. Mit Verständnis des oben genannten Grundzusammenhanges dürfte diese Unstimmigkeit leicht auszuschalten sein. Daneben kommt in Fallbearbeitungen immer wieder ein bestimmter Grundaspekt der Anforderungen an den Gefahrenbegriff zu kurz oder wird auch fehlerhaft dargelegt. Gemeint ist hier die eigentliche Zukunftsprognose. Bezogen auf den Zeitpunkt des Einschreitens, ist von einer Gefahr dann auszugehen, wenn von einem in der Zukunft als hinreichend wahrscheinlich zu prognostizierenden Schaden an der öffentlichen Sicherheit oder Ordnung ausgegangen werden kann. D. h.: Einerseits muss ein Schaden nicht vorliegen. Andererseits reicht es auch nicht immer, wenn er bereits eingetreten ist. Vielmehr muss der Schaden eben **zukünftig** hinreichend **wahrscheinlich** sein. Mit Erfassen dieses Grundzusammenhangs dürften (unkorrekte) Obersätze wie »weiterhin müsste ein Schaden vorliegen« ausscheiden. Auf der anderen Seite dürfte erkennbar sein, dass es bei einem bereits eingetretenen Schaden darauf ankommt, ob er zum Zeitpunkt des Einschreitens andauert oder, wenn nicht, ob erneut mit dem Eintritt zu rechnen ist. Bei Klarheit über diese Grundzusammenhänge dürften insoweit Unsicherheiten in der Klausurbearbeitung zu beheben sein.

12.3.4 GEFAHRENARTEN

Bei der Anwendung von § 11 NPOG als Ermächtigungsgrundlage kommt es bei der Tatbestandsprüfung wiederkehrend dazu, dass besondere Gefahrenarten der §§ 2 Nr. 1, 2,3 4 und 5 NPOG geprüft werden, weil im vorliegenden Sachverhalt eine entsprechende Gefahrenart vorliegt. Hierbei wird dann übersehen, dass diese (besonderen) Gefahrenarten nicht Tatbestandsvoraussetzungen der Ermächtigungsgrundlage des § 11 Nds. SOG sind. Auch hier könnte dieser unsystematische Ansatz leicht vermieden werden, denn § 11 NPOG setzt lediglich die Gefahr gem. § 2 Nr. 1 NPOG voraus.

12.3.5 VERANTWORTLICHKEITEN

Immer wieder führt die Frage der Verantwortlichkeit in der Anwendung nach § 7 Abs. 2 Satz 1 NPOG zu Unklarheiten und Missverständnissen. Deshalb soll auch an dieser Stelle nochmals hervorgehoben werden, dass eine Verantwortlichkeit nach dieser Vorschrift nur die Personen betrifft, die **nicht** unter § 7 Abs. 1 NPOG fallen. Dies geht auch aus AB Nr. 7.2 ausdrücklich hervor. D. h., nur wenn die Person, die nach § 7 Abs. 2 NPOG Eigentümer oder sonstiger Berechtigter ist, **nicht** die tatsächliche Gewalt über die Sache oder das Tier hat, kann diese Vorschrift für sie greifen. D. h., nur bei Auseinanderklaffen von tatsächlicher Gewalt und Eigentümerschaft bzw. sonstiger Berechtigung findet § 7 Abs. 2 NPOG Anwendung. Wenn die Person die tatsächliche Gewalt hat, greift (nur) § 7 Abs. 1 NPOG.

12.3.6 SCHUTZGUT UND VERANTWORTLICHKEIT

Wiederkehrend werden mitunter in sich nicht schlüssige Ausführungen im Hinblick auf das Schaden nehmende Schutzgut und der dazu einschlägigen Verantwortlichkeit angestellt. Im Fall des Ausführens eines unangeleinten Hundes im Stadtpark, für den die Satzung einen Leinenzwang vorsieht, liegt die Gefahr im Verstoß gegen die Satzung, also im Schutzgut der Rechtsordnung. Der Hundeführer verletzt die Satzung. Die Verantwortlichkeit für den Hundeführer richtet hier also insofern als Verhaltensverantwortlichkeit nach § 6 Abs. 1 NPOG. Inkonsequent wäre es hier jedoch, darauf abzustellen, dass der Hundeführer zustandsverantwortlich gem. § 7 Abs. 1 NPOG sei, weil er die tatsächliche Gewalt über den Hund habe.

12.3.7 ERFORDERLICHKEIT DES MITTELS

Im Rahmen der Klärung zur Erforderlichkeit einer gefahrenabwehrrechtlichen Maßnahme nach dem NPOG (z. B. gem. § 11 NPOG) und hierzu in Betracht zu ziehenden gleichsam geeigneten, aber weniger belastenden Mitteln wird sehr oft als möglicherweise milderes Mittel ein Bußgeld in Betracht gezogen. Hierbei wird dann allerdings sehr oft unreflektiert verkannt, dass ein Bußgeld im Ansatz eine andere Intention verfolgt. Eine Ahndung durch ein Bußgeld ist nicht gleichzusetzen mit der in die Zukunft gerichteten Gefahrenabwehr. Insoweit handelt es sich nicht um gleich geeignete Mittel wegen der im Ansatz unterschiedlichen Zielsetzung.

12.3.8 ERFORDERLICHKEIT DES MITTELS/AUFLAGE

Ebenfalls im Rahmen der Klärung zur Erforderlichkeit einer gefahrenabwehrrechtlichen Maßnahme nach dem NPOG wird als möglicherweise geeignetes, aber weniger belastendes Mittel die Erteilung einer Auflage von Klausurbearbeitern oft erwähnt. Hierbei wird dann jedoch durchgehend verkannt, dass Auflagen gem. § 36 Abs. 2 Nr. 4 VwVfG nur bei begünstigenden Verwaltungsakten in Betracht kommen. Bei einer rechtseingreifenden Maßnahme (z. B. gem. § 11 NPOG) kommt eine Auflagenerteilung also überhaupt nicht in Betracht.

12.3.9 ZWANGSMITTEL

Im Rahmen der Erstellung von Entscheidungsentwürfen in gefahrenabwehrrechtlichen Klausuren kommt es bei der Bescheiderstellung in Fällen, in denen die gefahrenabwehrrechtliche Maßnahme in einem rechtsgestaltenden Verwaltungsakt liegt, regelmäßig zu Fehlern im Grundzusammenhang. Wenn in der Hauptsache eine gewerberechtliche Erlaubnis wegen Unzuverlässigkeit des Gewerbebetreibers entzogen wird, wird in Klausurbescheiden hierzu sehr oft ein Zwangsgeld angedroht. Dies ist hier so verfehlt, da es sich hier um einen rechtsgestaltenden Verwaltungsakt handelt, durch den die Behörde das Rechtsverhältnis unmittelbar selbst gestaltet. Dies ist keine befehlende Maßnahme. Zwangsmittel können gem. § 64 Abs. 1 NPOG nur zur Durchsetzung von Verwaltungsakten infrage kommen, die auf die Vornahme einer Handlung oder auf Duldung oder Unterlassung gerichtet ist. Bei der o. g. rechtsgestaltenden Maßnahme handelt es sich eben darum nicht.

13 DER ORDNUNGSRECHTLICHE BESCHEID

Praxismuster 1

Landeshauptstadt Hannover
Der Oberbürgermeister

Landeshauptstadt Hannover, Trammplatz 2, 30159 Hannover

1. ZU
Jenny Schneider
Konradstr. 2,
30177 Hannover

Ihre Nachricht vom	Mein Zeichen	Sachbearbeitung:	Datum:	Ihr Zeichen,
	Az. 32/ 39-15 Krö	Herr Kröver (0511) 301-455	4. August 2023	

Spielplatz Werderstraße; Alkoholverbot/Rauchverbot

Sehr geehrte Jenny Schneider,

1. hiermit verbiete ich Ihnen, auf dem Spielplatz Werderstraße in 30177 Hannover zu rauchen und Alkohol oder alkoholhaltige Getränke zu verzehren. Dieses Verbot gilt ab sofort.
2. Wenn Sie das Verbot nicht befolgen, werde ich ein Zwangsgeld in Höhe von 300,00 € gegen Sie festsetzen.
3. Die Kosten des Verfahrens haben Sie zu tragen.

Begründung:

Zu 1:

Als Begleitung Ihrer Tochter haben Sie in der Vergangenheit den Spielplatz Werderstraße mehrfach besucht. Es liegen mehrere Beschwerden anderer Spielplatzbesucher darüber vor, dass Sie während der Aufenthalte auf dem Spielplatz Alkohol trinken und Zigaretten rauchen. In der am 5.6.2015 erfolgten Anhörung bestätigten Sie, auf dem Spielplatz Alkohol zu verzehren und Zigaretten zu rauchen. Nach derzeitigen Erkenntnissen hat sich auch nach dieser Erörterung keine Verhaltensänderung bei Ihnen ergeben. Mittlerweile sind hier weitere Beschwerden über Ihren Alkohol- sowie Zigarettenkonsum auf dem Spielplatz Werderstraße eingegangen.

Gem. § 11 Niedersächsisches Polizei- und Ordnungsbehördengesetz (NPOG)[267] bin ich berechtigt, Maßnahmen zur Abwehr einer Gefahr zu treffen. Hierbei handelt es sich gem. § 2 Nr. 1 NPOG um eine Gefahr, wenn im Einzelfall die hinreichende Wahrscheinlichkeit eines Schadenseintritts für die öffentliche Sicherheit in absehbarer Zeit besteht. Ihr Alkohol- und Zigarettenkonsum auf dem Spielplatz Werderstraße stellt eine Gefahr in diesem Sinne dar. Die nicht zu verletzende Rechtsordnung gehört zu Schutzgütern der öffentlichen Sicherheit. Zur Rechtsordnung gehören auch Satzungen wie hier die als Anlage beigefügte Satzung über die Benutzung der öffentlichen Spielplätze (Spielplatzsatzung) u. a. in der Werderstraße.[268] Sie verstoßen durch den Alkohol- und Zigarettenkonsum auf dem Spielplatz gegen § 3 Nr. 5 der Spielplatzsatzung, da es hiernach generell verboten ist, auf dem Spielplatz Alkohol sowie alkoholhaltige Getränke zu verzehren und gegen § 3 Nr. 8, da hiernach ein generelles Rauchverbot besteht. Nach Ihren eigenen Angaben besuchen Sie den Spielplatz mit Ihrer Tochter regelmäßig ein- bis zweimal wöchentlich.
Da Sie sogar nach der Erörterung der Sach- und Rechtslage im Anhörungsverfahren wiederholt gegen die Verbote der Spielplatzsatzung im Hinblick auf das Alkohol- und Rauchverbot verstoßen haben, indem Sie Alkohol und Zigaretten konsumiert haben, ist zu befürchten, dass Sie dies auch zukünftig wiederholen könnten. Mit einer Verhaltensänderung ist insoweit nicht zu rechnen. Es kann jederzeit damit gerechnet werden, dass Sie wieder auf dem Spielplatz Alkohol und Zigaretten konsumieren.
Den mir hier eingeräumten Ermessensspielraum habe ich nach § 40 Verwaltungsverfahrensgesetz (VwVfG)[269] ausgeschöpft. Im Hinblick auf die Interessen an einer Gefahrenabwehr ist hier auch die Verhältnismäßigkeit meines Verbotes gem. § 4 NPOG gegeben. Es gibt zur Vermeidung des Verstoßes gegen die Rechtsordnung hier kein weniger belastendes Mittel, das als Erfolg versprechend anzusehen wäre. Von einer Sie noch stärker belastenden Untersagung, den Spielplatz überhaupt zu besuchen, habe ich abgesehen. Im Rahmen einer Abwägung Ihrer Interessen gegenüber den Interessen an einer Gefahrenabwehr überwiegen hier die Interessen der Allgemeinheit am Alkohol- und Rauchverbot. Zwar bedeutet die Untersagung eine Einschränkung Ihrer allgemeinen Handlungsfreiheit; diese ist allerdings im Hinblick auf die Interessen der Allgemeinheit zumutbar und gerechtfertigt. Die Anliegen der Allgemeinheit überwiegen hier. Es besteht ein Interesse an der Einhaltung der Rechtsordnung. Gerade Kinder und Jugendliche als Nutzer des Spielplatzes haben einen besonderen Schutzbedarf. Daher ist auch das Interesse an der Vermeidung von negativen Vorbildern durch Alkoholkonsum sowie Zigarettenkonsum auf dem Spielplatz groß. Die Allgemeinheit hat aus gesundheitsbezogenen Gründen ein Interesse daran, dass Kindern und Jugendlichen alkoholfreie und rauchfreie Örtlichkeiten zur Verfügung stehen. Diesen Gesichtspunkten wird durch das Verbot Rechnung getragen. Eine weitere Duldung von Gesetzesverstößen ist damit nicht hinnehmbar.
Mein Verbot richtet sich gem. § 6 Abs. 1 NPOG an Sie als Verantwortliche, da Sie durch Ihr Verhalten gegen die Rechtsordnung verstoßen.

---

[267] In der Fassung vom 19.1.2005 (Nds. GVBl., S. 9), zuletzt geändert durch Art. 1 des Gesetzes vom 17.1.2019 (Nds. GVBl. 428)

[268] Beschluss des Rates der Landeshauptstadt Hannover vom 2.7.2007 der am 26.7.2007 in Kraft getretenen Spielplatzsatzung.

[269] in der Fassung der Bekanntmachung vom 23.1.2003 (BGBl. I, S. 102), zuletzt geändert durch Gesetz vom 25.7.2013 (BGBl. I, S. 2749).

Zu 2:

Nach §§ 64 ff. Nds. SOG bin ich berechtigt, Zwangsgeld bis zur Höhe von 50.000,00 € gegen Sie festzusetzen, wenn Sie das Verbot nicht befolgen. Die Androhung beruht aus § 70 NPOG. Ein Zwangsgeld in Höhe von 300,00 € ist in Ihrem Fall erforderlich sowie angemessen, um Sie zur Beachtung meines Verbots anzuhalten.

Zu 3:

Sie haben Anlass zu diesem Verfahren gegeben und deshalb die Kosten hierfür zu tragen. Diese Kostenlastentscheidung beruht auf §§ 1, 5, 13 Niedersächsisches Verwaltungskostengesetz (NVwkostG)[270] und § 1 der Verordnung über die Gebühren und Auslagen für Amtshandlungen und Leistungen (Allgemeine Gebührenordnung AllGO)[271] und laufender Nr. 108.5.2 des Kostentarifs zur AllGO.
Hierzu werde ich Ihnen in Kürze einen gesonderten Kostenfestsetzungsbescheid zusenden.

Rechtsbehelfsbelehrung:
Gegen diesen Bescheid kann innerhalb eines Monats nach Zustellung Klage beim Verwaltungsgericht Hannover, Eintrachtweg 19, 30173 Hannover erhoben werden.
Mit freundlichen Grüßen
Im Auftrage

Kröver
2. Wvl.: sofort

[270] In der Fassung vom 25.4.2007 (Nds. GVBl., S. 172), zuletzt geändert durch Art. 7 des Gesetzes vom 9.12. 2011 (Nds. GVBl. I, S. 471).

[271] In der Fassung vom 5.6.1997 (Nds. GVBl. 171), geändert durch Verordnung vom 19.1.2015 (Nds. GVBl., S. 8).

13.2 Praxismuster 2 – Zwangsgeldfestsetzung

Stadt Oldenburg (Oldbg.)
Der Oberbürgermeister

Stadt Oldenburg * Marktplatz 1 * 20001 Osnabrück (Oldbg.)

1. ZU
Maximilian Stolte
Hafenstraße 4
20002 Oldenburg

Ihr Zeichen,	Ihre Nachricht vom	Mein Zeichen	Sachbearbeitung:	Datum:
		Az. 97/GastG/2023	Frau Müller (0433) 301-221	17. August 2023

Gaststättenbetrieb in Osnabrück
Bescheid vom 11. Juli 2023

Sehr geehrte Herr Stolte,

1. gegen Sie wird ein Zwangsgeld in Höhe von 1.500 € festgesetzt,
2. das festgesetzte Zwangsgeld ist innerhalb von zwei Wochen nach Zustellung dieses Bescheides auf eines der angegeben Konten der Kreiskasse einzuzahlen,
3. für den Fall, dass Sie den mit Bescheid vom 11. Juli 2023 angeordneten Einbau einer Fluchttür in Ihrem Gaststättenbetrieb nicht bis zum 20. Oktober 2023 vornehmen, werde ich die erforderlichen Arbeiten im Wege der Ersatzvornahme vornehmen lassen. Die voraussichtlichen Kosten dieser Ersatzvornahme betragen 14.500 €,
4. die Kosten des Verfahrens haben Sie zu tragen.

Begründung:

Zu 1.:

Mit Bescheid vom 11. Juli 2023 sind Sie aufgefordert worden, in Ihrem Gaststättenbetrieb in Oldenburg (Oldbg.), Hafenstrasse 4a, eine Fluchttür einzubauen. Für den Fall der Nichtbefolgung der Anordnung wurde ein Zwangsgeld in Höhe von 1.500 € angeordnet. Eine Ortsbesichtigung am 16. August 2023 hat ergeben, dass Sie diese Anordnung nicht beachtet haben. Damit liegen die Voraussetzungen für die Festsetzung des mit obigem Bescheid angedrohten Zwangsgeldes gem. § 67 Abs. 1 Niedersächsisches Polizei- und Ordnungsbehördengesetz (NPOG[272]) vor.

[272] In der Fassung vom 19.1.2023 (Nds. GVBl., S. 9), zuletzt geändert durch Art. 1 des ÄndG vom 17.12.2019 (Nds. GVBl., S. 428).

Zu 2.:

Die Einräumung der Zahlungsfrist beruht auf § 67 Abs. 2 Satz 1 NPOG. Die Zahlungsfrist ist ausreichend, um ihr unter gewöhnlichen Umständen Folge leisten zu können. Damit ist der Zahlungszeitraum als angemessen einzustufen.

Zu 3.:

Nach § 67 Abs. 3 NPOG können Zwangsmittel so lange wiederholt und auch gewechselt werden, bis der Verwaltungsakt befolgt worden ist oder sich auf andere Weise erledigt hat. Hier ist ein Wechsel des Zwangsmittels angebracht. Das Zwangsgeld hat Sie nicht veranlasst, dem Gebot, eine Fluchttür einzubauen, Folge zu leisten. Dabei ist zu berücksichtigen, dass aus Brandschutzgründen auf eine Fluchttür nicht verzichtet werden kann. Sie dient in besonderem Maße dem Schutz der Gäste und Beschäftigten. Sollten Sie die erneute Fristsetzung zur Befolgung meiner Anordnung nicht beachten, ist die Ersatzvornahme das geeignete Zwangsmittel, um die Anordnung aus meinem Bescheid vom 11. Juli 2023 umzusetzen. Nach § 66 Abs. 1 NPOG können vertretbare Handlungen, und hierzu zählt auch der Einbau einer Fluchttür, durch die Verwaltungsbehörde auf Kosten des Pflichtigen durchgeführt werden. Die Ersatzvornahme ist auch verhältnismäßig. Dabei ist auch zu berücksichtigen, dass ohne den Einbau der Fluchttür der Gaststättenbetrieb nicht weiter ausgeübt werden kann. Nach den §§ 67 Abs. 1 Satz 1, 65 Abs. 3, 70 NPOG bin ich ermächtigt, als weiteres Zwangsmittel die Ersatzvornahme anzudrohen.

Die Kosten der Ersatzvornahme sind nach § 66 Abs. 1 Satz 1 NPOG von Ihnen zu tragen. Die Beteiligung örtlicher Baufirmen hat ergeben, dass für den Einbau der Fluchttür mit Kosten in Höhe von ca. 14.500 € zu rechnen ist. Ich weise vorsorglich darauf hin, dass ich nach § 66 Abs. 2 Satz 1 berechtigt bin, anzuordnen, dass die voraussichtlichen Kosten der Ersatzvornahme im Voraus zu bezahlen sind. Ich behalte mir ausdrücklich eine entsprechende Anordnung vor.

Zu 4.:

Sie haben Anlass zu diesem Verfahren gegeben und deshalb die Kosten zu tragen. Die Kostenentscheidung beruht auf §§ 1, 5 und 13 Niedersächsisches Verwaltungskostengesetz, § 1 der Allgemeinen Gebührenordnung (AllGO) und laufender Nr. xxxx des Kostentarifs zur AllGO. Hierzu werde ich in Kürze einen gesonderten Kostenfestsetzungsbescheid zusenden.

Rechtsbehelfsbelehrung:
Gegen diesen Bescheid kann innerhalb eines Monats nach Zustellung Klage beim Verwaltungsgericht Oldenburg, Bremer Str. 23, 20003 Oldenburg (Oldbg.) erhoben werden.

Hinweis:
Die Anfechtungsklage gegen die Zwangsgeldfestsetzung wie auch gegen die Androhung der Ersatzvornahme entfaltet keine aufschiebende Wirkung. Diese entfällt gem. § 64 Abs. 4 NPOG. Dies bedeutet, dass Sie das Zahlungsgebot innerhalb der Ihnen gesetzten Frist befolgen müssen.

Mit freundlichen Grüßen
Im Auftrage

Mül. 17.2.

2. Wvl.: sofort (Fertigung Kostenfestsetzungsbescheid)

14 DIE ORDNUNGSRECHTLICHE RECHTSVERORDNUNG

Praxismuster 3

Verordnung
über die öffentliche Sicherheit und Ordnung
in der Stadt Weserland
(NPOG-VO)

Aufgrund des § 55 des Niedersächsischen Polizei- und Ordnungsbehördengesetz (NPOG) in der Fassung vom ....1 hat der Rat der Stadt Weserland in seiner Sitzung am ..... folgende Verordnung erlassen:

Erster Teil. Allgemeine Vorschriften

§ 1
(Geltungsbereich)
Diese Verordnung gilt für alle öffentlichen Straßen und Anlagen im Gebiet der Stadt Weserland.

§ 2
(Begriffsbestimmungen)
(1) Öffentliche Straßen im Sinne dieser Verordnung sind alle Straßen, Wege und Plätze, die dem öffentlichen Verkehr gewidmet sind oder auf denen öffentlicher Verkehr tatsächlich stattfindet. Zu den öffentlichen Straßen gehören:

1. der Straßenkörper im Sinne von § 2 Abs. 2 Nr. 1 Nds. Straßengesetz (NStrG) vom .... (Nds. GVBl. S. ....),
2. der Luftraum über dem Straßenkörper,
3. das Straßenzubehör im Sinne von § 2 Abs. 2 Nr. 3 NStrG,
4. Anlagen zur Einfriedung und Beleuchtung,
5. Anlagen zur Verschönerung und Ausgestaltung des Straßenraumes, insbesondere Kunstobjekte und Straßenmobiliar,
6. Anlagen, die dem Betrieb des öffentlichen Personennahverkehrs dienen.

(2) Öffentliche Anlagen sind alle für die Allgemeinheit zugänglichen und der Öffentlichkeit dienenden

1. Park- und Grünanlagen einschließlich der Straßen, Wege und Plätze innerhalb dieser Anlagen,
2. Wälder,
3. Friedhöfe,
4. Gedenkplätze,

5. oberirdischen Gewässer im Sinne von § 1 Abs. 1 Nr. 1 Niedersächsisches Wassergesetz vom.... (Nds. GVBl. S. ...),
6. Grünflächen und Anpflanzungen einschließlich des Wurzelbereichs, auch soweit sie nicht zum Betreten bestimmt sind,
7. Kinderspielplätze, Bolzplätze und Spielparks.

Zweiter Teil. Allgemeine Verhaltensregeln

§ 3
(Störendes Verhalten)
Öffentliche Straßen und Anlagen dürfen nur im Rahmen des Gemeingebrauchs und ihrem Widmungszweck entsprechend benutzt werden; dabei hat sich jeder so zu verhalten, dass andere Personen nicht gefährdet oder, mehr als nach den Umständen vermeidbar, behindert oder belästigt werden.

§ 4
(Behinderungen und Gefährdungen)
(1) An öffentlichen Straßen und Anlagen dürfen Stacheldraht, scharfe Spitzen oder andere Vorrichtungen zur Einfriedung von Grundstücken, durch die Personen oder Tiere verletzt oder Gegenstände beschädigt werden können, nicht unter einer Höhe von 2,40 m angebracht werden. Ausgenommen sind Einzäunungen von landwirtschaftlich genutzten Flächen.
(2) Im unbefestigten Wurzelbereich von Bäumen und Sträuchern dürfen keine Gegenstände abgestellt oder gelagert werden.

§ 5
(Füttern von Tauben)
Das Füttern von wildlebenden Tauben ist verboten.

Dritter Teil. Gemeinsame Vorschriften

§ 6
(Ordnungswidrigkeiten)
(1) Ordnungswidrig im Sinne von § 59 Abs. 1 NPOG handelt, wer vorsätzlich oder fahrlässig
1. entgegen § 3 andere Personen gefährdet, behindert oder belästigt,
2. entgegen § 4 Abs. 1 an öffentlichen Straßen und Anlagen Stacheldraht, scharfe Spitzen oder andere Vorrichtungen zur Einfriedung von Grundstücken, durch die Personen oder Tiere verletzt oder Gegenstände beschädigt werden können, unter einer Höhe von 2,40 m anbringt;
3. entgegen § 5 wildlebende Tauben füttert;

(2) Die Ordnungswidrigkeiten nach Abs. 1 und 2 können gem. § 59 Abs. 2 NPOG mit einer Geldbuße bis zu 5.000 € geahndet werden.

§ 7

(Inkrafttreten)

Diese Verordnung tritt am Tage nach ihrer Verkündung in Kraft. Sie tritt 10 Jahre nach ihrem Inkrafttreten außer Kraft.